SUPERpoche

Windows XP

Micro Application

2e Edition - Mai 2004

Auteur ABEILLE SARL

ISBN : 2-7429-3559-2

Couverture réalisée par Stefanos ATHANASSOPOULOS

MICRO APPLICATION
20-22, rue des Petits-Hôtels
75010 PARIS
Tél. : 01 53 34 20 20 - Fax : 01 53 24 20 00
http://www.microapp.com

Support technique
disponible sur
www.microapp.com

Mister O'net, l'homme à la référence, vous montre le chemin !

Rendez-vous sur le site **Internet de Micro Application www.microapp.com**. Dans le module de recherche, sur la page d'accueil du site, retrouvez **Mister O'net**. Dans la zone de saisie, entrez la référence à 4 chiffres qu'il vous indique sur le présent livre. Vous accédez directement à la fiche produit de ce livre.

Avant-propos

Cette collection fournit des connaissances essentielles sur un sujet donné sans jamais s'éloigner de leur application pratique. Les volumes de la collection sont basés sur une structure identique :

- Les puces introduisent une énumération ou des solutions alternatives.

1. La numération accompagne chaque étape d'une technique.

REMARQUE

Propose conseils et trucs pratiques.

ASTUCE

Il s'agit d'informations supplémentaires relatives au sujet traité.

ATTENTION

Met l'accent sur un point important, souvent d'ordre technique, qu'il ne faut négliger à aucun prix.

Conventions typographiques

Afin de faciliter la compréhension des techniques décrites, nous avons adopté les conventions typographiques suivantes :

- **Gras** : menu, commande, boîte de dialogue, bouton, onglet.
- *Italique* : zone de texte, liste déroulante, case à cocher, bouton radio.
- `Police bâton` : touche, instruction, listing, texte à saisir.
- ✂ : indique un retour ligne volontaire dû aux contraintes de la mise en page.

Sommaire

Introduction

Cela fait bien des années maintenant que Windows est un "instrument" quotidien de travail pour des milliers et des milliers de personnes à travers le monde, tant il est vrai que les micro-ordinateurs font partie intégrante de notre quotidien. Windows, "fenêtre" sur le monde du travail, est le système d'exploitation le plus utilisé au monde, et ce depuis de nombreuses années. Alors, nous direz-vous, pourquoi un énième ouvrage sur celui-ci ? Parce que la mouture XP de ce système d'exploitation est une véritable petite merveille de stabilité et de fonctionnalités et qu'il est indispensable, pour bien l'utiliser, d'en apprendre tous les tenants et les aboutissants.

De plus, le service pack 2, disponible seulement depuis le deuxième trimestre 2004, offre une solution optimale aux quelques problèmes de sécurité qui avaient été décelés depuis la sortie de Windows XP (centre de sécurité proposant un pare-feu, blocage des pop-up dans Internet Explorer, gestion des ActiveX, etc.). Ce sont à ces différents apprentissages que cet ouvrage se destine. Vous découvrirez, page après page, comment utiliser Windows mais aussi le personnaliser, l'optimiser, utiliser ses programmes hôtes ou encore en accélérer et en sécuriser l'utilisation.

Que vous veniez d'acheter un ordinateur et découvriez Windows pour la première fois, que vous vouliez vous familiariser avec les nouvelles fonctions de la version XP ou bien que vous vouliez installer un mini-réseau à votre domicile, cet ouvrage est fait pour vous car il va répondre à toutes ces questions et à bien d'autres !

Mais, pour commencer, nous avons pensé rédiger un petit historique de Windows et des micro-ordinateurs, car il nous semble tout à fait évident que, pour bien utiliser un tel outil ainsi qu'un système d'exploitation et l'optimiser, il est nécessaire, voire indispensable, de comprendre comment fonctionnent le PC et le système d'exploitation.

La naissance des micro-ordinateurs

Non, nous n'allons pas vous proposer de lire un laïus comique sur le pourquoi du comment le micro-ordinateur a vu le jour dans le style "qui fut le premier de l'œuf ou de la poule ?", mais il s'agit bel et bien d'un rapide historique de la création des micro-ordinateurs car, sans ces quelques lignes, les paragraphes suivants vous sembleront par trop obscurs.

Tout commença il y a quelques dizaines d'années, à l'époque où les ordinateurs, déjà présents dans de nombreuses entreprises, avaient pour caractéristiques d'être énormes, très lents, terriblement onéreux et de nécessiter l'intervention de multiples personnes pour manipuler les bandes magnétiques, les listings, etc. Dans ces temps reculés, le seul moyen de communiquer avec ledit ordinateur était le clavier, et aucun écran n'était proposé. Ces ordinateurs permettaient déjà de réaliser rapidement des calculs complexes, de stocker des milliers de données, de mémoriser des documents…, mais dans des proportions tout à fait ridicules en regard des capacités actuelles. Or, conscients de l'intérêt qu'aurait la mise à disposition de ces fonctionnalités à un plus grand nombre d'entreprises, quelques géniaux "géo trouve tout" commencèrent à trouver des solutions pour miniaturiser lesdits ordinateurs. Les premiers à tenter cette miniaturisation furent, dans les années 1960, des ingénieurs de la société Digital Equipment Corporation, avec l'ordinateur PDP-8. Pour être franc et précis, cette miniversion pesait tout de même 550 kg et mesurait 2 m de haut.

Pendant ce temps, aux États-Unis, deux jeunes gens nommés Bill Gates et Paul Allen (fondateurs de Microsoft), fascinés par l'ordinateur, imaginaient un monde dans lequel il y "aurait un ordinateur sur chaque bureau et dans chaque foyer". Tandis que nos deux étudiants, délaissant quelque peu leurs études, bidouillaient des ordinateurs et programmaient de nouveaux jeux, quelque part en France, la puce électronique vit le jour. Seuls quelques scientifiques mesurèrent l'impact de cette invention : une puce minuscule, à peine plus grosse que le bout d'un doigt, et pouvant contenir des milliers et des milliers d'informations était la solution pour une miniaturisation extrême des ordinateurs. Le pas fut franchi en 1972, par une société qui comprit l'intérêt de la puce pour l'industrie des ordinateurs et créa le premier microprocesseur. Cette société se nommait Intel !

Au cours de l'année suivante, Intel conçut un deuxième microprocesseur, dix fois plus puissant, le microprocesseur 8088. Naquit alors le premier micro-ordinateur, vendu en kit : Altair 8800. Ni clavier ni écran et encore moins de programme mais très peu onéreux : il coûtait seulement 1 200 francs ! Nos deux fameux compères comprirent alors que la solution pour réaliser leur rêve était de développer un programme capable d'indiquer au microprocesseur comment il devait faire travailler l'ordinateur : le système d'exploitation. Ils créèrent leur société, Microsoft, en 1975 et commencèrent à vendre leur système d'exploitation à des sociétés concevant des micro-ordinateurs telles que MITS, Apple, Commodore et Radio Shack.

En 1980, IBM, le mastodonte de la vente de mainframe, décida de se lancer dans la création de micro-ordinateurs. Désirant mettre rapidement leurs machines sur le marché, les décideurs d'IBM demandèrent à Intel de leur fournir le microprocesseur et à Microsoft de développer un système d'exploitation, le DOS (Disk Operating System). Renonçant à acheter ces deux composants, ils payèrent simplement une licence d'exploitation. De ce fait, Microsoft et Intel restèrent propriétaires de leur invention. En 1981, le micro-ordinateur d'IBM vit le jour, qui s'appelait PC (Personal Computer). Son impact fut si important que son nom est devenu un standard. Son prix étant peu élevé, le PC commença à inonder le marché, et le micro-ordinateur fit son entrée dans de nombreuses entreprises. Les dirigeants d'IBM n'étant pas propriétaires du microprocesseur ni du système d'exploitation, ils ne purent empêcher Intel et Microsoft de vendre des licences d'exploitation à des dizaines d'autres constructeurs. Ces derniers se mirent à produire des clones du PC. En quelques années, ce marché prit un essor considérable : 90 % des micro-ordinateurs sont des PC ou des clones et 10 %, des Apple (Macintosh).

Fonctionnement et composants d'un micro-ordinateur

Vous savez comment les micro-ordinateurs ont vu le jour ; voyez maintenant comment ils fonctionnent et ce qu'ils contiennent. Rassurez-vous, nous ne nous lancerons pas dans un descriptif technique incompréhensible pour les profanes mais allons bel et bien vous donner un minimum d'explications qui nous semblent impératives pour une meilleure compréhension des chapitres qui suivent.

Tout d'abord, ayez toujours à l'esprit la notion suivante : étant donné que l'ordinateur a été conçu par l'homme, il est, à ce titre, très proche de la structure humaine ; en plus d'un corps central qui contient un cerveau, un cœur et une capacité de mémoire, il a des membres et s'alimente sous peine de mort imminente.

Le corps de l'ordinateur est constitué par l'unité centrale. C'est la console qui contient tous les composants de l'ordinateur (microprocesseur, carte mère, disque dur, etc.). Selon le type d'ordinateur, elle est en forme de tour (placée à la verticale) ou en forme de support (placée à l'horizontale). Dans ce corps est placé le microprocesseur, appelé aussi CPU (Central Processing Unit), qui est en quelque sorte le cerveau de l'ordinateur car c'est lui qui permet l'exécution de tous les calculs, de toutes les opérations et de communiquer avec les autres composants de l'ordinateur. Pour exemple, dès lors que vous faites bouger la souris, une information est transmise au microprocesseur par l'intermédiaire du fil de connexion puis le microprocesseur traduit cette information et la transmet à l'écran. Notez que plus le microprocesseur est rapide, plus votre ordinateur est puissant. Ce circuit intégré, très complexe, compte plusieurs millions de composants.

Le microprocesseur est connecté à la carte mère, qui est une carte de circuits imprimés à laquelle sont connectés tous les composants de l'ordinateur (modem, carte graphique, carte son, etc.). Toujours dans l'unité centrale, vous trouvez la mémoire, elle aussi très importante tant il est vrai que les mécanismes qui permettent de mémoriser une information sont à la base du fonctionnement de l'ordinateur. Sans cette fonction, l'opération la plus élémentaire serait impossible.

La mémoire est reliée au microprocesseur par le système BUS. Elle se décompose en trois parties : la mémoire morte (ROM), la mémoire vive (RAM) et la mémoire de masse (disque dur). La mémoire vive stocke temporairement toutes les données et les programmes en cours d'utilisation. Chaque fois que vous éteignez l'ordinateur, la RAM se vide. Plus la capacité de mémoire vive est élevée, plus vous pouvez réaliser de tâches en même temps. La mémoire morte est quant à elle stockée dans la carte mère. Cette mémoire stocke les programmes nécessaires au fonctionnement du PC tel le BIOS.

Pour finir, le disque dur. C'est sur ce dernier que vous installez toutes les applications et que vous stockez vos données (documents, dessins, calculs, etc.). Plus sa capacité est importante, plus vous pouvez installer de programmes et sauvegarder de données.

Utilité du système d'exploitation

Vous verrez, tout au long de cet ouvrage, que c'est à partir de programmes que vous travaillez avec un ordinateur : ceux-ci permettent d'écrire, de calculer, de jouer, etc. Or, pour que l'ordinateur soit capable de faire fonctionner les programmes en question, il faut qu'il puisse effectuer un certain nombre d'opérations préparatoires qui garantissent les échanges entre le microprocesseur, la mémoire et les périphériques. C'est le système d'exploitation qui permet ces échanges et fournit un certain nombre d'outils pour gérer la machine. Il assure l'initialisation du système après la mise sous tension de l'ordinateur (appelée RESET) puis, grâce à des routines, gère les périphériques, en assurant des opérations aussi simples que l'affichage des caractères à l'écran, la lecture du clavier, le pilotage d'une imprimante ou d'un scanner, etc. C'est pourquoi, pour utiliser de façon rationnelle et optimale un micro-ordinateur, il est nécessaire de savoir exploiter, optimiser et paramétrer le système d'exploitation. Windows XP dans le cas qui nous occupe !

Comment naquit Windows ?

Au début de l'année 1975, Williams Gates (Bill pour les intimes) développa avec Paul Allen un BASIC pour le premier micro-ordinateur, le MITS Altair. Ce programme fut les prémisses du très fameux DOS. Au cours des années qui suivirent, ils ne cessèrent d'améliorer leur programme jusqu'à ce que, le 25 juin 1981, ils fondent Microsoft et équipent le premier ordinateur personnel d'IBM avec le système d'exploitation MS-DOS (Disk Operating System) 1.0. Par la suite, le système d'exploitation évolua très vite : MS-DOS version 2, 3, 4, 5 (en 1992), puis 6 et 6.2 (en 1994). Ces différentes versions de leur système d'exploitation étaient peu conviviales : les instructions données à l'ordinateur l'étaient au travers d'un écran noir et nécessitaient de connaître parfaitement la syntaxe des commandes. La moindre erreur de frappe, et c'était la catastrophe !

Pendant ce temps, précisément en 1984, la compagnie Apple, dirigée par Steve Job, révolutionna le monde de la micro-informatique avec le Macintosh et son environnement graphique très convivial du type "pointer-cliquer". Microsoft la suivit en lançant, le 22 mai 1990, Windows 3.0, qui proposait une interface graphique (GUI) pour les micro-ordinateurs. Plus convivial et beaucoup plus facile à utiliser, ce type d'interface met à la disposition de l'utilisateur des menus et des icônes qu'il doit utiliser pour déclencher les commandes.

Par la suite, le 24 août 1995, Microsoft lança Windows 95 puis, au cours des années suivantes, Windows 98, Windows Millennium et, en octobre 2001, le très fameux Windows XP qui nous occupe ici et qui constitue, sans flagornerie aucune et sans parti pris, un véritable petit bijou ! Une convivialité extrême, une esthétique parfaite, une rapidité jamais obtenue jusque-là et surtout une stabilité à faire pâlir tous les autres concepteurs de systèmes d'exploitation. C'est cette version que vous allez découvrir tout au long de cet ouvrage.

Organisation du livre

Fort des renseignements que nous venons de vous indiquer, vous allez maintenant découvrir comment est découpé le livre afin d'être à même, si besoin en était, de vous rendre directement au chapitre qui vous intéresse.

- Dans le chapitre *Prise en main et personnalisation de Windows*, vous découvrirez comment activer Windows XP, ferez connaissance avec l'écran d'accueil, apprendrez comment gérer les sessions et personnaliser l'interface, ainsi que le principe des fenêtres et les principaux éléments de Windows (Poste de travail, Explorateur, bouton **démarrer**, etc.). Vous ferez aussi connaissance avec les principaux programmes hôtes de Windows XP.
- Dans le chapitre *Les programmes*, vous verrez comment installer un programme et les utiliser (lancement, fermeture, etc.).
- Dans le chapitre *Les dossiers et les fichiers*, vous ferez connaissance avec les principes des dossiers et des fichiers puis découvrirez comment les créer et les gérer. Pour finir, vous verrez comment les organiser à partir de l'Explorateur.
- Dans le chapitre *Les périphériques*, vous découvrirez les différents "membres" de l'ordinateur que sont les périphériques ainsi que les procédures pour les installer, télécharger un pilote, les configurer…
- Dans le chapitre *Protection d'accès et sécurisation*, vous apprendrez les principes fondamentaux de la sécurisation et ferez connaissance

avec les comptes utilisateur. Ensuite, vous apprendrez à les créer, à les gérer et à définir les options de partage.

- Dans le chapitre *Amélioration des performances du système*, vous verrez comment détecter les goulets d'étranglement puis comment gérer et optimiser la mémoire. Ensuite, vous découvrirez les procédures d'optimisation du disque dur et ferez connaissance avec la base de registre.
- Dans le chapitre *Installation et gestion d'un miniréseau*, vous ferez connaissance avec les principes du réseau puis apprendrez à en installer un et à le configurer.
- Dans le chapitre *Utilisation des programmes hôtes*, vous apprendrez comment rédiger des documents de texte avec WordPad, calculer avec la calculatrice, dessiner avec Paint, vous connecter à Internet, envoyer des messages électroniques avec Outlook Express, visualiser des images avec Imaging, naviguer sur le Web avec Internet Explorer, papoter en ligne et en direct avec Messenger, écouter des CD, visualiser des vidéos et réaliser des montages vidéo avec Movie Maker.
- Dans le chapitre *Astuces diverses et variées*, vous verrez comment télécharger le service pack 2, l'installer ; vous découvrirez aussi comment utiliser et configurer le multiboot, réparer Windows, gérer le compte Administrateur, optimiser la sécurité, etc.
- Dans l'annexe, vous trouverez un glossaire, la liste des raccourcis clavier et des extensions de fichier utilisées sous Windows ainsi que différentes adresses Internet en rapport avec Windows XP.

Conventions d'écriture

Afin de mieux vous guider, nous avons choisi d'utiliser tout au long de cet ouvrage certaines conventions d'écriture que voici en détail :

- Les commandes à réaliser apparaissent en **gras** ainsi que les boutons et les noms des boîtes de dialogue.
- Les noms d'options et autres rubriques apparaissent en *italique*.
- Les textes à saisir apparaissent en `courrier new`.
- Le nom des touches clavier [ainsi].
- Toutes les procédures et les captures d'écran correspondent à la version XP édition familiale.

chapitre 1

Prise en main et personnalisation de Windows

Au cours de ce chapitre, vous allez découvrir les fonctions de base de Windows ainsi que les méthodes à suivre pour le personnaliser et ses différents éléments fondamentaux. Vous ferez donc connaissance avec le bureau, la barre des tâches, le menu **démarrer**, etc., vous étudierez les manipulations de la souris, des fenêtres..., vous verrez comment personnaliser ces différents éléments et découvrirez comment obtenir de l'aide si vous rencontrez le moindre problème sans en avoir trouvé la solution dans ce livre.

1.1 Activation de Windows

Étant donné la généralisation du piratage et les installations sauvages dont Windows a de tout temps été "victime", ses concepteurs ont mis au point une technique d'activation nommée WPA (*Windows Product Activation*) qui est effective depuis la version XP. Cette technologie permet de réduire la copie illégale de logiciels au travers de l'acceptation du Contrat de licence d'utilisateur final (CLUF) et de l'enregistrement de celui-ci. En effet, s'il est exact qu'au cours de l'installation de Windows l'Assistant demande de saisir une clé de produit, il faut savoir que cette clé ne garantit aucunement que le logiciel n'est pas une copie illégale ; de plus, il est fréquent que les propriétaires d'ordinateur aient acquis celui-ci avec un Windows déjà installé. L'activation garantit que leur système d'exploitation n'est pas une copie illégale et qu'ils pourront ainsi acquérir des mises à jour et des services packs gratuits.

Sachez que, au cours de l'activation par Internet, les fichiers présents sur le disque dur ne sont pas analysés et que l'activation est entièrement anonyme. De plus, notez que, si vous choisissez d'activer Windows par téléphone, l'interlocuteur vous indiquera une ID de produit que vous devrez ensuite saisir dans l'étape 4 de l'activation.

Pour finir, apprenez que vous disposez de 30 jours pour réaliser cette activation et que, ce délai expiré, vous ne pourrez plus utiliser les fonctionnalités de Windows.

Différentes techniques d'activation sont à votre disposition que vous trouverez décrites ci-après.

Sur le Web

Pour commencer, voici comment activer très rapidement Windows. Pour ce faire, vous devez bénéficier d'une connexion à Internet et avoir établi la connexion. Ensuite :

1. Cliquez sur **Activation** dans la bulle de rappel qui s'affiche régulièrement ou sélectionnez **Tous les programmes/Activation de Windows** dans le menu **démarrer**.

2. Cliquez sur **Activer sur Internet**. Vous êtes dirigé vers la page web d'activation de Windows. Au bout de quelques secondes, une page de confirmation d'activation apparaît.

3. Fermez cette page et déconnectez-vous d'Internet. Votre Windows a été activé.

ASTUCE

Lancer l'assistant d'installation

Si vous ne voyez pas apparaître la commande **Activation de Windows**, sélectionnez **Exécuter** dans le menu **démarrer**. Ensuite, dans la boîte de dialogue **Exécuter** qui s'affiche, saisissez `oobe/msoobe` puis cliquez sur le bouton OK. L'assistant d'activation s'affiche.

Par téléphone

Voici maintenant comment procéder si vous ne possédez pas encore de connexion à Internet ou que vous rebutiez à l'utiliser pour l'activation :

1. Cliquez sur **Activation** dans la bulle de rappel qui s'affiche régulièrement ou sélectionnez **Tous les programmes/Activation de Windows** dans le menu **démarrer**.

2. Cliquez sur **Activer par téléphone** puis sur le bouton **Suivant**.

3. Dans la nouvelle étape, vous devez choisir votre pays (France) puis relever le numéro de téléphone du centre d'activation dont vous dépendez.

4. Téléphonez au centre puis indiquez votre clé produit à l'interlocuteur. Au bout de quelques secondes, il vous indique votre numéro ID, que vous devez saisir dans l'étape 4 de la fenêtre active.

5. Lorsque vous avez terminé, cliquez sur le bouton **Suivant** et confirmez les informations. L'activation est réalisée.

RENVOI

Étant donné que, dans la plupart des cas, Windows est déjà installé lorsque vous acquérez un ordinateur, nous n'avons pas encore parlé du processus d'installation. Ceci étant, si vous souhaitez mettre à jour Windows ou que vous ayez besoin à un moment quelconque de le réinstaller, vous devez vous reporter au chapitre *Astuces diverses et variées*.

1.2 Présentation et utilisation de l'écran d'accueil

Une fois que vous avez allumé votre ordinateur, un certain nombre de lignes de texte s'affichent à l'écran puis Windows est lancé et l'interface graphique, chargée. Une session de Windows est ouverte.

Lors de la première ouverture de Windows, vous devez saisir un nom d'utilisateur (le vôtre, un pseudonyme, etc.) en utilisant le clavier et appuyer sur la touche Entrée de votre clavier pour valider la saisie. Ensuite, saisissez, toujours avec le clavier, un mot de passe que vous devez mémoriser. Notez que vous pouvez définir plusieurs utilisateurs si vous le souhaitez. Au bout d'une seconde ou deux, le bureau de Windows apparaît.

Lors des lancements ultérieurs de Windows, il suffira de cliquer sur votre nom d'utilisateur puis de saisir le mot de passe choisi précédemment dans la zone appropriée. Appuyez ensuite sur la touche Entrée du clavier.

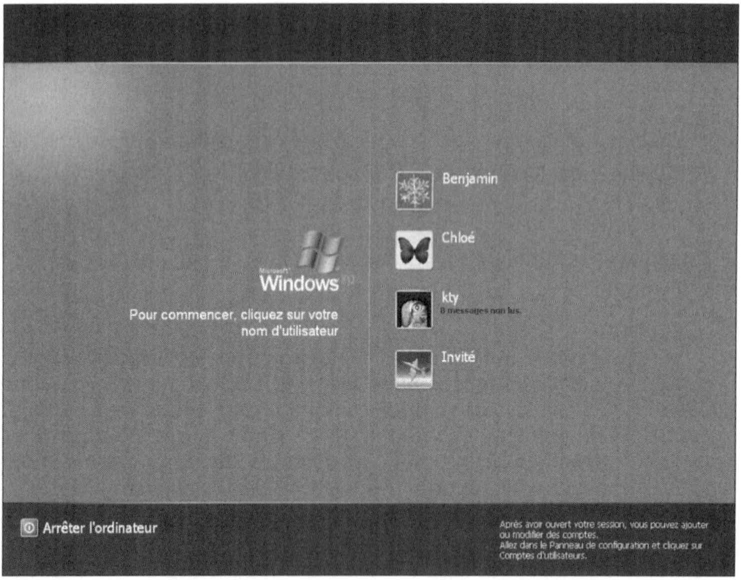

▲ Fig. 1.1 : *L'écran d'accueil de Windows*

DÉFINITION

Session

La notion de session correspond à l'ensemble des travaux que vous réalisez lors d'une utilisation de Windows.

RENVOI

Le fait de choisir un nom d'utilisateur et de saisir un mot de passe correspond au profil utilisateur. Pour voir comment ajouter de nouveaux profils, les supprimer, etc., lisez le chapitre *Protection d'accès et sécurisation*.

Désactivation de l'écran d'accueil

Si vous êtes le seul à utiliser votre ordinateur ou encore que vous souhaitiez que toute votre famille puisse y accéder sans complication aucune, vous pouvez désactiver l'écran d'accueil.

Pour ce faire :

1. Cliquez sur le bouton **démarrer** puis sélectionnez **Panneau de configuration**.
2. Dans la fenêtre **Panneau de configuration** qui s'affiche, cliquez sur **Comptes d'utilisateurs**.

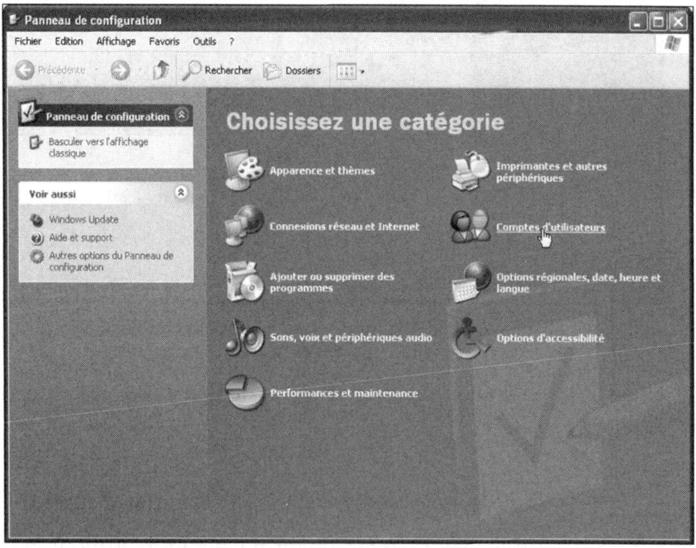

▲ Fig. 1.2 : *Accès aux comptes d'utilisateurs*

3. Une nouvelle fenêtre apparaît. Cliquez alors sur **Modifier la manière dont les utilisateurs…**
4. Ensuite, dans la nouvelle fenêtre qui s'affiche, désactivez la case à cocher *Utiliser l'écran d'accueil*.

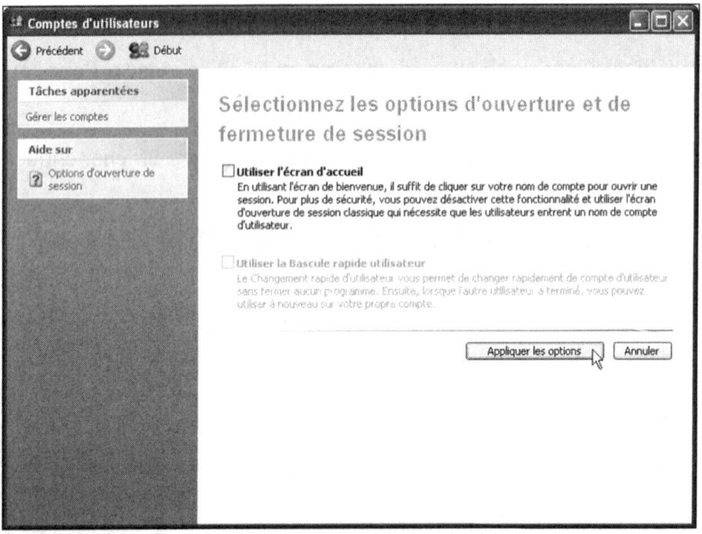

▲ Fig. 1.3 : *Désactivez l'affichage de l'écran d'accueil de Windows*

5. Cliquez sur le bouton **Appliquer les options**. Fermez les différentes fenêtres.

REMARQUE

Type de profil requis pour désactiver l'écran d'accueil

Vous devez avoir un profil d'administrateur pour activer ou désactiver l'affichage de l'écran d'accueil.

1.3 Gestion des sessions

Nous venons de vous indiquer que, à chaque fois que vous lancez Windows et travaillez sur votre ordinateur, vous ouvrez une session Windows. Or vous pouvez fort bien ouvrir plusieurs sessions à la fois, basculer rapidement entre celles-ci ou encore en fermer une tout en conservant les autres ouvertes. Bref, les possibilités sont multiples, que vous trouverez décrites ci-après.

Ouverture d'une session

Pour ouvrir une session, il suffit de lancer l'ordinateur puis de cliquer sur le nom de votre compte dans l'écran d'accueil et de saisir éventuellement votre mot de passe.

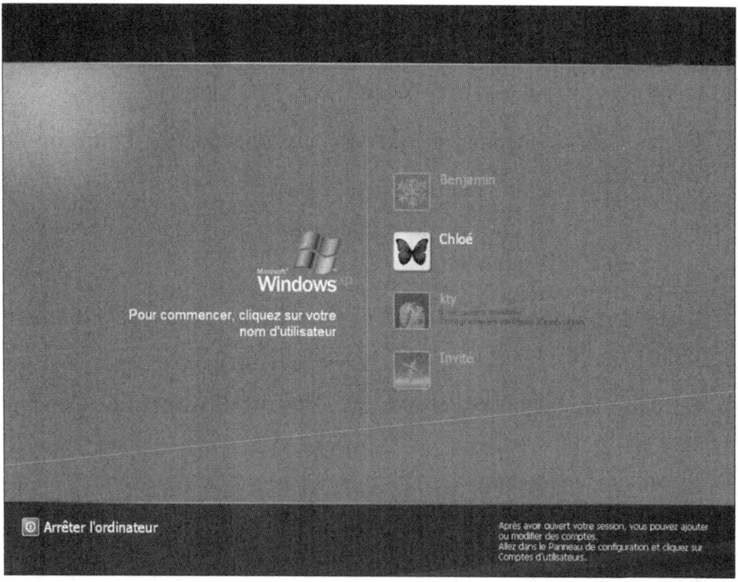

▲ Fig. 1.4 : *Choisissez votre profil utilisateur afin de créer une session*

Ouverture de plusieurs sessions

Si vous souhaitez ouvrir une session alors même que vous êtes en train de travailler dans une autre, vous devez suivre les étapes indiquées ci-après, qui permettent une ouverture de plusieurs sessions à la fois :

1. Cliquez sur le bouton **démarrer** puis sélectionnez **Fermer la session**.
2. Dans la boîte de dialogue **Fermeture de session Windows** qui s'affiche, cliquez sur **Changer d'utilisateur**.
3. Dans l'écran de bienvenue qui s'affiche alors, cliquez sur le profil utilisateur que vous souhaitez utiliser. Une nouvelle session est créée.

La fonction Bascule rapide

La fonction qui permet de changer rapidement d'utilisateur sans relancer l'ordinateur est nommée **Bascule rapide**. Elle est idéale lorsque plusieurs utilisateurs partagent un même ordinateur et qu'ils souhaitent travailler dans des profils différents.

Or il se peut que cette fonction ne soit pas activée et que, de ce fait, vous ne puissiez pas ouvrir plusieurs sessions à la fois et basculer entre elles. Pour activer la fonction **Bascule rapide** :

1. Cliquez sur le bouton **démarrer** puis sélectionnez **Panneau de configuration**.
2. Dans la fenêtre **Panneau de configuration** qui s'affiche, cliquez sur **Comptes d'utilisateurs**.
3. Une nouvelle fenêtre apparaît. Cliquez alors sur **Modifier la manière dont les utilisateurs...**
4. Ensuite, dans la nouvelle fenêtre qui s'affiche, activez la case à cocher *Bascule rapide*.

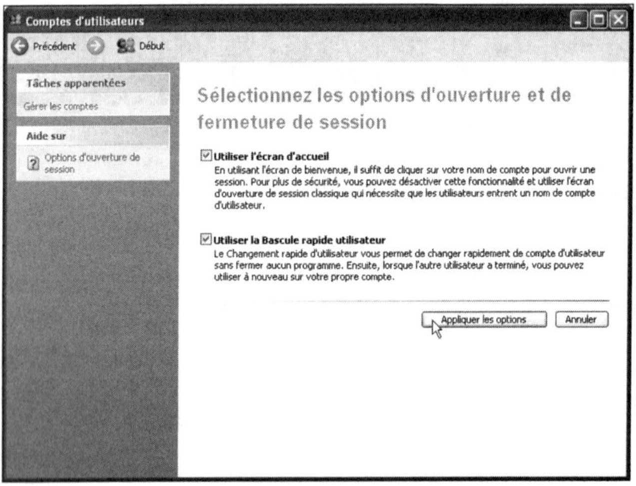

▲ Fig. 1.5 : *Activez la bascule rapide pour être à même d'ouvrir plusieurs sessions à la fois*

5. Cliquez sur le bouton **Appliquer les options**. Fermez les différentes fenêtres.

REMARQUE

Type de profil requis pour activer la bascule rapide

Vous devez avoir un profil d'administrateur pour activer la fonction de bascule rapide.

Fermeture d'une session

Si vous devez travailler dans une session déjà ouverte et que vous deviez fermer l'autre session ouverte, procédez ainsi :

1. À partir de la session que vous souhaitez fermer, cliquez sur le bouton **démarrer** puis sélectionnez **Fermer la session**.
2. Dans la boîte de dialogue **Fermeture de session Windows** qui s'affiche, cliquez sur **Fermer la session**. Automatiquement, la session active est fermée et l'autre est ouverte. Vous pouvez travailler.

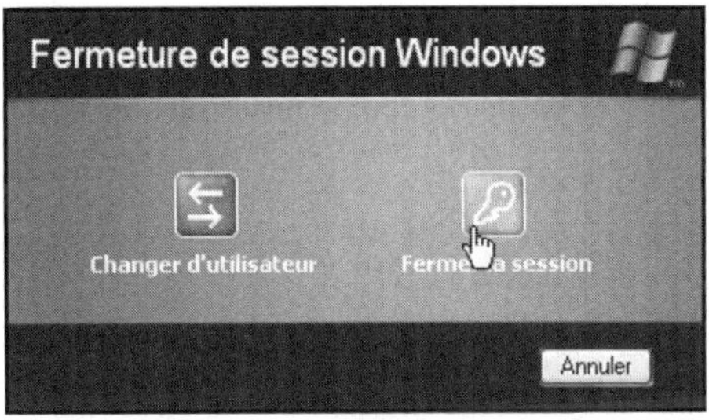

◄ Fig. 1.6 : *Fermeture d'une session*

Fermeture de toutes les sessions

La fonction qui consiste à fermer toutes les sessions actives revient, en fait, à fermer Windows et, dans le même temps, à éteindre l'ordinateur. Or le processus d'arrêt de Windows est important, il est donc impératif de le respecter au pied de la lettre. Bien sûr, vous pourriez, dans un mouvement d'humeur, éteindre rageusement l'ordinateur en appuyant sur le bouton de mise sous tension puis, dans la foulée, éteindre l'écran. Vous pourriez...

mais ce ne serait pas raisonnable ! Voici pourquoi : lorsque vous réalisez la procédure d'arrêt en bonne et due forme, le cache de Windows attend que l'unité centrale soit au repos avant de transcrire des données du cache vers le disque dur, puis Windows met à jour les paramètres modifiés dans la base de registre. Si vous ne respectez pas cette procédure, vous risquez d'endommager votre base de registre.

Pour arrêter l'ordinateur :

1. Cliquez sur le bouton **démarrer** puis sélectionnez **Arrêter l'ordinateur**.
2. La boîte de dialogue **Arrêter l'ordinateur** s'affiche. Cliquez sur le bouton **Arrêter**.

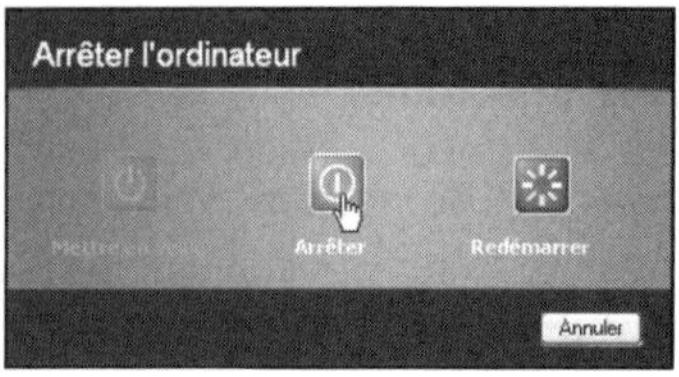

◄ Fig. 1.7 : *Processus d'arrêt de Windows*

3. Au bout de quelques secondes, un message indique que vous pouvez stopper l'ordinateur. Appuyez sur le bouton de mise sous tension pour l'arrêter totalement.

REMARQUE

Redémarrage de Windows

Il arrive fréquemment que, après que vous avez modifié un élément du bureau, activé une option, installé un programme... l'ordinateur indique qu'il faut redémarrer. Bien sûr, vous pourriez arrêter l'ordinateur comme nous venons de vous l'indiquer puis l'allumer à nouveau. Voici une autre solution, plus rapide, qui permet d'éviter tout le processus de vérification : cliquez sur le bouton **démarrer** puis sur **Arrêter**. Dans la boîte de dialogue **Arrêter l'ordinateur**, cliquez sur le bouton **Redémarrer**. L'ordinateur s'arrête puis se relance, sans que vous ayez à intervenir.

Verrouillage d'une session

Si vous avez terminé de travailler sur votre ordinateur pour le moment mais que vous souhaitiez tout de même le laisser ouvert afin de ne pas avoir à le relancer par la suite, et ce sans courir le risque que quiconque puisse y accéder, l'une des solutions est de verrouiller l'ordinateur. Ce verrouillage consiste à obliger quiconque à saisir le mot de passe pour accéder à votre session. C'est une bonne parade contre les importuns !

Pour verrouiller une session :

1. Vous devez commencer par désactiver la bascule rapide. Pour ce faire, fermez d'abord toutes les autres sessions comme indiqué plus avant.
2. Ensuite, cliquez sur le bouton **démarrer** et sélectionnez **Panneau de configuration**.
3. Dans la fenêtre **Panneau de configuration** qui s'affiche, cliquez sur **Comptes d'utilisateurs**.
4. Une nouvelle fenêtre apparaît. Cliquez alors sur **Modifier la manière dont les utilisateurs...**
5. Ensuite, dans la nouvelle fenêtre qui s'affiche, désactivez la case à cocher *Bascule rapide*.
6. Cliquez sur le bouton **Appliquer les options**. Fermez les différentes fenêtres.

REMARQUE

Type de profil requis pour désactiver la bascule rapide

Vous devez avoir un profil d'administrateur pour désactiver la fonction de bascule rapide.

7. Ensuite, appuyez sur les touches Win+L. La session est verrouillée. Il sera nécessaire de saisir le mot de passe à partir de la boîte de dialogue **Déverrouillage de l'ordinateur** pour accéder à la session.

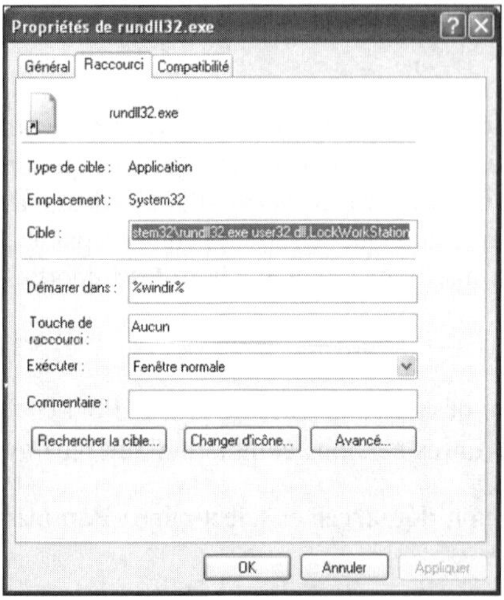

▲ Fig. 1.8 : *Définissez les propriétés de l'icône de raccourci*

Conseil

Verrouiller sans la touche Win

Il suffit d'appuyer sur les touches [Ctrl]+[Alt]+[Suppr] puis de cliquer sur le bouton **Verrouiller la session** dans la boîte de dialogue qui s'affiche alors.

Verrouillage d'une session à partir d'un raccourci

Si vous ne possédez pas de touche [Win] sur votre clavier, vous pouvez verrouiller votre session à partir d'un raccourci (icône ou/et touches). Voici comment procéder :

1. Sur le bureau, cliquez du bouton droit puis sélectionnez **Nouveau/ Raccourci** dans le menu contextuel qui s'affiche.
2. L'assistant de création d'un raccourci s'affiche ; saisissez `rundll32.exe user32.dll,LockWorkStation` puis cliquez sur le bouton **Suivant**.
3. Nommez le raccourci et cliquez sur le bouton **Terminer**.

4. Cliquez ensuite du bouton droit sur le raccourci que vous venez de créer puis sélectionnez **Propriétés**.

5. Dans la boîte de dialogue **Propriétés** qui s'affiche, cliquez sur l'onglet **Raccourci**.

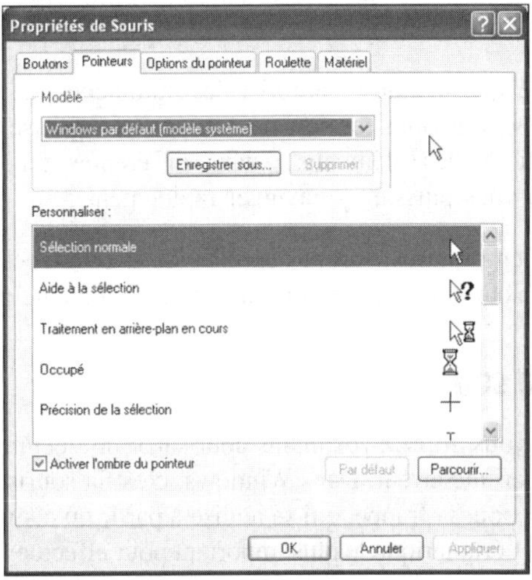

▲ Fig. 1.9 : *Définissez les propriétés de votre raccourci*

6. Ensuite, saisissez le nom voulu (par défaut, c'est *shell32.dll* qui est proposé) et appuyez sur la touche [Entrée].

7. Éventuellement, choisissez une autre icône puis cliquez dans le champ de texte de l'option *Touche de raccourci* et appuyez sur les touches que vous souhaitez utiliser pour déclencher ce raccourci. Cliquez sur le bouton OK. Pour verrouiller la session, vous n'aurez qu'à cliquer sur cette icône de raccourci ou à appuyer sur les touches choisies.

1.4 La philosophie de Windows ou comment y travailler efficacement

Comme vous le savez, Windows est un système d'exploitation qui a été créé afin d'autoriser le travail sur un ordinateur. Ceci étant posé, Windows n'étant pas devin et encore moins intelligent, il est impératif, lorsque vous souhaitez réaliser une action (ouvrir un outil, le supprimer, imprimer un document, etc.) ou encore naviguer entre les documents, de lui indiquer les différents outils, etc., ce que vous souhaitez faire par l'intermédiaire de commandes. Afin d'entamer ce "dialogue" avec vous, il met à votre disposition pour accéder aux commandes un certain nombre d'outils que vous allez découvrir dans cette section.

Par ailleurs, étant donné que Windows autorise le multitâches, ce qui revient à réaliser plusieurs actions en même temps, il organise les documents, les applications, les éléments... dans différentes fenêtres (d'où son nom) afin que vous puissiez y naviguer rapidement.

Toutes ces notions, et bien d'autres, seront abordées dans cette section. Mais commencez par la souris, qui mérite qu'on l'observe quelque peu.

Prise en main de la souris

Lorsque vous travaillez, vous utilisez vos mains pour saisir un document, déplacer un objet, gommer une erreur. Dans Windows, c'est la souris qui fait office de main (à part pour la frappe, qui se réalise à partir du clavier). C'est sans aucun doute le périphérique le plus important pour effectuer des tâches dans Windows. Il est donc crucial que vous en maîtrisiez parfaitement le maniement.

Principes et utilisations

La souris comprend, en règle générale, deux boutons, parfois trois. Elle peut également arborer une molette centrale, qui permet de naviguer dans un document. Pour déplacer la souris, vous devez la poser sur le tapis de souris puis la faire glisser lentement.

Pour repérer rapidement à l'écran l'emplacement de la souris, faites-la légèrement glisser sur son tapis, dans un sens ou dans un autre. Vous voyez dès lors apparaître à l'écran une flèche oblique blanche qui se déplace : le pointeur. Il symbolise l'emplacement de la souris à l'écran.

Selon le travail que vous réalisez, le pointeur peut prendre différents aspects. Vous pouvez les visualiser en ouvrant le menu **démarrer** puis en sélectionnant successivement **Panneau de configuration/Imprimantes et autres périphériques/Souris** et l'onglet **Pointeurs**.

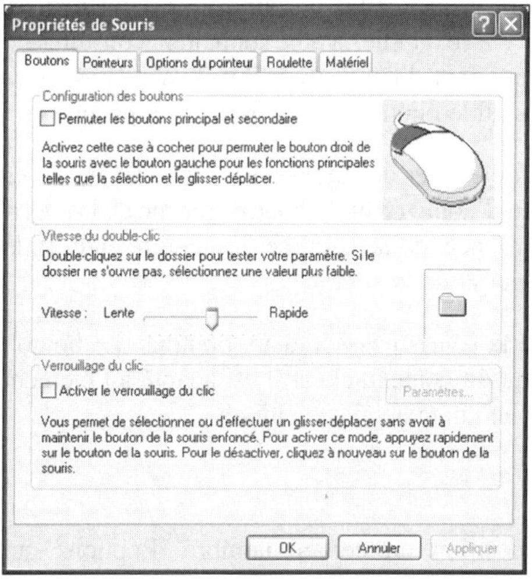

▲ Fig. 1.10 : *Les différents aspects du pointeur*

Dans la plupart des cas, le fait de cliquer permet de sélectionner un outil, un fichier, un dossier, etc. La sélection consiste donc à indiquer à Windows l'outil sur lequel vous souhaitez agir. Pour cliquer, il suffit d'appuyer sur le bouton gauche de la souris.

Conseil

Souris pour gauchers

Si vous êtes gaucher, vous voudrez certainement utiliser la souris avec votre main gauche. Pour ce faire, cliquez sur le bouton **démarrer** puis sélectionnez successivement **Panneau de configuration/Imprimantes et autres périphériques/Souris** et l'onglet **Boutons**. Activez ensuite l'option *Permuter les boutons...* et cliquez sur le bouton OK.

Pour annuler une sélection, cliquez en dehors de celle-ci, dans un espace vide.

En règle générale, lorsque vous sélectionnez un outil, c'est pour réaliser une procédure quelconque. Par exemple, vous souhaitez consulter le contenu de la corbeille, il vous faut donc l'ouvrir. Dans Windows, pour ouvrir un outil, vous devez double-cliquer dessus du bouton gauche.

La souris permet aussi de faire glisser des éléments, ce qui revient à les déplacer. Pour ce faire, il suffit d'appuyer sur le bouton gauche de la souris puis, tout en le maintenant enfoncé, de faire glisser à un autre endroit de l'écran puis de relâcher le bouton de la souris.

Pour finir, vous avez vu que la souris possède deux boutons. Le bouton droit permet d'ouvrir un menu dit contextuel car il est adapté à l'élément sur lequel vous avez cliqué, en contexte avec celui-ci.

Domptage de la souris

Windows met à votre disposition un certain nombre d'options qui permettent de définir l'utilisation précise de la souris, que ce soit en terme d'aspect ou en terme de vitesse. Voici maintenant comment procéder pour "dompter" la souris :

1. Commencez par ouvrir la boîte de dialogue **Propriétés de Souris**. Pour ce faire, cliquez successivement sur **Panneau de configuration/ Imprimantes et autres périphériques/Souris**.

2. À partir de l'onglet **Boutons**, vous pouvez, outre choisir une souris pour gaucher, définir la vitesse du double-clic et verrouiller le clic, ce qui revient à ne pas avoir à maintenir le bouton de la souris enfoncé lors des réalisations de faire glisser.

3. À partir de l'onglet **Pointeurs**, vous pouvez visualiser les différents aspects du pointeur, activer/désactiver l'ombrage de celui-ci ou encore choisir un autre modèle.

4. À partir de l'onglet **Options du pointeur**, vous pouvez définir la vitesse du pointeur lors des déplacements, activer/désactiver l'alignement du pointeur sur la commande par défaut dans une boîte de

dialogue, afficher/masquer le déplacement du pointeur, afficher/masquer le pointeur lors de la frappe ou encore afficher/masquer l'emplacement du pointeur lors de l'utilisation de la touche Ctrl.

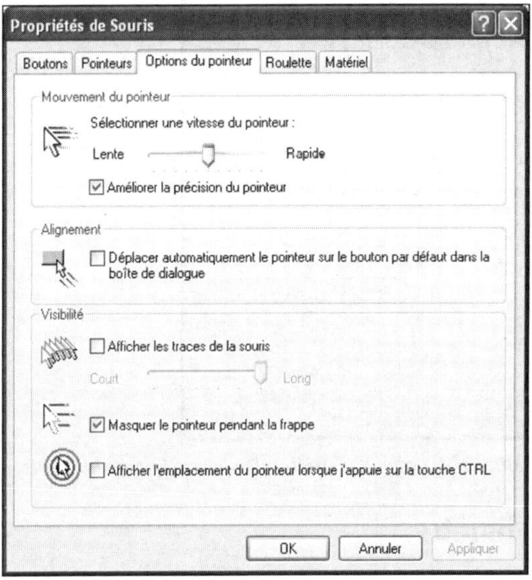

▲ Fig. 1.11 : *Onglet Options du pointeur de la boîte de dialogue Propriétés de souris*

5. À partir de l'onglet **Roulette**, vous pouvez définir la vitesse de défilement de la roulette par rapport au nombre de lignes ou écran par écran.

6. À partir de l'onglet **Matériel**, vous pouvez visualiser les caractéristiques matérielles de la souris, en définir les propriétés ou encore la dépanner.

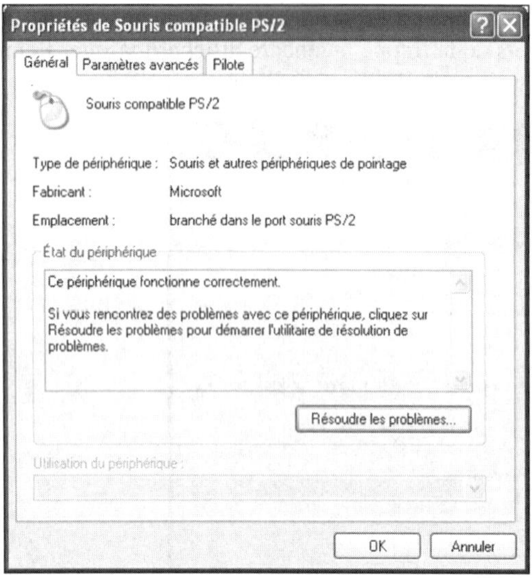

▲ Fig. 1.12 : *La boîte de dialogue Propriétés de souris Nom de la souris*

Utilisation des fenêtres

Si vous possédez des rudiments d'anglais, vous savez déjà que Windows signifie *fenêtres*. Pourquoi cette appellation ? Parce que tous les outils, les programmes et les fonctions sont présentés sous forme de fenêtres. De ce fait, pour travailler efficacement sous Windows, il est important de savoir comment naviguer entre ces fenêtres, les fermer, les déplacer, etc. Notez que, quels que soient les applications ou les outils que vous avez ouverts, les fenêtres se présentent et se manipulent de la même façon.

Navigation entre les fenêtres

Dès lors que vous avez ouvert plusieurs fenêtres, celles qui ne sont pas actives à l'écran sont symbolisées par un bouton dans la barre des tâches. De ce fait, pour naviguer rapidement entre les fenêtres, il suffit de cliquer sur le bouton de la fenêtre concernée dans cette barre.

▲ Fig. 1.13 : *Cliquez sur la fenêtre que vous souhaitez visualiser au premier plan*

Vous pouvez aussi appuyer simultanément sur les touches Alt+Tab. Apparaît alors à l'écran une fenêtre qui affiche, sous forme d'icône, les différents outils et applications actuellement ouverts. Pour naviguer d'icône en icône, utilisez la touche Tab. Relâchez les touches lorsque vous avez sélectionné la fenêtre que vous souhaitez afficher au premier plan.

Réduction d'une fenêtre à l'état de bouton

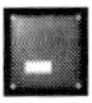

Pour agir sur les dimensions d'une fenêtre, vous devez utiliser les boutons système. Voyez pour l'instant comment réduire à l'état de bouton dans la barre des tâches une application, un outil... Pour ce faire, il suffit de cliquer sur le bouton système **Réduire**. La fenêtre disparaît de l'écran et apparaît sous forme de bouton dans la barre des tâches.

Vous pouvez aussi cliquer sur le menu système dans la partie gauche de la barre de titre puis sélectionner **Réduire**.

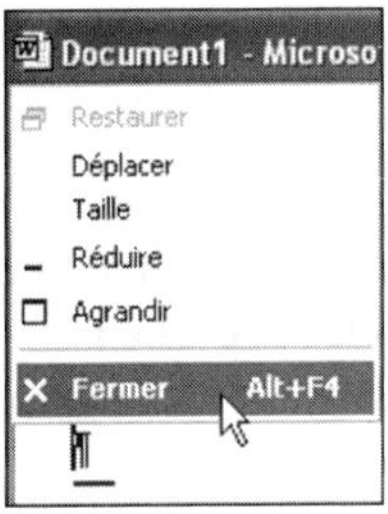

◄ Fig. 1.14 : *Menu système*

REMARQUE

Barre de titre

Il s'agit de la barre horizontale bleue qui apparaît dans la partie supérieure de la fenêtre. L'icône système qui est située dans la partie gauche de la fenêtre permet d'ouvrir le menu système. Dans le coin droit, vous trouvez les boutons système.

Agrandissement d'une fenêtre à sa taille maximale

Voici maintenant comment redonner à une fenêtre sa dimension d'origine, à savoir le plein écran. Pour ce faire, cliquez sur le bouton système **Agrandir**. La fenêtre apparaît au premier plan, dans sa taille maximale.

Vous pouvez aussi cliquer sur le menu système dans la partie gauche de la barre de titre puis sélectionner **Agrandir**.

Fermeture d'une fenêtre

Vous avez terminé de travailler ? Fermez la fenêtre ! Pour cela, cliquez sur le bouton système **Fermer**. La fenêtre se ferme, et le fichier, l'application, l'élément… l'est aussi.

Vous pouvez aussi cliquer sur le menu système dans la partie gauche de la barre de titre puis cliquer sur **Fermer** ou encore utiliser le raccourci clavier Alt+F4.

Réduction de la taille d'une fenêtre

Pour en finir avec les boutons système, voici comment diminuer la taille d'une fenêtre : cliquez sur le bouton système **Niveau inférieur**. La fenêtre est réduite de moitié.

Définition de la taille d'une fenêtre à main levée

Vous allez, pour clore ces rubriques sur la gestion des fenêtres, apprendre à modifier la taille d'une fenêtre à l'aide de la souris, sachant que cette procédure est réalisable uniquement si la fenêtre est déjà quelque peu réduite. Pour redimensionner une fenêtre à main levée :

1. Pointez l'un des bords de la fenêtre. Lorsque le pointeur se transforme en flèche à deux têtes, cliquez.
2. Tout en maintenant le bouton de la souris enfoncé, faites glisser dans le sens du redimensionnement.
3. Relâchez le bouton de la souris lorsque vous avez défini la taille de votre choix.

▲ Fig. 1.15 : *Redimensionnement d'une fenêtre à main levée*

REMARQUE

Utiliser le bon côté pour le redimensionnement

La flèche à deux têtes indique la direction dans laquelle vous pouvez agrandir ou diminuer la fenêtre. Pour modifier la largeur d'une fenêtre, vous devez donc cliquer sur son bord gauche ou droit. Pour en modifier la hauteur, cliquez sur son bord inférieur ou supérieur. En cliquant sur l'un des angles, vous pouvez modifier proportionnellement à la fois la largeur et la hauteur d'une fenêtre.

Déplacement d'une fenêtre

Une fois que vous avez modifié la taille d'une fenêtre, vous pouvez à loisir déplacer celle-ci afin de la positionner exactement où vous le désirez.

Pour déplacer une fenêtre :

1. Cliquez sur la barre de titre de la fenêtre que vous souhaitez déplacer.
2. Tout en maintenant le bouton de la souris enfoncé, faites glisser à l'endroit de votre choix.
3. Relâchez le bouton de la souris lorsque vous avez positionné la fenêtre.

Affichage de plusieurs fenêtres à l'écran

Si vous souhaitez travailler dans plusieurs fenêtres à la fois, c'est possible ! Il suffit de les afficher à l'écran en même temps.

REMARQUE

Afficher le bon nombre de fenêtres

Évitez d'afficher plus de quatre fenêtres à l'écran, vous ne verriez plus rien !

Pour afficher plusieurs fenêtres à l'écran :

1. Ouvrez les différentes fenêtres comme indiqué plus avant.
2. Cliquez du bouton droit sur la barre des tâches puis, dans le menu contextuel qui se déroule, choisissez l'option d'affichage voulue, sachant que :
   - *Cascade* permet d'afficher plusieurs fenêtres les unes sur les autres ;
   - *Mosaïque horizontale* permet d'afficher les fenêtres les unes au-dessous des autres ;
   - *Mosaïque verticale* permet d'afficher les fenêtres les unes à côté des autres.

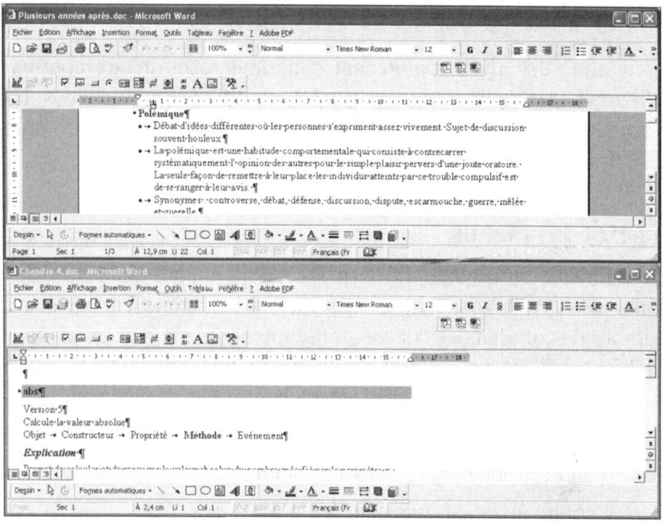

▲ Fig. 1.16 : *Deux fenêtres affichées en mosaïque horizontale à l'écran*

Déplacement dans une fenêtre

Selon la taille du document, du dessin ou encore en fonction du nombre d'éléments contenus dans une fenêtre, il arrive souvent que vous ne voyiez à l'écran qu'une partie d'un document, d'un élément... Les barres de défilement sont la solution à ce type de problème.

Pour se déplacer dans une fenêtre, utilisez les barres de défilement (vertical ou horizontal) qui sont situées à droite et en bas de l'écran. Pour descendre ou monter dans une fenêtre, il suffit de faire glisser la barre de défilement vertical (à droite) ; pour aller à gauche ou à droite dans une fenêtre, faites glisser la barre de défilement horizontal (en bas).

REMARQUE

Barre d'état

Il s'agit de la barre horizontale grise qui apparaît dans la partie inférieure de l'écran. Elle affiche un certain nombre d'informations, en fonction du type de la fenêtre.

Accès et utilisation des commandes

Vous allez découvrir maintenant comment recourir aux commandes de Windows, les émuler ou encore les modifier. Comme vous le verrez, plusieurs outils sont à votre disposition pour accéder aux commandes et les paramétrer.

À partir des menus

Dans chaque outil ou application fonctionnant sous Windows, des menus sont mis à votre disposition. Ces menus contiennent chacun un certain nombre de commandes concernant le même thème. Par exemple, le menu **Fichier** contient, en règle générale, toutes les commandes concernant un fichier : **Ouvrir**, **Fermer**, **Enregistrer**, etc. Les menus sont tous regroupés dans la barre des menus de chaque outil ou application.

Tout d'abord, sachez que, dans un menu :

- les commandes en gras sont accessibles ;
- les commandes en grisé sont, pour le moment, inaccessibles ;
- les commandes précédées d'un rond sont celles qui sont actuellement activées ;
- les commandes suivies de trois points de suspension ouvrent une boîte de dialogue ;
- les commandes suivies d'une tête de flèche ouvrent un menu en cascade (ou sous-menu) proposant d'autres choix.

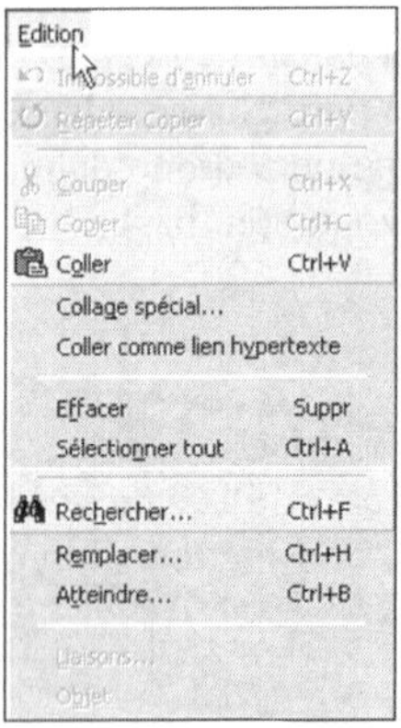

◄ Fig. 1.17 : *Menu Edition de Word*

Ensuite, notez que :

- pour dérouler un menu, il suffit de cliquer sur son nom dans la barre de menus ;
- pour dérouler un menu sans utiliser la souris, vous devez appuyer sur la touche correspondant à la lettre soulignée dans le nom du menu ;
- pour sélectionner une commande, il suffit de cliquer dessus dans le menu ;
- pour fermer un menu sans activer de commande, vous devez cliquer en dehors du menu ;
- pour annuler une commande que vous venez d'émuler, sélectionnez **Annuler** dans le menu **Edition** ;
- pour rétablir une commande que vous venez maladroitement d'annuler, sélectionnez **Rétablir** dans le menu **Edition**.

Paramétrage des commandes avec les boîtes de dialogue

Certaines commandes se suffisent à elles-mêmes, il n'est donc pas nécessaire de leur préciser ce que vous souhaitez faire. En revanche, d'autres commandes impliquent que vous précisiez certains paramètres. Pour ce type de commande, Windows met à votre disposition des boîtes de dialogue dans lesquelles vous pouvez "converser" avec lui en précisant vos choix.

▲ Fig. 1.18 : *La boîte de dialogue Options de Word*

Pour ce faire, vous devez utiliser les différents moyens mis à votre disposition. Les voici en détail :

- Onglets. Toujours placés en haut des boîtes de dialogue, ils permettent de naviguer entre les différents thèmes d'options. Cliquer sur un onglet affiche celui-ci au premier plan.
- Boutons d'option. Ces boutons correspondent à des options que vous devez activer pour préciser le travail que vous souhaitez effectuer. Ils sont symbolisés par un rond. Pour activer une option, vous devez cliquer sur le rond qui lui correspond. Dans un bouton d'option activé, un rond vert apparaît. Dans un bouton d'option non activé, aucun rond n'apparaît. Activer un nouveau bouton d'option désactive le bouton d'option auparavant activé.
- Cases à cocher. Ces cases correspondent aussi à des options que vous devez activer pour préciser le travail que vous souhaitez effectuer. Elles sont symbolisées par un carré. Pour activer une option, vous devez cliquer sur le carré qui lui correspond. Dans une case à cocher activée, une coche verte en forme de V apparaît. Dans une case à cocher non activée, aucune coche n'apparaît. Contrairement aux cases d'option, vous pouvez activer plusieurs cases à cocher. Pour désactiver une case à cocher, cliquez sur le carré qui lui correspond.
- Zones de texte. Zones dans lesquelles vous pouvez saisir, à partir du clavier, un nom, un nombre, etc. Par exemple, pour rechercher un fichier, vous devez saisir son nom dans une zone de texte.
- Zones de liste déroulante. Zones de texte qui affichent, à leur droite, une petite flèche. Ces zones mettent à votre disposition une liste de choix, d'options, etc., qu'il vous suffit de sélectionner. Pour cela, cliquez sur la petite flèche afin d'ouvrir la liste déroulante puis cliquez sur une option.
- Boutons de commande. Ces boutons permettent de donner un ordre à Windows. Par exemple, si vous souhaitez valider vos choix, vous devez cliquer sur le bouton OK. En revanche, pour fermer la boîte de dialogue sans valider vos choix, cliquez sur le bouton **Annuler**.

REMARQUE

Obtenir de l'aide dans une boîte de dialogue

Pour obtenir une aide dans une boîte de dialogue, cliquez sur le bouton **?** (point d'interrogation) ; le pointeur se transforme en point d'interrogation. Cliquez sur le bouton, l'option... au sujet duquel vous souhaitez obtenir une aide. Une rubrique apparaît, qui décrit l'élément sur lequel vous venez de cliquer. Pour fermer la rubrique d'aide, cliquez en dehors de celle-ci.

Accélération du travail

Afin de vous faire gagner un temps précieux, Windows met à votre disposition un certain nombre d'outils pour travailler plus rapidement.

Les barres d'outils

Les principales commandes sont regroupées dans les barres d'outils, sous forme de boutons. Ainsi, vous n'avez plus à ouvrir un menu pour déclencher une commande puisqu'il suffit de cliquer sur le bouton pour l'émuler. Notez que, si le bouton affiche une petite flèche, une liste déroulante est proposée, répertoriant des choix.

Différentes barres d'outils sont à votre disposition dans chaque application. Pour les afficher, il suffit, en règle générale, d'ouvrir la boîte de dialogue **Barre d'outils**.

Les raccourcis clavier

Toujours pour accélérer votre travail, Windows met à votre disposition les raccourcis clavier. Ce sont des combinaisons de touches du clavier qui permettent d'accéder à une commande ou de la déclencher. Lors de vos premières tâches dans Windows, pour prendre connaissance du raccourci clavier d'une commande, vous devez ouvrir le menu qui lui correspond.

1.5 Les principaux outils de Windows

Maintenant que vous connaissez les manipulations de la souris et que vous êtes capable de travailler dans Windows, vous allez découvrir les principaux outils proposés et la façon de les utiliser. Gardez en tête le fait que ce sont des hommes qui ont créé Windows et que, donc, la réalisation des travaux suit de près votre façon de faire dans la vie quotidienne.

Le bureau

Après avoir démarré Windows, le premier élément que vous voyez à l'écran est le bureau. Celui-ci est comparable en tous points à celui dans lequel vous travaillez : il a des "tiroirs" pour ranger, des outils pour travailler, une corbeille pour jeter les papiers, etc.

Lorsque vous lancez Windows pour la première fois, le bureau contient une seule icône : celle de la corbeille. Or il est possible de personnaliser entièrement le bureau, comme vous le verrez au cours de ce chapitre.

▲ Fig. 1.19 : *Le bureau après quelques semaines d'utilisation...*

Le poste de travail

Le poste de travail est en quelque sorte un dossier qui permet de visualiser rapidement le contenu de votre ordinateur : disque dur, lecteur de disquettes, lecteur de CD-Rom, etc. C'est en quelque sorte un appareil photographique qui crée un instantané complet de votre activité et permet de visualiser à la fois vos "tiroirs de rangement", vos dossiers de travail dans lesdits tiroirs, etc.

Pour accéder au poste de travail, cliquez sur le bouton **démarrer** puis sélectionnez **Poste de travail**. Chaque disque, lecteur, etc. est symbolisé par une lettre. Par exemple, par défaut, le disque dur correspond à la lettre *C*, le lecteur de disquettes, à la lettre *A*, et ainsi de suite. Vous découvrirez tout au long de cet ouvrage comment y recourir.

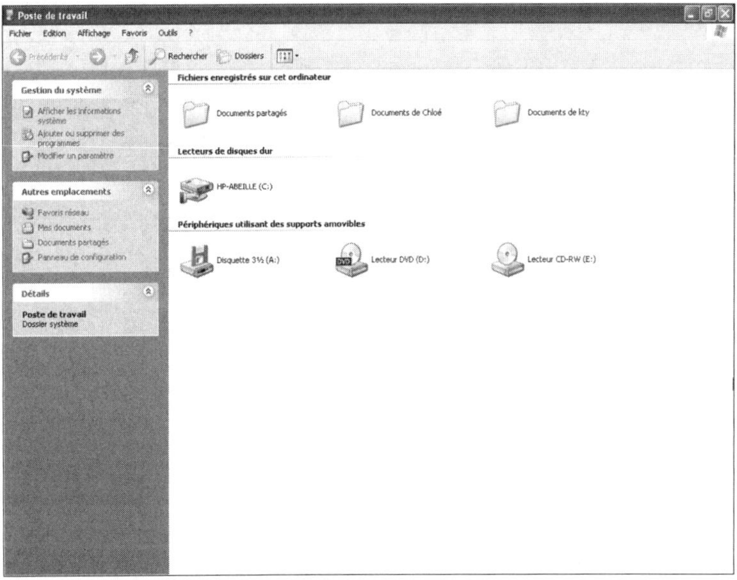

▲ Fig. 1.20 : *Le poste de travail*

L'explorateur

L'explorateur est un collaborateur précieux car il permet d'afficher le contenu exact de votre ordinateur, des lecteurs de disquettes et de CD-Rom. Son affichage est fondé sur le principe de la hiérarchie : le lecteur de disque dur, les dossiers, les sous-dossiers, les fichiers. Grâce à l'explorateur, vous pouvez non seulement visualiser l'ensemble de vos dossiers et fichiers, mais aussi les organiser : les déplacer, les renommer, les supprimer, en ajouter, etc.

RENVOI

Reportez-vous au chapitre *Les dossiers et les fichiers* pour voir précisément comment l'utiliser.

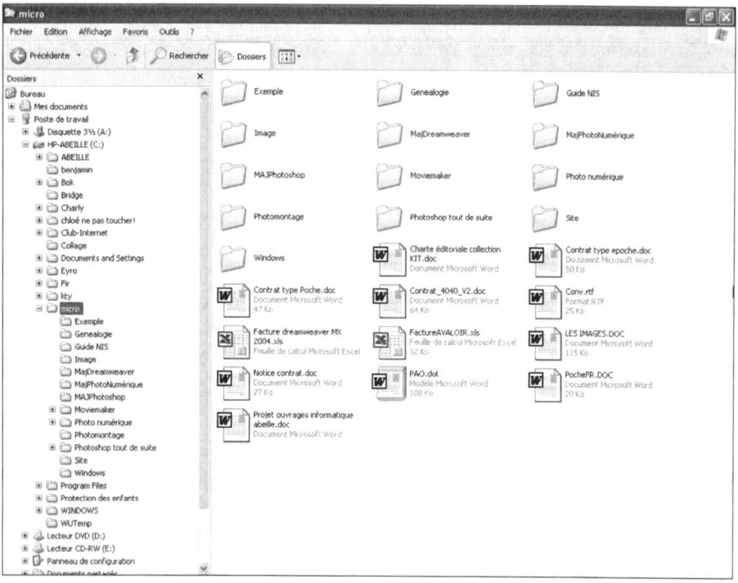

▲ Fig. 1.21 : *L'explorateur permet de visualiser l'ensemble du contenu de votre disque dur*

La barre des tâches

En bas du bureau, vous voyez apparaître une barre horizontale bleue : c'est la barre des tâches. Par défaut, cette barre contient le bouton

démarrer et constitue le "réceptacle" provisoire des fenêtres réduites lorsque vous naviguez entre différentes tâches. Elle contient aussi une horloge ainsi qu'un certain nombre d'icônes de raccourci adaptées à votre travail (connexion à Internet, antivirus, état du modem, état de la connexion au réseau local, etc.).

▲ Fig. 1.22 : *La barre des tâches et son bouton démarrer*

Vous verrez un peu plus loin dans ce chapitre comment personnaliser la barre des tâches, la masquer, la verrouiller, etc.

Le bouton démarrer

Situé à gauche dans la barre des tâches, il permet un accès rapide à tous les programmes et autres éléments que contient votre ordinateur.

RENVOI

Reportez-vous au chapitre *Les programmes* pour voir comment personnaliser le menu du bouton démarrer.

La barre Lancement rapide

Située à droite du bouton **démarrer**, cette barre d'outils contient des icônes de raccourci qui permettent d'accéder rapidement au bureau, à Internet Explorer et au Lecteur Windows Media. Un clic sur l'icône souhaitée suffit !

ASTUCE

Afficher la barre Lancement rapide

Si elle ne s'est pas affichée, cliquez du bouton droit sur la barre des tâches et sélectionnez **Barres d'outils/Lancement rapide**.

Le panneau de configuration

Cet outil permet un accès aux paramètres des outils de Windows, et ce afin d'en modifier le comportement ou l'aspect. Par outils, entendez aussi bien la souris que le clavier ou encore les profils utilisateurs, les connexions au réseau, etc.

Pour ouvrir le panneau de configuration, cliquez sur le bouton **démarrer** puis sélectionnez **Panneau de configuration**. Chaque outil ou groupe d'outils est symbolisé par un module. Vous découvrirez tout au long de cet ouvrage comment y recourir.

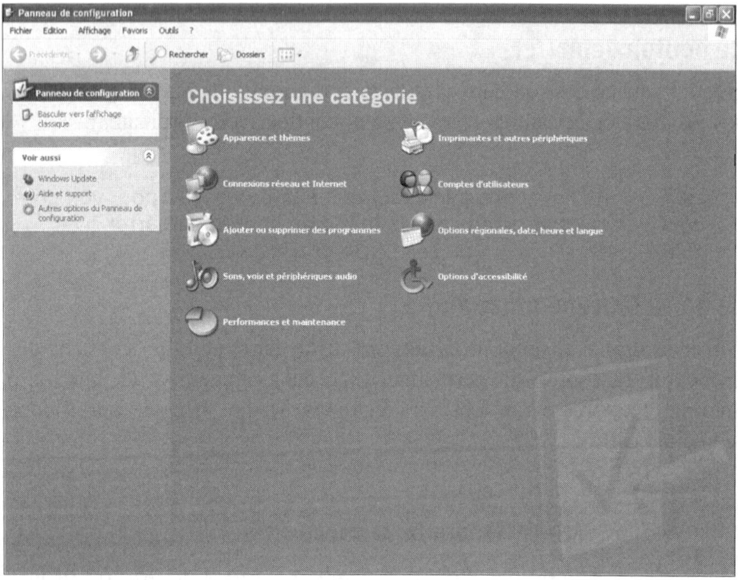

▲ Fig. 1.23 : *Le panneau de configuration*

Si vous avez utilisé une version précédente de Windows et que vous souhaitiez retrouver l'ancien affichage du panneau de configuration, cliquez sur **Basculer vers l'affichage classique** dans le volet gauche.

La corbeille

Tout comme vous jetez dans une corbeille à papiers ou dans la poubelle une lettre que vous avez fini de lire ou bien votre gomme hors d'usage, dans Windows, vous jetez tous les objets dont vous n'avez plus besoin dans la corbeille. Cet outil est d'une grande utilité car il permet de restaurer éventuellement les objets que vous auriez jetés par inadvertance.

Sachez, pour commencer, que pour jeter un élément il suffit de le sélectionner puis de cliquer sur la commande **Supprimer** ou d'appuyer sur la touche [Suppr].

Pour ouvrir la corbeille, double-cliquez sur son icône de raccourci à partir du bureau. Tous les objets que vous avez jetés lors de la session en cours et des autres si vous n'aviez pas vidé la corbeille y sont stockés.

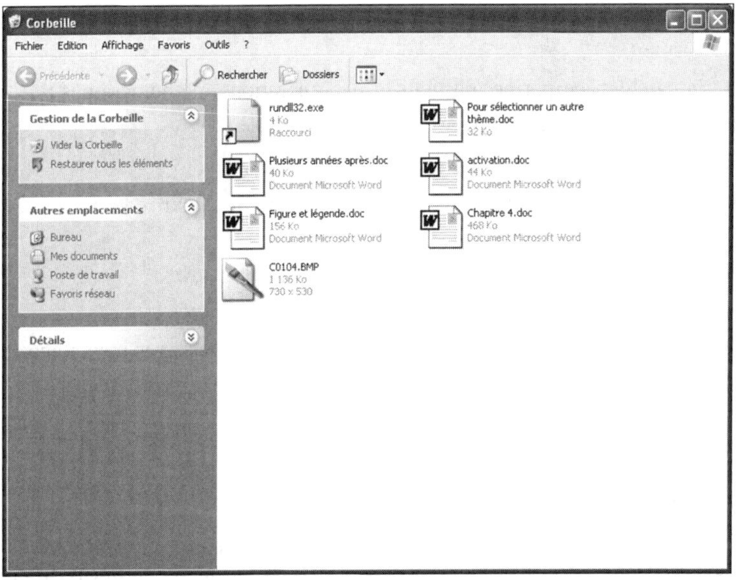

▲ Fig. 1.24 : *La corbeille*

Si vous êtes certain que tous les objets jetés doivent l'être réellement, vous pouvez vider la corbeille. Pour ce faire, sélectionnez **Vider la corbeille** dans le menu **Fichier**. Confirmez la suppression en cliquant sur le bouton **Oui** puis fermez la corbeille.

A contrario, si vous souhaitez restaurer un objet indûment jeté, cliquez, après avoir ouvert la corbeille, sur l'objet à restaurer dans son emplacement initial puis sélectionnez **Restaurer** dans le menu **Fichier**. Fermez la corbeille.

1.6 Les programmes hôtes de Windows

En plus des outils que nous venons de vous présenter, sachez que, au fur et à mesure de ses versions, Windows met à votre disposition de plus en plus d'outils pour réaliser certaines activités. L'ensemble de ces outils sera présenté et décrit dans le chapitre *Utilisation des programmes hôtes*. Sachez, pour l'instant, que :

- WordPad permet de saisir du texte, de le manipuler et de le mettre en forme ;
- la calculatrice permet de réaliser des opérations mathématiques ;
- Paint permet de dessiner ;
- Internet Explorer permet de naviguer sur le Web ;
- Outlook Express permet d'envoyer et de recevoir des messages électroniques ;
- Movie Maker permet de réaliser des montages vidéo ;
- Imaging permet de visualiser des fichiers graphiques ;
- Messenger permet d'envoyer et de recevoir des messages instantanés ;
- Lecteur Windows Media permet d'auditionner des CD ou de visualiser des vidéos.

1.7 Obtention d'aide sur Windows

S'il est exact que cet ouvrage fournit toutes les explications essentielles en ce qui concerne l'utilisation de Windows, il n'en reste pas moins qu'il ne saurait apporter une réponse à chaque question que vous vous poserez au cours de vos travaux. Afin de vous permettre de trouver rapidement une réponse à une question que nous n'aurions pas abordée, nous allons vous montrer comment obtenir une aide précise en deux temps, trois mouvements. En effet, Windows met à votre disposition une aide à laquelle vous pourrez accéder rapidement, et ce à n'importe quel moment.

Pour rechercher une rubrique d'aide à partir d'un thème :

1. Dans la barre des tâches, cliquez sur le bouton **démarrer** puis sélectionnez **Aide et support**.
2. La fenêtre de l'aide apparaît. Les différents thèmes d'aide sont proposés dans le volet de gauche tandis que le volet de droite liste un ensemble de tâches. La navigation dans l'aide de Windows s'effectue exactement comme dans une page web, ce qui implique que, pour accéder à une page de l'aide, vous devez cliquer sur des liens hypertexte. Vous pouvez aussi utiliser les boutons de la barre d'outils pour revenir à une page précédente, atteindre le sommaire de l'aide, etc. Pour naviguer dans l'aide à partir d'un thème, commencez par cliquer sur celui qui vous intéresse.
3. Une nouvelle fenêtre apparaît. Dans le volet de gauche, les différentes rubriques traitant de ce thème sont listées. Les rubriques qui affichent un symbole + contiennent des sous-rubriques. Pour visualiser ces dernières, cliquez sur ce symbole.
4. Dans la liste des différentes sous-rubriques qui apparaît dans le volet de gauche, cliquez sur la sous-rubrique qui vous intéresse. Le contenu de la sous-rubrique apparaît dans le volet de droite. Éventuellement, cliquez sur la tâche qui vous intéresse.

ASTUCE

Imprimer une rubrique d'aide

Si vous n'êtes pas certain de mémoriser la rubrique d'aide, la solution est de l'imprimer. Pour ce faire, après avoir affiché la rubrique d'aide en question, cliquez sur le bouton **Imprimer**, puis sur le bouton OK dans la boîte de dialogue **Imprimer** qui apparaît. Assurez-vous que vous avez mis votre imprimante sous tension !

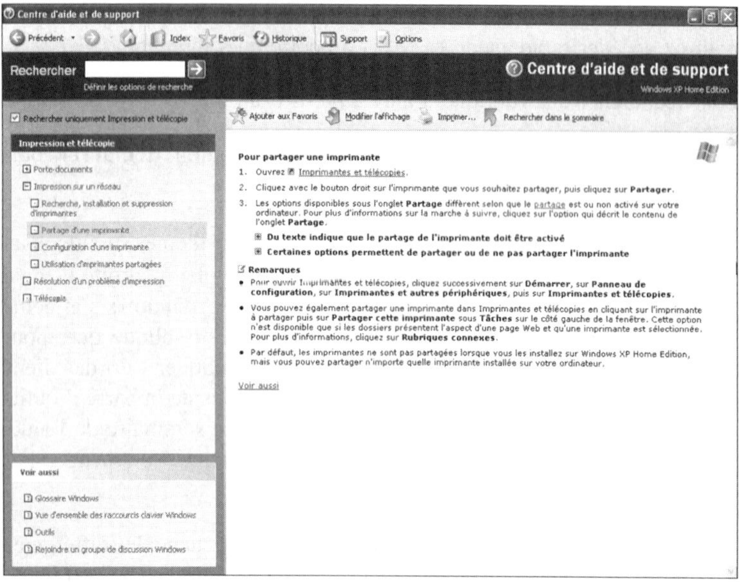

▲ Fig. 1.25 : *Recherche d'aide par thème*

5.  Pour revenir rapidement à la page d'accueil de l'aide, cliquez sur le bouton **Aller à la page...** dans la barre d'outils.

Voici maintenant comment rechercher rapidement une rubrique sans avoir à naviguer dans l'aide :

1. Dans la zone de texte *Rechercher*, saisissez le libellé de votre question. Cliquez ensuite sur le bouton **Lancer la recherche** ou appuyez sur la touche Entrée.

REMARQUE

Option Définir les options de recherche

Cette option permet d'afficher une fenêtre à partir de laquelle vous pouvez préciser les modalités de recherche : sources utilisées, nombre de rubriques à afficher, etc.

2. La page de résultats apparaît. Dans le volet de gauche, les différentes rubriques en corrélation avec votre recherche sont listées. Les résultats sont traités de trois façons, que voici :

   - **Rubriques suggérées** liste les rubriques qui traitent de la procédure recherchée.
   - **Résultats de la recherche...** liste les rubriques qui contiennent l'un des mots du libellé de la recherche.
   - **Microsoft Knowledge Base** permet d'accéder à la page web de Microsoft, qui traite de la commande recherchée.

3. Cliquez sur la rubrique qui vous intéresse. Le contenu de la rubrique apparaît dans le volet de droite.

Pour en finir avec l'Aide de Windows, voici une dernière technique de recherche : la recherche par mots. Idéale pour trouver la signification d'une commande, d'un terme, etc. que vous ne comprenez pas. Voici comment procéder :

1. Dans la barre d'outils, cliquez sur le bouton **Index**. La page de l'index apparaît.
2. Cliquez dans la zone de texte, puis saisissez le mot, la commande…
3. Au fur et à mesure de votre saisie, la liste des mots en rapport avec votre saisie apparaît. Cliquez sur la rubrique qui vous intéresse.
4. Cliquez sur le bouton **Afficher**. Le contenu de la rubrique apparaît dans le volet de droite.

RENVOI

Reportez-vous au chapitre *Les programmes* pour voir comment accéder à des rubriques d'aide en rapport avec un programme précis.

1.8 Personnalisation de l'interface et des éléments

Avant de clore ce chapitre, nous allons vous enseigner comment personnaliser l'interface de Windows afin que l'utilisation et l'aspect de celui-ci correspondent en tous points à vos desiderata.

Le bureau qu'il vous faut !

Commencez par le bureau, étant donné que c'est le premier élément que vous voyez apparaître à l'écran. Nous vous rappelons que le bureau contient non seulement la barre des tâches ainsi que le bouton **démarrer** et la barre d'outils **Lancement rapide** mais aussi des icônes de raccourci qui permettent un accès rapide aux programmes, aux fichiers... que vous utilisez le plus souvent.

RENVOI

Reportez-vous au chapitre *Utilisation des programmes hôtes* pour voir comment afficher du contenu web sur le bureau.

Gestion des icônes de raccourci

Les icônes de raccourci, symbolisées par un graphisme accompagné d'une flèche, sont idéales pour ouvrir rapidement une application, un fichier, un dossier, etc., et ce à partir d'un simple double-clic dessus. Vous pouvez en ajouter autant que vous voulez, en supprimer et aussi les organiser afin de les classer et d'en faciliter l'accès.

Création d'une icône de raccourci

Plusieurs méthodes de création d'une icône de raccourci sont possibles ; les voici décrites, point par point.

Tout d'abord, voici comment procéder pour créer l'icône de raccourci d'un programme :

1. Cliquez sur le bouton **démarrer** puis sélectionnez **Tous les programmes** afin de dérouler la liste des programmes.
2. Cliquez sur le programme pour lequel vous souhaitez créer un raccourci. Ensuite, tout en maintenant le bouton de la souris enfoncé, faites glisser sur le bureau.
3. Relâchez le bouton de la souris. L'icône de raccourci est créée !

Voici maintenant comment procéder pour un fichier ou un dossier ou encore un programme qui ne serait pas listé dans le menu **Tous les programmes** (!) :

1. Cliquez du bouton droit sur le bouton **démarrer** puis sélectionnez **Explorer** afin d'ouvrir l'explorateur.
2. Dans l'explorateur, cliquez du bouton droit sur le fichier, le dossier ou encore l'exécutable du programme puis sélectionnez **Envoyez vers/ Bureau (créer un raccourci)**. L'icône de raccourci est placée sur le bureau.

Suppression d'une icône de raccourci

D'une simplicité enfantine, cette procédure consiste à cliquer sur l'icône de raccourci puis à appuyer sur la touche Suppr. Confirmez ensuite la suppression en cliquant sur le bouton **Supprimer le raccourci** dans la boîte de dialogue qui s'affiche.

ASTUCE

Nettoyage automatique du bureau

Pour supprimer automatiquement les icônes de raccourci qui sont rarement utilisées et donc inutiles, cliquez du bouton droit sur un endroit vierge du bureau puis sélectionnez **Propriétés**. Dans la boîte de dialogue qui s'affiche, cliquez sur l'onglet **Bureau** puis sur le bouton **Personnaliser le bureau**. Dans la boîte de dialogue **Eléments du bureau** qui s'affiche, cliquez sur le bouton **Nettoyer le bureau maintenant.** Cliquez sur le bouton OK pour valider.

Organisation des icônes de raccourci

Sur le bureau, pour déplacer une icône de raccourci, il suffit de cliquer dessus (attention, ne double-cliquez pas !) puis, tout en maintenant le bouton de la souris enfoncé, de la faire glisser à l'endroit voulu et de relâcher le bouton de la souris.

Pour organiser les icônes de raccourci en fonction d'un tri précis, cliquez du bouton droit sur un endroit vierge du bureau puis, dans le menu contextuel qui se déroule, sélectionnez **Réorganiser les icônes par/Type de tri**.

ASTUCE

Réorganisation automatique

Si vous souhaitez que les icônes de raccourci soient automatiquement organisées dès lors que vous en ajoutez ou en supprimez, activez, dans le menu contextuel du bureau, l'option *Réorganisation automatique.*

Personnalisation des icônes de raccourci

Une fois que vous avez créé les icônes de raccourci, vous pouvez parfaitement en modifier les propriétés (nom, aspect, etc.) afin de les personnaliser à votre convenance. Pour ce faire :

1. Cliquez du bouton droit sur l'icône de raccourci concernée puis sélectionnez **Propriétés**.
2. La boîte de dialogue **Propriétés de Nom de l'icône de raccourci** s'affiche. Définissez vos choix dans les différents onglets, sachant que :
   - l'onglet **Général** permet de cacher l'icône de raccourci ou encore de lui appliquer la fonction de lecture seule ;
   - l'onglet **Raccourci** permet de lui affecter des touches de raccourci, de définir son mode d'exécution, de le nommer ou encore de changer l'icône.
   - l'onglet **Comptabilité** permet de définir le mode de comptabilité du programme, de préciser ses paramètres d'affichage et de saisie.
3. Cliquez sur le bouton OK pour valider.

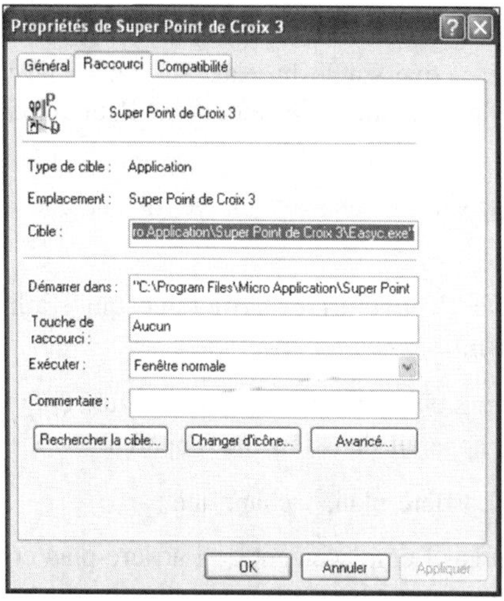

▲ Fig. 1.26 : *La boîte de dialogue Propriétés d'une icône de raccourci de programme*

ASTUCE

Changer les icônes de raccourci par défaut

Certains programmes et autres outils tels que le poste de travail, l'explorateur, etc. se voient affecter par défaut des icônes qui peuvent ne pas vous plaire du tout. Pour les modifier toutes à la fois, cliquez du bouton droit sur un endroit vierge du bureau puis sélectionnez **Propriétés.** Dans la boîte de dialogue qui s'affiche alors, cliquez sur l'onglet **Bureau** puis sur le bouton **Personnaliser le bureau.** Dans la boîte de dialogue **Eléments du bureau** qui apparaît, cliquez sur l'élément dont vous souhaitez modifier l'icône puis sur le bouton **Changer d'icône.** Sélectionnez l'icône que vous souhaitez ou élargissez vos choix en cliquant sur le bouton **Parcourir**. Validez par un clic sur le bouton OK. Reprenez ces procédures pour les autres icônes puis cliquez sur le bouton OK pour confirmer vos choix.

Arrière-plan du bureau

Par défaut, un arrière-plan est activé sur le bureau. Si celui-ci ne vous convient pas, vous pouvez parfaitement le modifier. Pour modifier l'arrière-plan du bureau :

1. Cliquez du bouton droit sur un endroit vierge du bureau puis sélectionnez **Propriétés**.
2. Dans la boîte de dialogue **Propriétés de Affichage** qui s'affiche, cliquez sur l'onglet **Bureau**.
3. Dans la liste *Arrière-plan*, cliquez sur celui qui vous convient. L'arrière-plan sélectionné apparaît dans la zone d'aperçu.
4. Définissez les options de l'arrière-plan, sachant que :
   - *Position* permet de choisir l'emplacement de l'arrière-plan et son affichage (**Étirer**, **Centrer** ou **Mosaïque**) ;
   - le bouton **Parcourir** permet de choisir un graphisme présent sur votre disque dur en tant qu'arrière-plan ;
5. Cliquez sur le bouton OK pour valider.

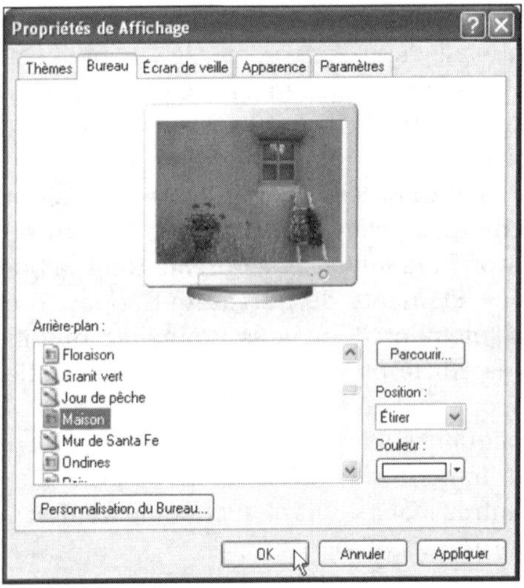

▲ Fig. 1.27 : *Choisissez l'arrière-plan voulu pour le bureau*

Personnalisation de l'aspect et des couleurs

À présent, penchez-vous quelque peu sur l'aspect des menus, des boîtes de dialogue, des polices et autres éléments de l'interface de Windows. Vous allez voir que vous pouvez modifier la plupart de ces aspects.

Modification des éléments de l'interface

Pour commencer, voici comment procéder pour modifier l'aspect des boîtes de dialogue, des fenêtres ou encore des barres d'outils. Pour ce faire :

1. Cliquez du bouton droit sur un endroit vierge du bureau puis sélectionnez **Propriétés**.
2. Dans la boîte de dialogue **Propriétés de Affichage** qui s'affiche, cliquez sur l'onglet **Apparence**.
3. Cliquez sur le bouton fléché de l'option *Fenêtres et boutons* puis sélectionnez le type voulu. Ensuite, cliquez sur le bouton fléché de l'option *Modèles de couleurs* puis sélectionnez la couleur voulue. Notez qu'au fur et à mesure de vos choix le résultat obtenu apparaît dans l'aperçu.
4. Pour modifier la taille de police des éléments, cliquez sur le bouton fléché de l'option *Taille de police* puis sur la dimension voulue.
5. Définissez les autres options, sachant que :
   - le bouton **Effets** ouvre une boîte de dialogue qui permet de choisir les effets de transition dans les menus, les info-bulles, le lissage des polices, la taille des icônes, l'ombrage des menus, etc. ;
   - le bouton **Avancé** ouvre une boîte de dialogue qui permet de personnaliser élément par élément l'ensemble de l'interface, et ce afin de modifier à la fois les couleurs, les tailles, les attributs...
6. Cliquez sur le bouton OK pour valider.

Choix d'un thème

Les thèmes régissent l'apparence générale du bureau et de l'interface, que ce soit en ce qui concerne l'arrière-plan, l'écran de veille, les icônes, les fenêtres, les pointeurs de la souris, les sons, etc. Pour sélectionner un thème :

1. Cliquez du bouton droit sur un endroit vierge du bureau puis sélectionnez **Propriétés**.
2. Dans la boîte de dialogue **Propriétés de Affichage** qui s'affiche, cliquez sur l'onglet **Thèmes**.
3. Cliquez sur le bouton fléché de l'option *Thème* puis sélectionnez celui à activer. Cliquez sur le bouton OK pour valider.

Pour acquérir des thèmes supplémentaires :

1. Connectez-vous à Internet puis reprenez la procédure ci-avant afin d'afficher l'onglet **Thèmes**.
2. Dans celui-ci, cliquez sur le bouton fléché de l'option *Thème* puis sélectionnez **Thèmes supplémentaires sur Internet**.
3. La page web des thèmes supplémentaires s'affiche automatiquement. Téléchargez celui qui vous convient.

ASTUCE

Créer son propre thème

Définissez l'apparence du bureau, des éléments, des polices, etc. comme indiqué tout au long de ce chapitre puis, lorsque vous avez terminé, et ce à partir de l'onglet **Thèmes**, cliquez sur le bouton **Enregistrer sous**. Dans la boîte de dialogue qui s'affiche, nommez le thème puis appliquez-le.

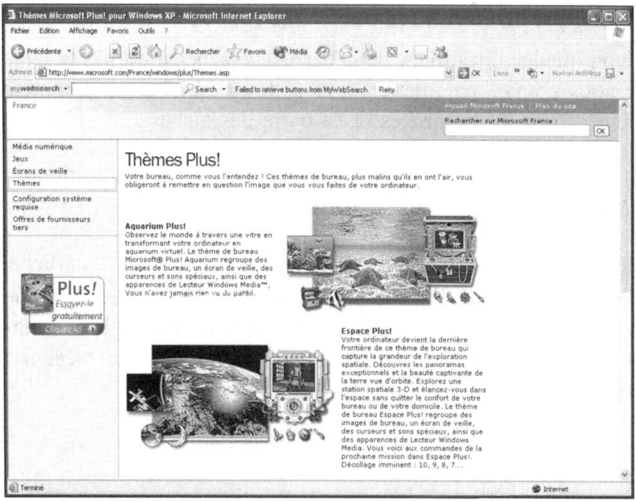

▲ Fig. 1.28 : *Thèmes supplémentaires proposés par Microsoft*

La barre des tâches obéit au doigt et à l'œil

Nous vous avons indiqué précédemment que la barre des tâches est un outil idéal pour accéder rapidement au menu **démarrer**, aux programmes principaux ainsi que pour naviguer entre les fenêtres, revenir au bureau...

Par défaut, la barre des tâches se masque automatiquement, quels que soient l'application ou l'outil que vous avez ouverts. Si vous souhaitez qu'elle soit affichée en permanence, cliquez du bouton droit dessus puis sélectionnez **Verrouiller la barre des tâches**.

ASTUCE

Redimensionner la barre des tâches

Si vous avez du mal à visualiser les différentes icônes de raccourci, vous pouvez fort bien redimensionner la barre des tâches. Il suffit de pointer le haut de celle-ci puis, lorsque le pointeur se transforme en trait vertical fléché, cliquez puis faites glisser vers le haut. Relâchez le bouton de la souris lorsque vous avez obtenu la taille désirée.

Définition des propriétés de la barre des tâches

Vous allez voir que le verrouillage de la barre des tâches n'est pas la seule option que vous pouvez paramétrer pour celle-ci. Voici donc comment procéder pour définir les propriétés de la barre des tâches :

1. Cliquez du bouton droit sur la barre des tâches puis sélectionnez **Propriétés**.
2. La boîte de dialogue **Propriétés de la Barre des tâches...** s'affiche. Vous pouvez paramétrer l'apparence de la barre des tâches ainsi que son fonctionnement et son contenu. Notez que le bouton **Personnaliser** permet de définir le "comportement" des icônes de raccourci affichées par défaut dans celle-ci.
3. Cliquez sur le bouton OK une fois vos choix définis.

REMARQUE

Mise à l'heure de l'horloge

Vous avez remarqué que la barre des tâches contient une horloge. Il suffit de double-cliquer dessus pour prendre connaissance de la date, la modifier et régler l'horloge.

Activer/désactiver des barres d'outils dans la barre des tâches

Vous pouvez, dans la barre des tâches, afficher ou masquer différentes barres d'outils qui permettent de travailler plus rapidement dans Windows.

Pour afficher une autre barre d'outils dans la barre des tâches, cliquez du bouton droit sur la barre des tâches puis sélectionnez **Barres d'outils**. Dans le menu en cascade, cliquez sur la barre d'outils que vous souhaitez afficher.

Personnalisation des barres d'outils

Toutes les barres d'outils proposées dans Windows peuvent être, à loisir, personnalisées. Pour ce faire, il suffit de cliquer dessus du bouton droit puis de choisir, dans le menu contextuel qui se déroule, le paramétrage que vous souhaitez appliquer (petites ou grandes icônes, texte, titre, etc.).

Notez que, dans les programmes, vous pouvez ajouter ou supprimer des boutons dans les barres d'outils en utilisant la même logique que celle indiquée précédemment.

chapitre 2

Les programmes

Pour fonctionner, un ordinateur a besoin d'un programme essentiel : le système d'exploitation. Cela, vous le savez ! Mais qu'en est-il des tâches que vous pouvez réaliser ? Eh bien, ce sont aussi des programmes qui permettent de rédiger un courrier, de dessiner, de calculer, de réaliser des montages vidéo, de naviguer sur le Web, etc. Au cours de ce chapitre, vous allez donc faire connaissance avec les programmes, apprendre à les lancer et à les fermer, à les installer, à les désinstaller, etc. Notez que les programmes sont aussi nommés logiciels ou applications.

2.1 Installation de programme

Il est indispensable que vous commenciez par l'installation de programme. En effet, s'ils ne sont pas installés, comment pourriez-vous travailler avec ? Il n'en reste pas moins que Windows, lors de son implémentation, installe dans le même temps différents programmes avec lesquels vous pouvez travailler pour débuter. Mais il est tout de même préférable que vous sachiez dès maintenant comment procéder pour installer les programmes souhaités.

RENVOI

Reportez-vous à la rubrique **Les programmes hôtes de Windows** du chapitre **Prise en main et personnalisation de Windows** pour découvrir la liste des programmes fournis avec Windows.

REMARQUE

Shareware et freeware

Certains programmes sont diffusés gratuitement sur le Web. Ce sont des gratuiciels (*freeware*). D'autres le sont moyennant une petite rétribution, et ce sont des partagiciels (*shareware*).

Qui peut installer quoi ?

Vous avez déjà vu au cours du chapitre *Prise en main et personnalisation de Windows* que différents types de comptes utilisateur sont proposés sous Windows. Or sachez que, lorsque vous souhaitez installer un programme sous Windows XP, les options d'installation dépendent largement des autorisations disponibles pour le compte associé à la session en cours.

Si vous bénéficiez d'un compte administrateur, vous ne rencontrerez aucun problème. En revanche, si vous avez ouvert une session à partir d'un compte limité, il se peut que vous rencontriez des problèmes assez importants, particulièrement avec des programmes exploitables sous les anciennes versions de Windows. En effet, dans la plupart des cas, vous êtes à même de lancer le setup mais êtes bloqué par la suite, souvent au moment de la copie des fichiers.

C'est pourquoi nous vous conseillons de procéder à l'installation uniquement à partir d'un compte administrateur.

ASTUCE

Contourner le blocage à cause des autorisations d'administration

Si vous n'avez pas la possibilité d'installer un programme à partir d'un compte administrateur, vous pouvez essayer l'astuce qui suit : à partir de l'explorateur, cliquez du bouton droit sur le fichier d'installation puis sélectionnez **Exécuter en tant que**. Ensuite, dans la boîte de dialogue qui s'affiche, activez l'option *L'utilisateur actuel* puis la case à cocher *Protéger mon ordinateur et mes données...* et cliquez sur le bouton OK pour valider. Ensuite, suivez les procédures habituelles d'installation.

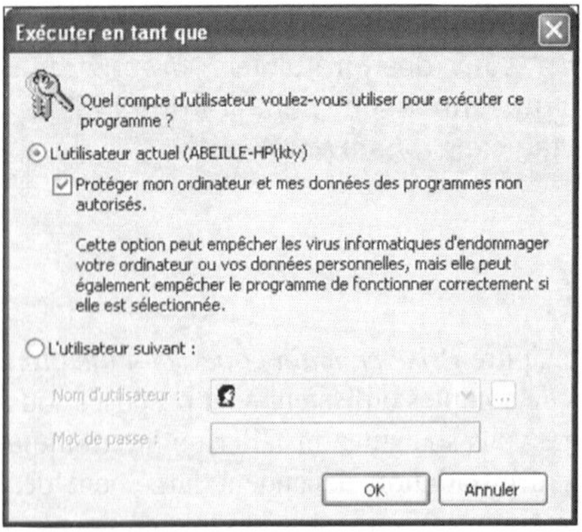

◄ Fig. 2.1 : *Définissez l'exécution du programme d'installation*

Garantie d'une installation optimale

Il va sans dire, mais cela va mieux en le disant, qu'il est impératif, avant de procéder à l'installation d'un nouveau programme, de vous assurer que vous bénéficiez bien de la configuration matérielle et système requise. Pour ce faire, commencez par prendre connaissance de celle-ci en vous référant à la notice d'installation du logiciel ou tout simplement en regardant au dos de sa boîte. Vous devez ensuite vérifier certains paramètres. Nous vous indiquons comment procéder dans les rubriques qui suivent.

Vérification de l'espace disque disponible

Voici comment procéder pour vérifier l'espace disque disponible sur votre ordinateur :

1. Dans la barre des tâches, cliquez sur le bouton **démarrer** puis sélectionnez **Poste de travail** dans le menu qui se déroule. La fenêtre **Poste de travail** s'affiche.
2. Cliquez du bouton droit sur le lecteur de disque dur (en général *C:*) puis sélectionnez **Propriétés** dans le menu qui se déroule.
3. La boîte de dialogue **Propriétés de Nom de l'ordinateur** s'affiche. Sous l'onglet **Général**, vous pouvez visualiser l'espace disque disponible (en rose). Cliquez sur le bouton **Annuler** pour refermer la boîte de dialogue.

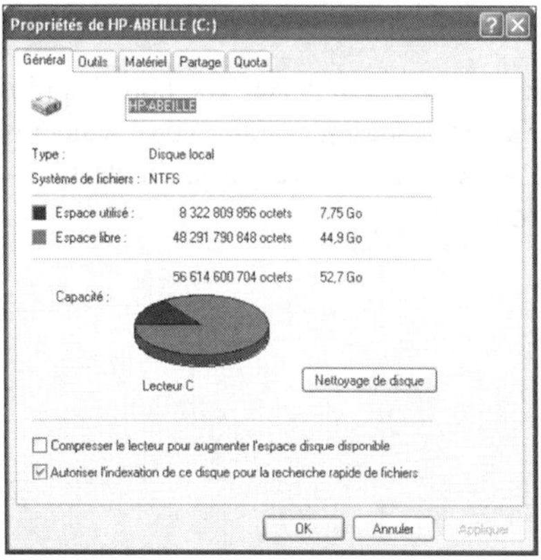

▲ Fig. 2.2 : *Vérifiez l'espace disque disponible*

4. Fermez la fenêtre **Poste de travail**.

Connaissance de la puissance du processeur

Voici maintenant les étapes de la procédure à réaliser pour vous assurer de la puissance de votre processeur :

1. Cliquez sur le bouton **démarrer** puis sélectionnez **Poste de travail** dans le menu qui se déroule. La fenêtre **Poste de travail** s'affiche.
2. Dans le volet gauche, cliquez sur le lien hypertexte **Afficher les informations système**.
3. La boîte de dialogue **Propriétés système** s'affiche. Sous l'onglet **Général**, vous pouvez visualiser la valeur du processeur ainsi que la mémoire RAM. Cliquez sur le bouton **Annuler** pour refermer la boîte de dialogue.
4. Fermez la fenêtre **Poste de travail**.

Installation à partir d'une fenêtre d'installation

Dans la plupart des cas, dès lors que vous insérez le CD-Rom d'installation dans le lecteur, une fenêtre d'installation s'affiche. Ce processus est nommé autorun. Il suffit généralement de cliquer sur un terme du type "installer" ou "procéder à l'installation" pour lancer celle-ci.

Ensuite, tout au long des étapes, vous devez préciser vos nom et prénom, éventuellement celui de votre société, indiquer que vous acceptez la licence, saisir votre numéro de série, etc. En bref, il suffit de suivre le guide et de répondre aux questions !

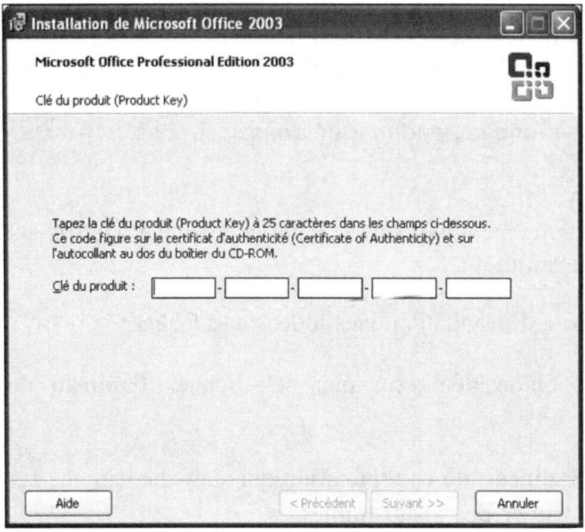

▲ Fig. 2.3 : *Indiquez votre numéro de série*

Installation sans fenêtre d'installation

Si aucune fenêtre d'installation ne vous est proposée ou bien si vous souhaitez procéder à l'installation à partir de la boîte de dialogue **Ajouter ou supprimer des programmes**, la procédure diffère quelque peu.

Notez que cette boîte de dialogue, très proche de celle proposée dans Windows 2000, ne l'est pas du tout des versions 95/98 et Me. En effet, vous avez désormais à votre disposition, dans la liste des programmes, des informations détaillées sur chacun de ceux-ci telles que la fréquence d'utilisation, la date d'installation, etc. Ces informations peuvent d'ailleurs se révéler très utiles si vous souhaitez récupérer de l'espace disque et supprimer, par exemple, les programmes qui sont peu ou pas utilisés.

ASTUCE

Forcer l'utilisation de la boîte de dialogue Ajouter ou supprimer des programmes

Si vous ne souhaitez pas utiliser la fenêtre d'installation et que le CD-Rom d'installation du programme la

ASTUCE

déclenche automatiquement, voici comment procéder pour l'éviter : au moment où vous insérez le CD-Rom d'installation, vous maintenez la touche [Maj] enfoncée pendant quelques secondes.

Pour installer un programme à partir de la boîte de dialogue **Ajouter ou supprimer des programmes** :

1. Insérez le CD-Rom d'installation dans le lecteur adéquat.
2. Cliquez sur le bouton **démarrer** puis sélectionnez **Panneau de configuration**.
3. Dans la fenêtre **Panneau de configuration** qui s'affiche, cliquez sur **Ajouter ou supprimer des programmes**.
4. La boîte de dialogue **Ajouter ou supprimer des programmes** s'affiche. Les programmes déjà installés sont listés. Cliquez sur le bouton **Ajouter de nouveaux programmes** dans le volet gauche.

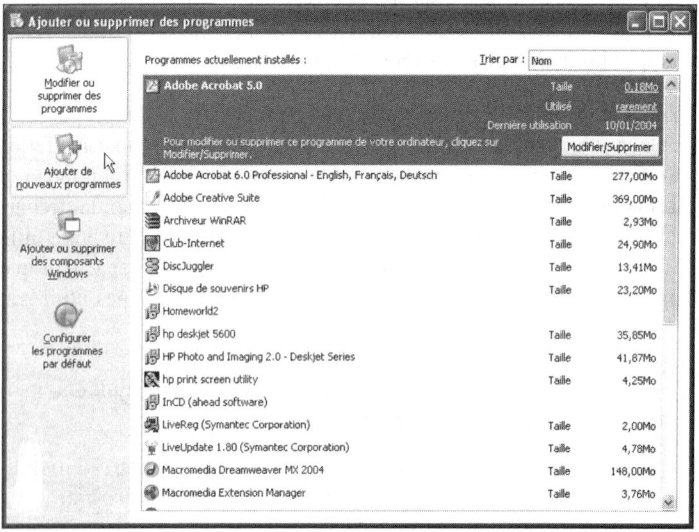

▲ Fig. 2.4 : *Précisez à Windows que vous souhaitez ajouter un programme*

5. Une nouvelle fenêtre s'affiche. En regard de l'option *Ajouter un programme à partir d'un CD-ROM...*, cliquez sur le bouton **CD-ROM ou disquette**.

6. La première étape d'installation apparaît, cliquez sur le bouton **Suivant**.

7. Dans la nouvelle étape qui s'affiche, l'emplacement du fichier d'installation (setup) apparaît dans le champ de texte de l'option *Ouvrir*. Cliquez sur le bouton **Terminer**.

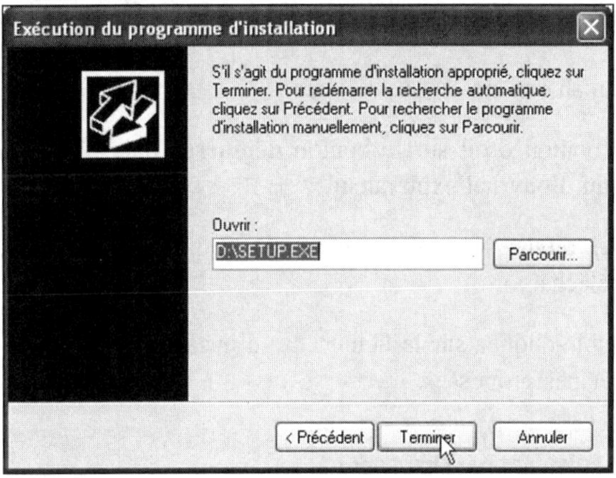

▲ Fig. 2.5 : *Validez l'emplacement du fichier d'installation*

8. L'installation est lancée. Suivez les étapes comme indiqué précédemment.

9. Quand elle est terminée, fermez les différentes fenêtres.

Installations "spéciales"

Voici maintenant comment procéder pour installer des programmes quelque peu hors du commun.

Shareware ou freeware

Pour procéder à l'installation de ce type de programme, vous devez commencer, dans la plupart des cas, par les télécharger à partir du Web. Or vous téléchargez uniquement le fichier d'installation (le plus souvent en *.exe*). Voici donc comment procéder une fois le fichier d'installation téléchargé sur votre ordinateur, sachant qu'il est impératif, au moment du téléchargement, que vous notiez précisément l'emplacement où le fichier est téléchargé.

RENVOI

Reportez-vous au chapitre *Utilisation des programmes hôtes* pour voir comment vous connecter et naviguer sur le Web.

Pour installer un shareware ou un freeware :

1. Cliquez du bouton droit sur le bouton **démarrer** puis sélectionnez **Explorer** afin d'ouvrir l'explorateur.
2. Dans celui-ci, ouvrez le dossier contenant le fichier d'installation que vous avez téléchargé.
3. Ensuite, double-cliquez sur le fichier *.exe* d'installation et suivez les différentes étapes proposées.

ATTENTION

Paiement des shareware

N'oubliez pas que, si vous omettez de régler la petite participation que vous demande le concepteur du shareware que vous utilisez, celui-ci cessera de fonctionner (le logiciel, pas le concepteur !) au bout d'un certain temps (dans la plupart des cas au bout de un mois).

Programme 16 bits

Contre toute attente, Windows XP permet d'installer des logiciels créés il y a des années, et ce afin de "tourner" sous Windows 3.x. Mais ces installations recèlent quelques avatars et autres difficultés qu'il est bon de connaître avant de se lancer dans ce type d'installation.

Ces types de logiciels ne s'exécuteront pas très vite sous Windows XP car ils sont limités en terme de *thread*. De plus, certains de ces logiciels nécessitent l'installation de pilotes qui ne sont pas pris en charge par Windows XP. C'est le cas pour les applications, qui nécessitent un accès direct au matériel. La solution est alors d'acquérir à la fois un pilote virtuel 16 bits et un pilote 32 bits Windows XP. Pour finir, les fichiers *.dll* écrits pour un système 16 bits ne peuvent pas être utilisés sur des applications 32 bits.

ASTUCE

Connaître le nombre de bits d'un programme

Il est évident qu'il n'est pas toujours aisé de savoir en quel nombre de bits un programme est développé. Pour le savoir, cliquez du bouton droit sur le fichier d'installation du programme puis sélectionnez **Propriétés**. Dans la boîte de dialogue qui s'affiche, si un onglet **Version** est proposé, cela implique que ce soit un programme 32 bits.

Par la suite, une fois le logiciel 16 bits installé avec succès, nous vous conseillons, afin de faciliter son utilisation, de réaliser la procédure qui suit :

1. Après avoir créé un raccourci pour le programme comme indiqué dans le chapitre *Prise en main et personnalisation de Windows*, cliquez du bouton droit sur celui-ci puis sélectionnez **Propriétés**.
2. Dans la boîte de dialogue **Propriétés** qui s'affiche, cliquez sur l'onglet **Raccourci** puis sur le bouton **Avancé**.
3. Dans la nouvelle boîte de dialogue, activez la case à cocher *Exécuter dans des zones de mémoire différentes*. Validez par OK.

Programme pour tous les utilisateurs

À part quelques logiciels de haute volée qui vous demandent de préciser, au cours de leur installation, si le programme doit être mis à disposition des autres comptes d'utilisateur, la plupart des logiciels ne s'occupent pas de cette notion. De ce fait, les programmes installés sur votre compte administrateur ne seront pas disponibles pour les autres comptes dès lors qu'ils ont été créés avant cette installation. Vous devez donc, si vous souhaitez que tous les comptes accèdent aux programmes que vous installez, suivre l'une des deux solutions proposées ci-après.

La première solution consiste à ouvrir une session pour chacun des comptes d'utilisateur avant de procéder à l'installation.

RENVOI

Reportez-vous au chapitre *Prise en main et personnalisation de Windows* pour voir comment procéder.

Si l'installation a déjà été réalisée, vous devez déplacer le raccourci du programme comme indiqué ci-après :

1. À partir d'une session du compte administrateur, cliquez sur le bouton **démarrer** puis sélectionnez **Tous les programmes**.
2. Dans la liste des programmes, cliquez du bouton droit sur le programme à déplacer puis sélectionnez **Couper**.
3. Ensuite, cliquez du bouton droit sur le bouton **démarrer** puis sélectionnez **Explorer Tous les utilisateurs**.
4. Une fenêtre s'affiche alors, qui liste le contenu du menu **démarrer**. Cliquez du bouton droit sur le dossier **Programmes** puis sélectionnez **Coller**. Le raccourci est collé dans ce dossier.

2.2 Utilisation de programme

Pour travailler avec un programme, il est nécessaire de commencer par... le commencement : ouvrir (ou lancer) le programme. Il est bien évident que l'ordinateur ne devinera pas tout seul ce que vous souhaitez faire ! Il faut donc le lui indiquer. Pour cela, chaque fois que vous voulez écrire une lettre, afficher le contenu de votre disque dur, réaliser un dessin ou surfer sur le Web, vous devez lancer le programme nécessaire. Ensuite, vous devez être à même de le fermer ou encore d'en définir le mode d'ouverture, de fonctionnement, etc. C'est à ces différentes méthodes que cette section est consacrée.

Lancement d'un programme

Tous les programmes, ceux de Windows et ceux que vous installerez par la suite, sont accessibles à partir du menu **Tous les programmes**. Voici donc comment procéder :

1. Dans la barre des tâches, cliquez sur le bouton **démarrer** puis sélectionnez **Tous les programmes**.
2. Ce menu contient tous les programmes installés sur votre ordinateur. Il suffit de cliquer sur le nom du programme pour le lancer.

ASTUCE

Ouverture rapide du menu démarrer

Pour ce faire, appuyez sur la touche Win de votre clavier.

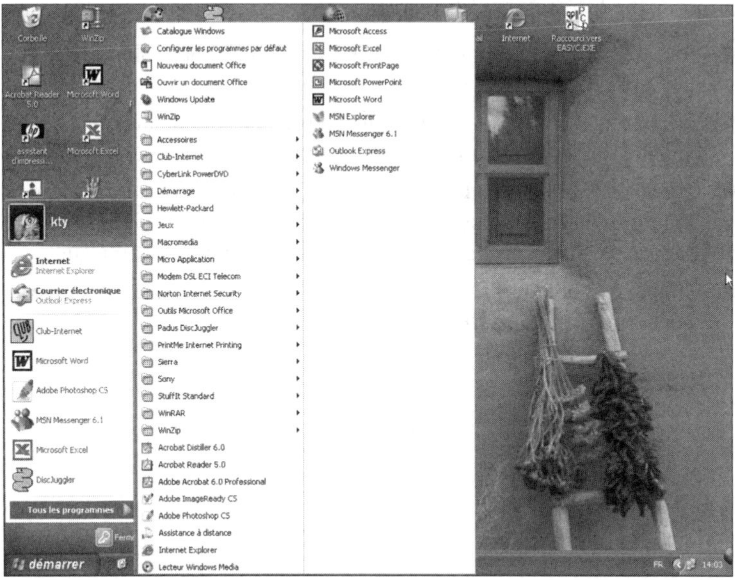

▲ Fig. 2.6 : *Le menu Tous les programmes liste les programmes installés*

REMARQUE

Où sont les programmes hôtes de Windows ?

La plupart des programmes hôtes de Windows sont listés dans le sous-menu **Accessoires** du menu **Tous les programmes** excepté les jeux, qui le sont dans le sous-menu **Jeux** de ce même menu.

Autres méthodes pour lancer rapidement un programme

Comme vous venez de le voir, c'est à partir du menu **Tous les programmes** que vous lancez les différentes applications. Or, tant que vous n'aurez pas installé d'autres programmes, cette procédure sera rapide ; mais, dès lors que vous aurez installé de nombreux programmes, les icônes seront si nombreuses que cette manipulation sera quelque peu longuette !

Dans ce cas de figure, pour ouvrir rapidement un programme, vous disposez de différentes méthodes que voici :

- Tout d'abord, sachez que Windows liste, dans le menu **démarrer**, les derniers programmes que vous avez utilisés.
- Utilisez une icône de raccourci que vous créez comme indiqué dans le chapitre *Prise en main et personnalisation de Windows*.
- Cliquez sur le bouton **démarrer** puis sélectionnez **Exécuter**. Dans la boîte de dialogue **Exécuter** qui s'affiche, cliquez sur le bouton **Parcourir** puis sélectionnez le fichier exécutable de l'application.
- Cliquez du bouton droit sur le bureau puis sélectionnez successivement **Nouveau/Nom du programme**.

▲ Fig. 2.7 : *Lancez un programme à partir du bureau*

REMARQUE

Augmenter le nombre de programmes listés dans le menu démarrer

Par défaut, seuls les six derniers programmes ouverts sont listés dans le menu **démarrer**. Pour augmenter ce nombre, cliquez du bouton droit sur la barre des tâches puis cliquez sur l'onglet **Menu Démarrer** dans la boîte de dialogue qui s'affiche. Ensuite, cliquez sur le bouton **Personnaliser**. Dans la boîte de dialogue **Personnaliser le menu Démarrer**, cliquez sur le bouton d'incrémentation de l'option *Nombre de programmes...* jusqu'à afficher le nombre voulu. Validez par OK dans les différentes boîtes de dialogue.

Navigation entre les programmes

Si vous devez travailler dans plusieurs programmes à la fois, il suffit d'ouvrir successivement ceux-ci puis de naviguer entre leur fenêtre comme indiqué à la rubrique *Navigation entre les fenêtres* dans le chapitre *Prise en main et personnalisation de Windows.*

Affichage de plusieurs applications à l'écran

Si vous souhaitez travailler dans plusieurs applications à la fois, il est possible de les afficher à l'écran en même temps. Pour ce faire, il suffit de suivre la procédure indiquée à la rubrique *Affichage de plusieurs fenêtres à l'écran* dans le chapitre *Prise en main et personnalisation de Windows.*

Travail dans un programme

Pour accéder aux commandes, aux boîtes de dialogue, aux options, etc. d'un programme, vous devez suivre les procédures indiquées à la section *Accès et utilisation des commandes* dans le chapitre *Prise en main et personnalisation de Windows.*

Fermeture d'un programme

Lorsque vous avez fini de travailler dans une application, vous devez la fermer.

Pour ce faire, vous pouvez :

- sélectionner **Quitter** dans le menu **Fichier** du programme ;
- appuyer sur les touches Alt+F4 ;
- cliquer sur le bouton système **Fermer** dans la barre de titre de l'application ;
- cliquer dans le menu système puis sélectionner **Fermer**.

Exécution de programmes récalcitrants

Il arrive parfois qu'un programme qui se comportait parfaitement sous une ancienne version de Windows se mette soudainement à "gagater" et rencontre des problèmes d'exécution ou encore refuse totalement de se lancer lorsqu'il tourne sous Windows XP. Pour résoudre ce type de problème, Windows XP met à votre disposition une fonction qui permet de réparer ces programmes récalcitrants, voire désagréables !

Pour réparer un programme :

1. Commencez par créer une icône de raccourci pour le programme comme indiqué dans le chapitre *Prise en main et personnalisation de Windows*.
2. Ensuite, cliquez du bouton droit sur l'icône de raccourci concernée puis sélectionnez **Propriétés**.
3. Dans la boîte de dialogue **Propriétés** qui s'affiche, cliquez sur l'onglet **Comptabilité**.
4. Activez la case à cocher de l'option *Exécuter ce programme en mode...* puis cliquez sur le bouton fléché de cette option et sélectionnez la version de Windows auparavant utilisée et sous laquelle le programme fonctionnait parfaitement. Validez par un clic sur le bouton OK.

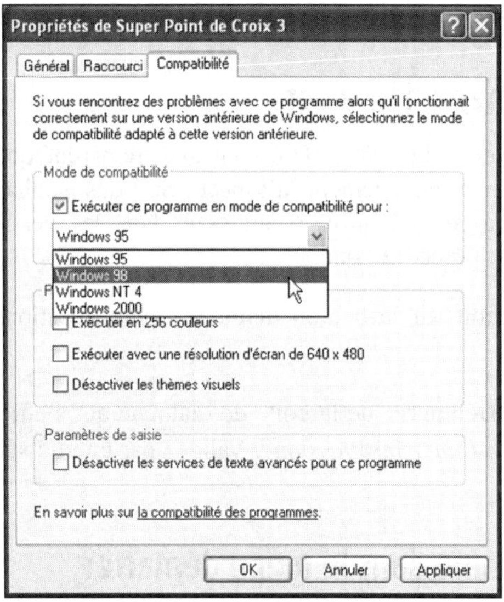

▲ Fig. 2.8 : *Réparation d'un programme récalcitrant à Windows XP*

Pour réparer plusieurs programmes :

1. Cliquez sur le bouton **démarrer** puis sélectionnez successivement **Tous les programmes/Accessoires/Assistant comptabilité de programmes**.

2. Dans la première étape de l'assistant qui s'affiche, cliquez sur le bouton **Suivant**. Dans la seconde étape, choisissez le mode de recherche du premier programme à réparer puis cliquez sur le bouton **Suivant**.

3. Ensuite, suivez les instructions proposées, qui varient en fonction du mode de recherche que vous avez choisi.

2.3 Personnalisation du menu démarrer

Vous venez de voir que c'est principalement à partir du menu **démarrer** que vous accédez à votre programme. Or il est tout à fait possible de personnaliser au plus près de vos désirs l'affichage et le contenu de ce menu.

Choix du type du menu démarrer

Si vous avez précédemment utilisé Windows, vous avez remarqué que le menu **démarrer** a changé notablement d'aspect. Si vous souhaitez retrouver le menu **démarrer** tel qu'il apparaissait dans les versions précédentes de Windows, procédez comme suit :

1. Cliquez du bouton droit sur le bouton **démarrer** puis sélectionnez **Propriétés**.

2. Sous l'onglet **Menu Démarrer** de la boîte de dialogue qui s'affiche, activez l'option *Menu Démarrer classique*. Validez par un clic sur le bouton OK.

Ajout d'un programme dans le menu démarrer

Pour accéder rapidement à un programme, l'une des solutions est de l'afficher dans le haut du menu **démarrer**. Pour ce faire, cliquez du bouton droit sur le nom du programme concerné puis sélectionnez **Ajouter au menu démarrer**.

ASTUCE

Déplacer une icône de raccourci programme dans le menu démarrer

Pour déplacer une icône de raccourci, ouvrez le menu **démarrer** puis cliquez sur l'icône de raccourci à déplacer. Tout en maintenant le bouton de la souris enfoncé, faites glisser à l'endroit voulu. Relâchez le bouton de la souris lorsque la barre horizontale est placée à l'emplacement souhaité.

Suppression d'un programme

Pour supprimer un programme de la liste du menu **démarrer**, cliquez du bouton droit sur le programme dans le menu puis sélectionnez **Supprimer de cette liste**.

ASTUCE

Trier le contenu des sous-menus

Si vous souhaitez que le contenu des sous-menus s'affiche par ordre alphabétique, cliquez, dans le menu **démarrer**, du bouton droit sur le sous-menu puis sélectionnez **Trier par nom**.

Taille des icônes

Si vous trouvez que les icônes de programme sont trop grandes, réalisez les étapes qui suivent :

1. Cliquez du bouton droit sur le bouton **démarrer** puis sélectionnez **Propriétés**.
2. Sous l'onglet **Menu Démarrer** de la boîte de dialogue qui s'affiche, cliquez sur le bouton **Personnaliser**.

3. Sous la rubrique *Sélectionner une taille d'icône...* de l'onglet **Général**, activez l'option *Petites icônes*. Validez par OK.

Fig. 2.9 : *Choisissez la taille des icônes de raccourci*

Affichage des derniers documents

Si vous souhaitez pouvoir accéder rapidement aux documents récemment ouverts, vous pouvez choisir de les afficher dans le menu **démarrer**. Pour ce faire :

1. Cliquez du bouton droit sur le bouton **démarrer** puis sélectionnez **Propriétés**.

2. Sous l'onglet **Menu Démarrer**, cliquez sur le bouton **Personnaliser**.

3. Cliquez sur l'onglet **Avancé** dans la boîte de dialogue qui s'affiche. Activez ensuite la case à cocher *Afficher les documents...* Validez par OK.

Autres options du menu démarrer

La boîte de dialogue **Personnaliser le menu Démarrer** permet aussi de définir l'affichage du programme de gestion de messages électroniques voulus, de navigations sur le Web, de déroulement du menu, de la fonction de glisser-déplacer...

2.4 Gestion des programmes

Maintenant que vous savez comment ouvrir et fermer un programme, les procédures à suivre pour naviguer entre et y travailler, penchez-vous un peu sur les manipulations à réaliser pour gérer au mieux les programmes, ce qui consiste principalement à en définir le mode d'ouverture, à les modifier ou encore à les désinstaller.

Choix du mode d'affichage d'un programme

Vous venez, dans les pages qui précèdent, de voir comment lancer un programme. Or Windows permet, entre autres, de définir le mode d'affichage du programme au moment de son lancement. Pour ce faire :

1. Commencez par créer une icône de raccourci pour le programme comme indiqué dans le chapitre *Prise en main et personnalisation de Windows*.

2. Ensuite, cliquez du bouton droit sur l'icône de raccourci concernée puis sélectionnez **Propriétés**.

3. Dans la boîte de dialogue **Propriétés** qui s'affiche, cliquez sur l'onglet **Raccourci**. Dans celui-ci, cliquez sur le bouton fléché de l'option *Exécuter* puis choisissez le type de fenêtre à activer.

4. Cliquez ensuite sur l'onglet **Comptabilité** puis, dans la zone *Paramètres d'affichage*, activez l'option voulue. Cliquez sur le bouton OK pour valider.

Spécification du mode de démarrage

Si vous souhaitez qu'un programme s'ouvre dès lors que vous l'avez sélectionné dans le menu **démarrer** ou que vous avez double-cliqué sur son icône de raccourci, vous n'avez pas à réaliser quelque procédure que ce soit.

En revanche, si vous souhaitez que le logiciel s'ouvre automatiquement lors du lancement de Windows, voici comment procéder :

1. Commencez par créer une icône de raccourci pour le programme comme indiqué dans le chapitre *Prise en main et personnalisation de Windows* puis cliquez dessus du bouton droit et sélectionnez **Copier**.
2. Ensuite, cliquez du bouton droit sur le bouton **démarrer** et sélectionnez **Explorer** pour ouvrir l'explorateur.
3. Dans celui-ci, le dossier *Menu Démarrer* est sélectionné. Cliquez successivement sur **Programmes/Démarrage**.
4. Pour finir, cliquez sur **Coller** dans le menu **Edition**.

Modification de l'installation

Si, une fois que vous avez installé un programme, vous souhaitez en modifier l'utilisation, ce qui revient à changer son mode d'installation, vous devez suivre les procédures indiquées dans cette rubrique. Nous vous rappelons que la modification revient principalement à supprimer ou à ajouter un composant ou encore à définir les modules qui devront s'exécuter à partir de l'ordinateur ou à partir du CD-Rom du logiciel. Pour ce faire :

1. Cliquez sur le bouton **démarrer** puis sélectionnez **Panneau de configuration**.
2. Dans la fenêtre **Panneau de configuration** qui s'affiche, cliquez sur **Ajouter ou supprimer des programmes**.
3. La boîte de dialogue **Ajouter ou supprimer des programmes** s'affiche. Les programmes déjà installés sont listés. Dans celle-ci,

cliquez sur le nom du programme que vous souhaitez modifier puis sur le bouton **Modifier** ou **Modifier/Supprimer**.

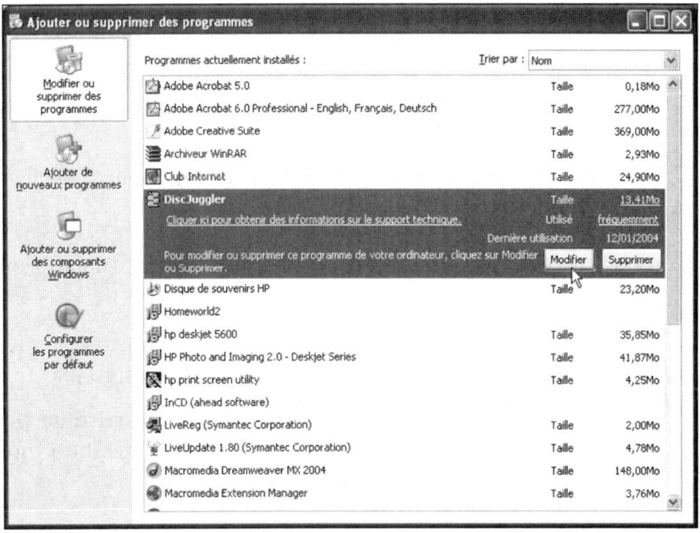

▲ Fig. 2.10 : *Choisissez le programme dont vous souhaitez modifier l'installation*

4. La première étape de l'assistant de modification s'affiche alors. Vous devez suivre les étapes, et ce en fonction de la modification que vous souhaitez réaliser.

5. Fermez les différentes fenêtres lorsque la procédure de modification est terminée.

Désinstallation d'un programme

Voici maintenant comment vous devez procéder pour installer un programme qui n'a plus d'utilité pour vous. N'hésitez jamais à réaliser cette procédure car plus vous libérez d'espace disque, mieux c'est !

1. Cliquez sur le bouton **démarrer** puis sélectionnez **Panneau de configuration**.

2. Dans la fenêtre **Panneau de configuration** qui s'affiche, cliquez sur **Ajouter ou supprimer des programmes**.

3. La boîte de dialogue **Ajouter ou supprimer des programmes** s'affiche. Les programmes déjà installés sont listés. Dans la liste, cliquez sur le nom du programme que vous souhaitez désinstaller puis sur le bouton **Supprimer** ou **Modifier/Supprimer**.

4. Confirmez la suppression dans la boîte de dialogue qui s'affiche puis laissez l'ordinateur travailler.

5. Fermez les différentes fenêtres lorsque la procédure de suppression est terminée.

ATTENTION

Supprimer le raccourci d'un programme désinstallé

Pensez à supprimer l'icône de raccourci d'un programme désinstallé afin de ne pas encombrer inutilement le menu **démarrer**.

2.5 Obtenir de l'aide dans les programmes

Chaque programme met à votre disposition une aide qui lui est propre. Cette remarque est valable pour tous les programmes installés sous Windows, y compris ceux qui n'ont pas été conçus par Microsoft. Pour accédez à l'aide d'un programme :

1. Au besoin, ouvrez le programme. Ensuite, dans la barre des menus, cliquez sur le menu **?**.

2. Dans le menu qui se déroule, cliquez sur **Rubriques d'aide** ou autre. L'aide du programme apparaît. Différentes méthodes de recherche sont proposées. En voici un descriptif succinct :

   - **Sommaire**. Permet d'effectuer une recherche à travers des rubriques d'aide exactement comme dans l'aide de Windows. Chaque thème est symbolisé par un livre fermé sur lequel il suffit de cliquer pour obtenir la liste des rubriques du thème. Chaque rubrique est symbolisée par un point d'interrogation. Si vous cliquez dessus, le contenu de la rubrique s'affiche dans le volet de droite.

- **Index**. Permet d'effectuer une recherche sur un mot, une commande, etc., exactement comme dans l'index de l'aide de Windows. Pour y accéder, cliquez sur l'onglet **Index** puis suivez la procédure indiquée dans la rubrique précédente.
- **Rechercher**. Permet d'effectuer une recherche sur une rubrique, une manipulation, une commande, etc., exactement comme dans l'aide de Windows. Pour y accéder, cliquez sur l'onglet **Rechercher** puis saisissez le mot recherché dans la première zone. Cliquez sur le bouton **Liste des rubriques**. Cliquez sur la rubrique voulue dans la seconde zone puis cliquez sur le bouton **Afficher**. Le contenu de la rubrique apparaît dans le volet de droite.

L'aide contextuelle

Certains programmes mettent à votre disposition une aide supplémentaire : l'aide contextuelle. Cette aide permet d'obtenir une description plus complète que celle que délivrent les info-bulles sans avoir à recourir à l'aide du programme. Pour y accéder, cliquez sur le menu **?** du programme puis sur **Qu'est-ce que c'est ?** dans le menu qui se déroule. Le pointeur se transforme en point d'interrogation. Pointez sur la commande, le bouton, etc. pour lesquels vous souhaitez obtenir de l'aide puis cliquez. Un descriptif de l'élément sur lequel vous avez cliqué apparaît. Cliquez en dehors de ce descriptif pour retrouver le pointeur dans son état initial.

chapitre 3

Les dossiers et les fichiers

Au cours des deux précédents chapitres, vous avez acquis les connaissances de base qui sont indispensables pour comprendre le fonctionnement d'un ordinateur, utiliser la souris, travailler avec les programmes, naviguer entre et dans les fenêtres, etc. Dans le chapitre *Utilisation des programmes hôtes*, vous découvrirez précisément comment travailler avec les programmes de Windows afin de rédiger des courriers, de réaliser des calculs, de dessiner, de naviguer sur le Web, etc.

Pour l'instant, vous allez découvrir comment créer un fichier, nommer celui-ci, le mémoriser, l'ouvrir, le rechercher, etc. et surtout comment organiser rationnellement vos différents fichiers tout comme vous prenez la peine, plus ou moins régulièrement, de classer vos dossiers et vos courriers.

3.1 Principes de base

Tout au long de ce chapitre, nous allons utiliser les termes dossier, fichier et lecteur lorsque nous vous indiquerons comment enregistrer un travail, le retrouver, l'ouvrir, etc. Il est donc nécessaire, avant de commencer, que nous vous expliquions précisément à quoi correspondent ces différents termes.

Les fichiers

Lorsque vous utilisez un programme pour rédiger une lettre, réaliser un dessin, concevoir une facture ou encore pour effectuer un bilan comptable, il est indispensable que vous enregistriez les données saisies ou le dessin réalisé sur votre ordinateur. Ainsi, vous pourrez par la suite les modifier, les mettre en forme, les imprimer, etc. C'est principalement en cela que l'ordinateur a, en son temps, constitué une véritable petite révolution. Rappelez-vous les temps anciens de la machine à écrire, lorsque vous tapiez un courrier ; à moins de bénéficier d'une photocopieuse ou d'avoir inséré du papier carbone entre plusieurs feuilles, vous en aviez un seul exemplaire. Par ailleurs, si vous constatiez après lecture certaines erreurs, il fallait recommencer entièrement la lettre !

C'est principalement ces notions-là que le micro-ordinateur a modifiées de fond en comble. Avec un PC, dès que vous avez rédigé ladite lettre, vous l'enregistrez sur l'ordinateur pour être à même, par la suite, de la modifier, de l'imprimer maintes et maintes fois, de la faire parvenir par courrier électronique à un correspondant, etc. Étant donné que vous pouvez créer de multiples types de travaux (dessin, lettre, rapport, présentation, facture, etc.), un terme générique a été proposé pour nommer l'ensemble de ces créations : le fichier. Un fichier est donc un document de n'importe quel type créé avec un programme et mémorisé ensuite sur l'ordinateur. Tant que vous ne l'avez pas supprimé, il reste présent dans l'ordinateur et vous pouvez y recourir à tout moment.

En résumé, un fichier correspond donc à un travail réalisé avec un ordinateur. Aucune limite ne vous est imposée : un fichier peut contenir aussi bien deux pages ou cent, un dessin ou dix, une facture ou la comptabilité d'une année. Notez que le poids d'un fichier correspond à la quantité de données que celui-ci contient et qu'il s'exprime en octets.

Les dossiers

Le second terme utilisé en conjonction avec les fichiers est le terme dossier. Dans la vie réelle, lorsque vous réalisez des documents, des rapports, des notes, etc., vous les conservez la plupart du temps dans des chemises, sinon vous risqueriez rapidement de les égarer ! De plus, il va de soi que vous ne rangerez pas les factures dans la même chemise que celle qui contient vos bulletins de salaire ! Vous devez donc vous procurer plusieurs chemises dans lesquelles vous dispatcherez vos différents documents. Ensuite, vous inscrirez avec application un terme évocateur sur chaque chemise afin de retrouver rapidement lesdits documents. Sur un ordinateur, vous rangez les fichiers selon le même principe. Simplement, les chemises sont ici appelées des dossiers. Les dossiers sont nommés et permettent ainsi de retrouver prestement un fichier.

Les concepteurs de Windows étant très rationnels, ils ont poussé le principe jusqu'au bout ! Sachant que certains dossiers nécessitent une organisation interne, ils ont imaginé le sous-dossier. À titre de comparaison, dans votre chemise Factures personnelles, il est préférable de distinguer les factures d'eau, d'électricité, de téléphone et d'essence. Chez vous, la solution que vous avez adoptée consiste sans doute à placer ces différents types de factures dans des sous-chemises. Sur un ordinateur, on utilise des sous-dossiers. Pour organiser vos dossiers, il suffira donc de mémoriser ceux relatifs à la même catégorie dans un des sous-dossiers du dossier principal.

Les lecteurs

Stocker de multiples informations dans des dossiers et des fichiers est une chose, les retrouver pour les modifier, les imprimer, les mettre en forme, etc. en est une autre ! Ainsi, dans votre vie quotidienne, si vous procédez à un rangement systématique de vos documents dans des chemises, voire des sous-chemises, mais que vous placiez les chemises en question n'importe où, c'est la perte garantie. La solution consiste donc à classer les chemises dans un ou plusieurs tiroirs. Même motif, même punition lorsque vous travaillez dans Windows : il est impératif de stocker tous les dossiers dans un endroit précis afin de pouvoir y accéder rapidement. Cela nous renvoie à la notion de lecteur. Vous pouvez donc considérer que les lecteurs sont des tiroirs de rangement.

Vous avez à votre disposition plusieurs types de "tiroirs". Afin que vous les repériez facilement, chaque lecteur est nommé par une lettre de l'alphabet. Voici les principaux lecteurs :

- Le lecteur de disque dur. Par défaut, ce lecteur est nommé *C:*. Il s'agit du "tiroir" de votre ordinateur. Tous les fichiers, dossiers et programmes y sont stockés lorsque vous mémorisez vos fichiers ou que vous installez des programmes. La capacité de stockage de votre disque dur est fonction de l'ordinateur que vous utilisez.
- Le lecteur de disquettes. Si vous souhaitez vous déplacer avec un fichier afin de le visualiser sur un autre ordinateur, vous devez mémoriser ce fichier sur une disquette que vous pourrez ensuite glisser dans votre poche. C'est donc à partir du "tiroir" des disquettes que vous pouvez mémoriser vos fichiers sur une disquette. Par défaut, le lecteur de disquettes est nommé *A:*. La capacité de stockage d'une disquette est relativement réduite : 1,4 Mo. Le lecteur de disquettes permet aussi de lire les fichiers contenus dans une disquette ou encore de copier sur votre disque dur ces mêmes fichiers.
- Le lecteur de CD-Rom. Si vous devez stocker des fichiers très lourds, la solution consiste à les stocker sur un CD-Rom. C'est à partir du lecteur de CD-Rom que vous pouvez réaliser cette sauvegarde. Par défaut, un lecteur de CD-Rom est nommé *D:*. Il permet aussi de lire

les fichiers contenus dans un CD-Rom ou encore de copier sur votre disque dur ces mêmes fichiers. La capacité de stockage d'un CD-Rom est de 650 Mo, ce qui représente le contenu d'environ 445 disquettes !

REMARQUE

Le bon lecteur de CD-Rom

Pour pouvoir stocker des fichiers sur un CD-Rom, vous devez posséder un lecteur de CD-Rom RW, nommé aussi graveur. Tous les nouveaux ordinateurs sont équipés de ce type de lecteur. Si vous avez acquis un ordinateur d'occasion, vous devez vous procurer un lecteur de CD-Rom RW externe.

3.2 Création et gestion des dossiers et des sous-dossiers

Commencez par les dossiers dont il est impératif de connaître la gestion avant de savoir comment gérer les fichiers.

Création d'un dossier et/ou d'un sous-dossier

Vous pouvez à loisir créer autant de dossiers que vous le voulez pour organiser le contenu de votre disque dur. Cette procédure est réalisable soit à partir de l'explorateur, soit à partir des boîtes de dialogue **Ouvrir**, **Enregistrer sous**, **Enregistrer** et **Enregistrer en tant que page web**. Notez que ces boîtes de dialogue et leur existence sont entièrement en rapport avec le programme que vous utilisez.

ASTUCE

Créer à partir du bureau

Pour créer un nouveau dossier à partir du bureau, cliquez du bouton droit sur un endroit vierge de celui-ci puis sélectionnez **Nouveau/Dossier**. Le nouveau dossier apparaît. Le nom étant sélectionné, saisissez le nouveau nom puis appuyez sur la touche Entrée pour valider.

À partir de l'explorateur

Pour créer un dossier à partir de l'explorateur :

1. Cliquez du bouton droit sur le bouton **démarrer** puis sélectionnez **Explorer** afin d'ouvrir l'explorateur. Cliquez sur le bouton **Dossiers** afin d'afficher l'explorateur dans son ancienne version.

2. Dans celui-ci, et ce à partir du volet gauche, cliquez du bouton droit sur le lecteur de disque dur (symbolisé en règle générale par *C:*).

3. Dans le menu qui se déroule, sélectionnez **Nouveau/Dossier**.

4. Un nouveau dossier apparaît. Son nom par défaut étant sélectionné, saisissez le nom souhaité puis validez en appuyant sur la touche Entrée.

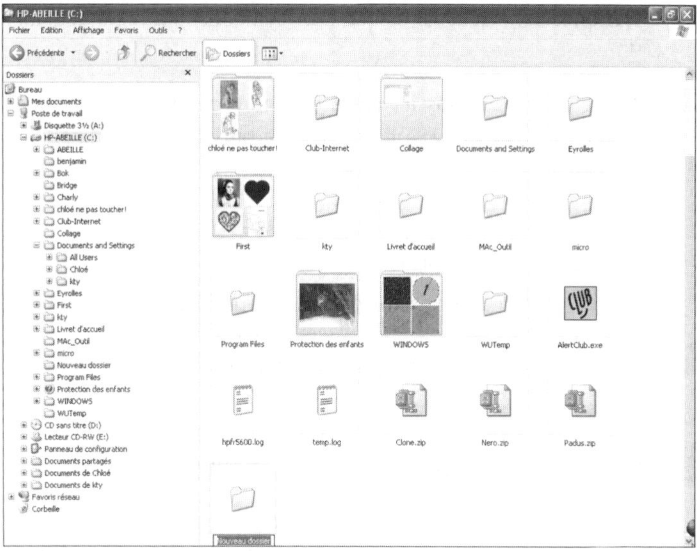

▲ Fig. 3.1 : *Création d'un nouveau dossier à partir de l'explorateur*

ASTUCE

Actualiser l'explorateur

Pour actualiser l'explorateur lorsque vous avez procédé à des modifications (déplacement, création de dossiers, de sous-dossiers, etc.), appuyez sur la touche [F5].

Vous pouvez aussi, dans le volet gauche de l'explorateur, cliquer sur **Créer un nouveau dossier**.

À partir d'une boîte de dialogue

Après avoir ouvert la boîte de dialogue concernée :

1. Cliquez sur le bouton **Créer un nouveau dossier** après avoir sélectionné le lecteur de disque dur (symbolisé en règle générale par *C:*).
2.  Un nouveau dossier apparaît. Son nom par défaut étant sélectionné, saisissez le nom souhaité puis validez en appuyant sur la touche [Entrée].

ASTUCE

Créer un sous-dossier

Pour créer un nouveau sous-dossier, reprenez les procédures indiquées ci-avant excepté que vous commencez par cliquer sur le dossier concerné.

Suppression d'un dossier ou/et d'un sous-dossier

Si vous décidez qu'un dossier ou un sous-dossier est devenu inutile, vous devez tout simplement le supprimer. Pour ce faire, il suffit de le sélectionner dans l'explorateur ou dans la boîte de dialogue, puis d'appuyer sur la touche [Suppr] de votre clavier. Confirmez la suppression en cliquant sur **Oui** dans la boîte de dialogue qui s'affiche.

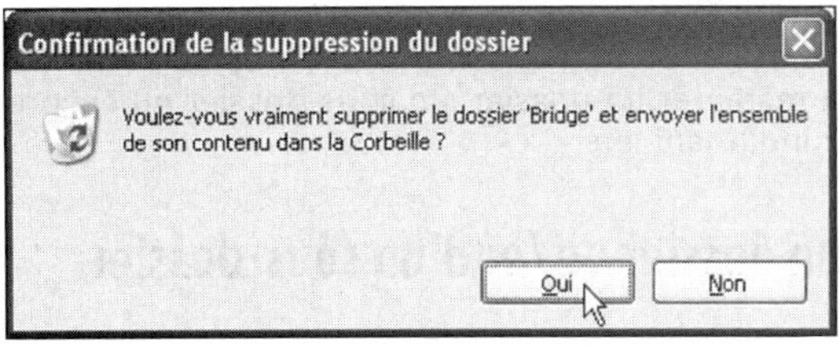

▲ Fig. 3.2 : *Confirmez la suppression*

Supprimer un dossier supprime son contenu !

Lorsque vous supprimez un dossier ou un sous-dossier, vous supprimez la totalité des fichiers qu'il contient.

Pour supprimer plusieurs dossiers ou sous-dossiers, suivez la même procédure, excepté que vous commencez par sélectionner l'ensemble de ceux-ci. Notez que, pour sélectionner plusieurs dossiers ou sous-dossiers, il suffit de cliquer sur chacun d'eux tout en maintenant la touche [Ctrl] enfoncée.

Jeter sans passer par la corbeille

Comme nous vous l'avons indiqué dans le chapitre *Prise en main et personnalisation de Windows*, la corbeille est le réceptacle des éléments, fichiers, etc. que vous jetez. Par défaut, les éléments supprimés y sont donc stockés. Si vous ne souhaitez pas que l'élément supprimé soit placé dans la corbeille et que vous préfériez qu'il soit immédiatement et irrémédiablement détruit, sélectionnez le fichier ou le dossier à supprimer puis appuyez sur les touches [Maj]+[Suppr].

RENVOI

Reportez-vous à la rubrique *La corbeille* dans le chapitre *Prise en main et personnalisation de Windows* pour voir comment restaurer un dossier, un sous-dossier ou encore un fichier indûment jeté.

Déplacement d'un dossier ou/et d'un sous-dossier

Pour organiser le contenu de votre disque dur, il arrivera sûrement que vous ayez à déplacer certains dossiers ou sous-dossiers. N'oubliez pas que déplacer revient à supprimer un dossier ou un sous-dossier d'un emplacement pour le placer dans un autre. Notez qu'un dossier ne peut pas être déplacé ailleurs que dans un autre lecteur car ceux-ci sont classés par ordre alphabétique dans le lecteur *C:*, et le déplacer dans ce lecteur ne servirait à rien.

Pour déplacer un dossier ou un sous-dossier par couper/coller :

1. Cliquez du bouton droit sur le bouton **démarrer** puis sélectionnez **Explorer** afin d'ouvrir l'explorateur. Cliquez sur le bouton **Dossiers** afin d'afficher l'explorateur dans son ancienne version.

2. Dans celui-ci, et ce à partir du volet gauche, cliquez du bouton droit sur le dossier ou le sous-dossier que vous souhaitez déplacer puis sélectionnez, dans le menu qui se déroule, **Couper**.

3. Cliquez du bouton droit sur le lecteur qui doit contenir le dossier ou sur le dossier qui devra contenir le sous-dossier puis sélectionnez **Coller**.

ASTUCE

Déplacer par glisser

Pour déplacer un dossier ou un sous-dossier par glisser, cliquez dessus pour le sélectionner puis, tout en maintenant le bouton de la souris enfoncé, faites-le glisser à l'endroit voulu. Relâchez le bouton de la souris quand le lecteur ou le dossier apparaît en surbrillance.

Reproduction de dossier et/ou de sous-dossier

Sur le même principe que la rubrique précédente, voici comment copier des dossiers ou des sous-dossiers. N'oubliez pas que copier revient à placer à un autre emplacement la réplique exacte d'un dossier ou d'un sous-dossier. Vous pouvez choisir entre deux procédures : par glisser-déplacer ou par copier-coller.

Pour dupliquer un dossier ou un sous-dossier par copier-coller :

1. Cliquez du bouton droit sur le bouton **démarrer** puis sélectionnez **Explorer** afin d'ouvrir l'explorateur. Cliquez sur le bouton **Dossiers** afin d'afficher l'explorateur dans son ancienne version.
2. Dans celui-ci, et ce à partir du volet gauche, cliquez du bouton droit sur le dossier ou le sous-dossier que vous souhaitez déplacer puis sélectionnez, dans le menu qui se déroule, **Copier**.
3. Cliquez du bouton droit sur le lecteur qui doit contenir le dossier ou sur le dossier qui devra contenir le sous-dossier puis sélectionnez **Coller**.

ASTUCE

Dupliquer par glisser

Pour dupliquer un dossier ou un sous-dossier par glisser, cliquez dessus pour le sélectionner puis, tout en maintenant le bouton de la souris et la touche Ctrl enfoncés, faites-le glisser à l'endroit voulu. Relâchez le bouton de la souris et la touche Ctrl quand le lecteur ou le dossier apparaît en surbrillance.

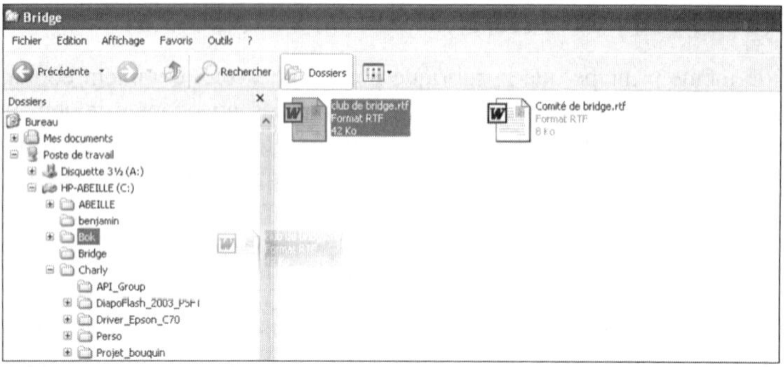

▲ Fig. 3.3 : *Duplication d'un dossier par glisser*

Annulation d'une suppression, d'une duplication ou d'un déplacement

Nul n'étant à l'abri d'un faux pas, il pourra arriver que vous fassiez une mauvaise manipulation et que vous supprimiez ou déplaciez inconsidérément un dossier. Les concepteurs de Microsoft étant conscients qu'à l'impossible nul n'est tenu, ils ont prévu que vous puissiez faire une erreur. À ce titre, ils ont conçu une commande qui permet d'annuler rapidement ce que vous venez de réaliser. Reste que seul l'explorateur met cette possibilité à votre disposition.

Pour annuler une action que vous venez de réaliser, deux méthodes sont à votre disposition :

- Cliquez sur **Annuler nom de l'action** dans le menu **Edition**.
- Appuyez sur les touches Ctrl+Z.

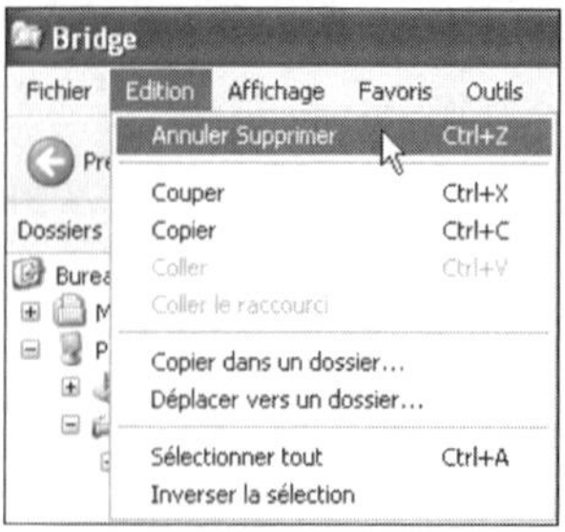

◄ Fig. 3.4 : *Annulation de l'action venant d'être réalisée*

Copie d'un dossier sur une disquette ou sur un CD-Rom

Si vous souhaitez copier un dossier sur une disquette ou sur un CD-Rom, quelques secondes suffisent. Plusieurs méthodes sont proposées, que voici :

- Insérez la disquette et formatez-la au besoin ou insérez le CD-Rom dans le graveur (lecteur de CD-Rom RW). Ensuite, cliquez du bouton droit sur le dossier ou le sous-dossier et sélectionnez **Envoyer Vers/Disquette A :** ou **Lecteur CD RW E:**.
- Insérez la disquette et formatez-la au besoin ou insérez le CD-Rom dans le graveur (lecteur de CD-Rom RW). Ensuite, cliquez sur le dossier ou le sous-dossier que vous souhaitez y placer puis, tout en maintenant le bouton de la souris enfoncé, faites glisser sur le *Lecteur de disquette A:* ou sur le *Lecteur CD RW E:*.

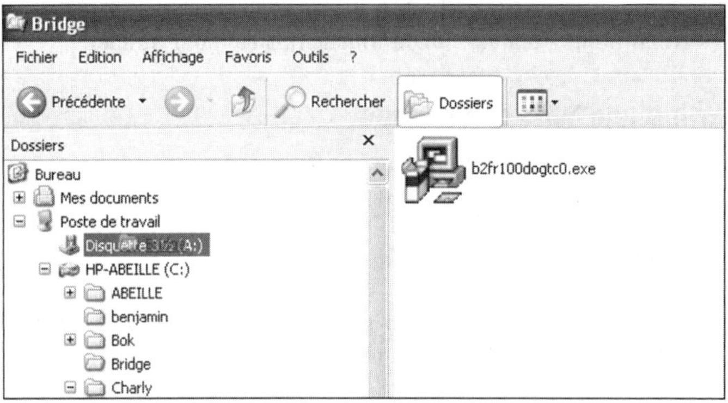

▲ Fig. 3.5 : *Mémorisation d'un dossier sur une disquette*

Notez que le fait de copier un dossier ou un sous-dossier sur une disquette ou un CD-Rom ne le supprime en rien de son emplacement initial.

Nouvelle nomination d'un dossier ou d'un sous-dossier

Lorsque vous nommez un dossier, il arrive souvent que vous n'ayez pas une vue d'ensemble de son futur contenu. Si, au moment où vous visualisez le contenu de celui-ci, vous constatez que le nom du dossier n'est guère évocateur, vous devez le renommer. Sous Windows, il est très facile de renommer un dossier ou un sous-dossier une fois créé. Vous pouvez procéder à cette manipulation à partir de l'explorateur ou à partir d'une boîte de dialogue.

À partir de l'explorateur

Pour renommer un dossier ou un sous-dossier à partir de l'explorateur :

1. Cliquez du bouton droit sur le bouton **démarrer** puis sélectionnez **Explorer** afin d'ouvrir l'explorateur. Cliquez sur le bouton **Dossiers** afin d'afficher l'explorateur dans son ancienne version.
2. Dans celui-ci, et ce à partir du volet gauche, cliquez du bouton droit sur le dossier ou le sous-dossier puis sélectionnez **Renommer**.
3. Le nom du dossier ou du sous-dossier étant sélectionné, saisissez le nouveau nom. Appuyez sur la touche [Entrée] pour valider.

À partir d'une boîte de dialogue

Après avoir ouvert la boîte de dialogue concernée :

1. Cliquez du bouton droit sur le dossier ou le sous-dossier puis sélectionnez **Renommer**.
2. Le nom du dossier ou du sous-dossier étant sélectionné, saisissez le nouveau nom. Appuyez sur la touche [Entrée] pour valider.

◄ Fig. 3.6 : *Renommer un dossier*

Précision du type du dossier ou du sous-dossier

Vous pouvez préciser quels types de fichiers le dossier va contenir. Vous devez, pour ce faire, spécifier le type du dossier ou du sous-dossier. Seul l'explorateur permet cette procédure. Pour ce faire :

1. Cliquez du bouton droit sur le bouton **démarrer** puis sélectionnez **Explorer** afin d'ouvrir l'explorateur.
2. Dans celui-ci, et ce à partir du volet gauche, cliquez du bouton droit sur le dossier ou le sous-dossier puis sélectionnez **Propriétés**.
3. Dans la boîte de dialogue **Propriétés** qui s'affiche, cliquez sur l'onglet **Personnaliser**.
4. Sous cet onglet, cliquez sur le bouton fléché de l'option *Utiliser ce type de dossier...* puis sélectionnez le contenu voulu. Cliquez sur le bouton OK pour valider.

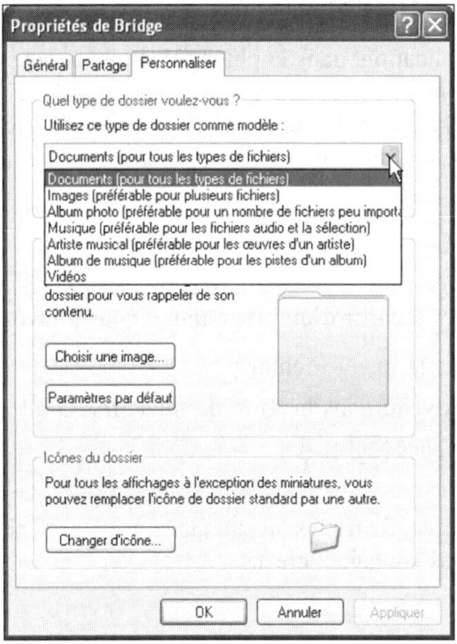

◄ Fig. 3.7 : *Choisissez le contenu d'un dossier*

3.3 Création et gestion des fichiers

Maintenant que vous savez créer, manipuler et gérer un dossier ou un sous-dossier qui sont les contenus, voici comment créer et gérer leur contenu, ce qui revient à créer et à gérer des fichiers.

Conseils pour une bonne gestion des fichiers

Avant de voir comment créer et gérer des fichiers, voici quelques conseils pour en garantir une parfaite utilisation :

- Le plus souvent, utilisez le dossier *Mes documents*.
- S'il est exact que vous pouvez appliquer des noms ayant jusqu'à 250 caractères, il est préférable de donner des noms courts aux fichiers.
- Évitez de conserver inutilement les fichiers clos sur votre disque dur. Dès qu'un fichier est tout à fait finalisé, stockez-le sur une disquette ou un CD-Rom et supprimez-le du disque dur.

Création d'un nouveau fichier

Lorsque vous lancez une application, dans la plupart des cas un nouveau fichier s'ouvre automatiquement. Si, par mégarde, vous avez fermé ce fichier ou encore si vous souhaitez travailler dans deux fichiers différents, vous devez en créer un nouveau. Plusieurs procédures sont proposées, qui sont décrites ci-après.

À partir d'un programme

Pour créer un nouveau fichier à partir d'un programme, vous pouvez :

- cliquer sur **Nouveau** dans le menu **Fichier** ;
- cliquer sur le bouton **Nouveau** dans la barre d'outils *Standard* ;
-  appuyer sur les touches Ctrl+N.

Une fois cette procédure réalisée, il arrive souvent que vous deviez choisir le type de document que vous souhaitez créer.

À partir du bureau

Pour créer un nouveau fichier à partir du bureau, cliquez du bouton droit sur un endroit vierge de celui-ci puis sélectionnez **Nouveau/Nom du programme**.

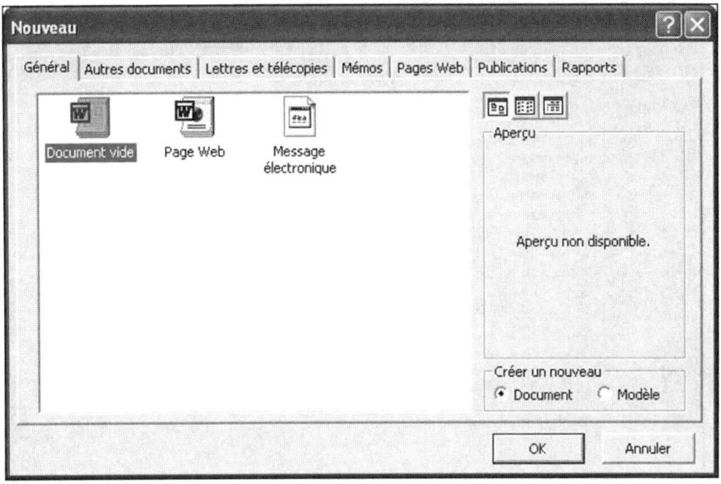

▲ Fig. 3.8 : *Spécifiez le type de document que vous souhaitez créer*

À partir de l'explorateur

Pour créer un nouveau fichier à partir de l'explorateur, sélectionnez, après avoir ouvert celui-ci, **Nouveau/Nom du programme** dans le menu **Fichier**.

Enregistrement et nomination d'un fichier

Pour pouvoir retrouver un fichier afin de le modifier, de le mettre en forme ou encore de l'imprimer, vous devez le mémoriser sur votre lecteur de disque dur. Si vous ne réalisez pas cet enregistrement, vous perdrez définitivement les données que vous avez saisies lorsque vous éteindrez votre ordinateur. Pour enregistrer la première fois un fichier :

1. À partir de l'application dans laquelle vous avez créé le fichier, sélectionnez **Enregistrer sous** dans le menu **Fichier**.
2. Dans la boîte de dialogue **Enregistrer sous** qui s'affiche, sélectionnez le dossier devant contenir le fichier. Notez que, par défaut, c'est dans le dossier *Mes documents* que vous stockez vos fichiers.

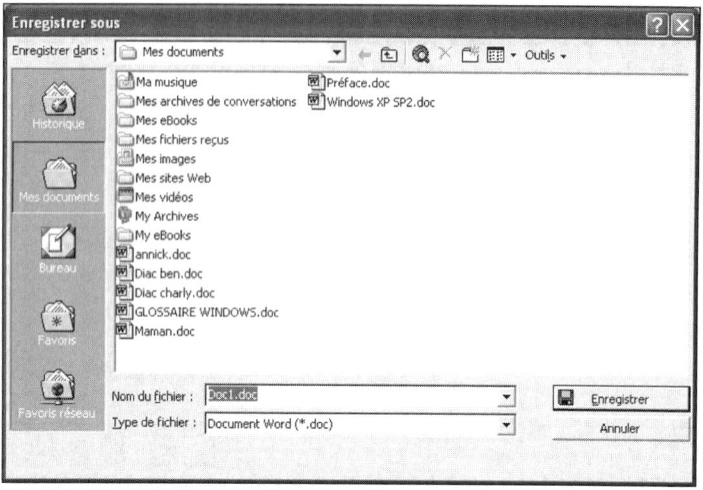

▲ Fig. 3.9 : *La boîte de dialogue Enregistrer sous*

3. Ensuite, nommez celui-ci dans le champ de texte de l'option *Nom* après avoir éventuellement sélectionné son type dans l'option du même nom.

4. Cliquez sur le bouton **Enregistrer**. Le fichier est désormais stocké sur votre disque dur, dans le dossier choisi et sous le nom saisi.

REMARQUE

Quels noms pour les fichiers ?

Les noms de fichiers doivent contenir uniquement des caractères alphabétiques (*A* à *Z* ou *a* à *z*), des chiffres (0 à 9) ou encore des espaces. Les caractères « /\|<>, en revanche, sont interdits. De plus, les noms de fichiers ne doivent pas dépasser 255 caractères.

Outre leur nom, les fichiers possèdent une extension. En règle générale, cette extension est ajoutée automatiquement lors du premier enregistrement du fichier. Elle indique le type du fichier, c'est-à-dire qu'elle permet à Windows de savoir à partir de quel programme le fichier peut être ouvert. L'extension de fichier est définie par un point, suivi de trois caractères. Vous trouverez en annexe la liste des extensions utilisées sous Windows ainsi que les types de fichiers auxquels elles correspondent.

Enregistrement d'un fichier déjà nommé

Une fois que vous avez nommé un fichier, il suffit de sélectionner **Enregistrer** dans le menu **Fichier** ou de cliquer sur le bouton **Enregistrer** dans la barre d'outils *Standard* pour mémoriser les modifications que vous venez de réaliser.

ASTUCE

Mémoriser un fichier sur une disquette

Pour mémoriser un fichier sur une disquette, commencez par insérer celle-ci dans le lecteur de disquettes de votre ordinateur. Veillez à ce que celle-ci soit formatée. Ensuite, reprenez les procédures de la rubrique précédente, excepté que, dans la boîte de dialogue **Enregistrer sous**, vous devez cliquer sur le bouton fléché de l'option *Enregistrer dans* puis sélectionner **Disquette 3 1/2 (A:)**. Ensuite, nommez puis enregistrez le fichier comme indiqué précédemment.

Choix d'un autre dossier

Comme nous l'avons déjà indiqué, tous les fichiers sont par défaut sauvegardés dans le dossier *Mes documents*. Or vous pouvez parfaitement créer un dossier à partir de la boîte de dialogue **Enregistrer sous** comme indiqué précédemment. Vous pouvez aussi activer un autre dossier, toujours à partir de cette boîte de dialogue. Pour ce faire, vous devez :

- soit cliquer sur le bouton fléché de l'option *Enregistrer dans* puis sélectionner le dossier voulu ;
- soit cliquer sur les dossiers proposés dans le volet gauche de la boîte de dialogue (**Historique**, **Bureau**, **Favoris** ou **Favoris réseau**).

Fermeture d'un fichier

Une fois que vous avez terminé de travailler dans un fichier, vous devez le fermer ! Voici comment procéder :

1. Sélectionnez **Fermer** dans le menu **Fichier**. Vous pouvez aussi cliquer sur le bouton système **Fermer** (symbolisé par un X) dans la partie droite de la barre de titre de l'application.
2. Si vous avez effectué des modifications dans le fichier, une boîte de dialogue s'affiche, qui demande si vous souhaitez ou non enregistrer les modifications. Renseignez à votre convenance en cliquant sur le bouton adéquat.

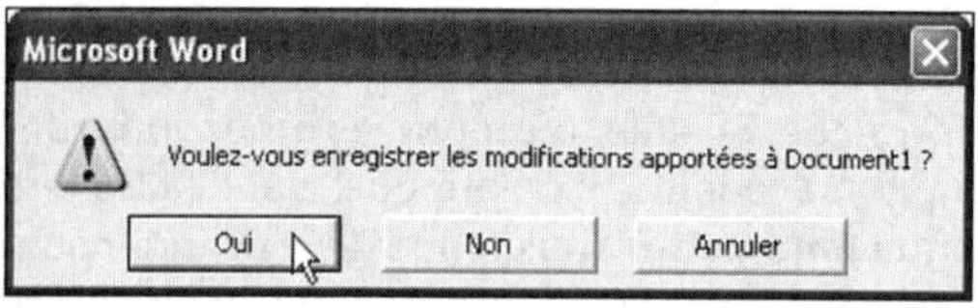

◄ Fig. 3.10 : *Lors de la fermeture d'un fichier, précisez si vous souhaitez enregistrer ou non les modifications*

ASTUCE

Fermer le fichier et l'application en même temps

Si vous souhaitez fermer l'application en même temps que le fichier, sélectionnez **Quitter** dans le menu **Fichier**.

Ouverture d'un fichier

Une fois que vous avez enregistré puis fermé un fichier, il arrive souvent que vous deviez y apporter des modifications. Pour cela, vous devez commencer par ouvrir le fichier. Pour ce faire :

1. Dans l'application, sélectionnez **Ouvrir** dans le menu **Fichier**. Vous pouvez aussi cliquer sur le bouton **Ouvrir** dans la barre d'outils *Standard* de l'application.

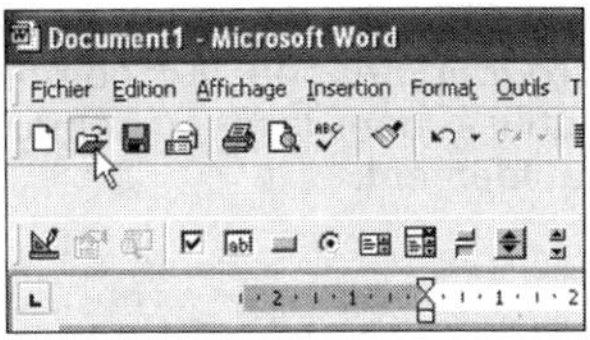

◄ Fig. 3.11 : *Cliquer sur le bouton Ouvrir affiche la boîte de dialogue Ouvrir*

2. La boîte de dialogue **Ouvrir** s'affiche. Si le fichier fait partie du dossier *Mes documents*, il suffit de cliquer dessus dans la liste puis de cliquer sur le bouton **Ouvrir** ou de double-cliquer dessus. Si ce n'est pas le cas, cliquez sur le bouton fléché de l'option *Regarder dans* puis sélectionnez le dossier qui le contient dans la liste qui se déroule et reprenez la procédure indiquée pour l'ouvrir.

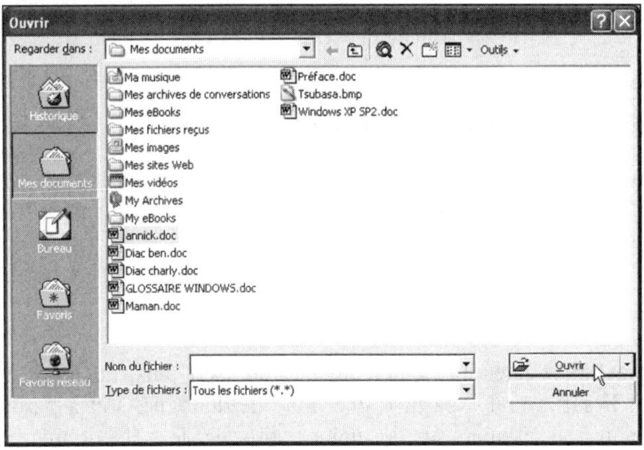

▲ Fig. 3.12 : *La boîte de dialogue Ouvrir*

REMARQUE

Liste des fichiers précédemment ouverts

Dans la plupart des applications, les fichiers dans lesquels vous avez récemment travaillé sont listés dans le sous-menu d'une commande **Fichiers récents** ou autre terme. Pour y accéder rapidement, il suffit de sélectionner cette commande puis de cliquer sur le fichier concerné dans le sous-menu.

RENVOI

Reportez-vous à la rubrique *Affichage des derniers documents* dans le chapitre *Les programmes* pour voir comment afficher les derniers fichiers utilisés dans le menu démarrer, et ce afin d'y accéder plus rapidement.

ASTUCE

Créer une icône de raccourci pour un fichier

Pour accéder encore plus rapidement à un fichier, vous pouvez aussi créer une icône de raccourci pointant vers celui-ci et que vous placez sur le bureau. Pour ce faire, à partir de l'explorateur, cliquez du bouton droit sur le fichier concerné puis sélectionnez **Envoyer vers/Bureau (créer un raccourci)**. Un double-clic sur cette icône ouvrira le fichier dans son application d'origine.

Nouvelle nomination d'un fichier

Si vous souhaitez renommer un fichier, il suffit de suivre exactement la même procédure que celle indiquée dans la rubrique *Nouvelle nomination d'un dossier ou d'un sous-dossier* de ce chapitre.

Suppression d'un fichier

Si vous souhaitez jeter un fichier qui ne vous sert plus, quelques clics suffisent ! Il suffit, soit à partir d'une boîte de dialogue, soit à partir de l'explorateur, de cliquer sur le fichier afin de le sélectionner puis d'appuyer sur la touche [Suppr] de votre clavier. Confirmez la suppression en cliquant sur **Oui** dans la boîte de dialogue qui s'affiche.

Pour supprimer plusieurs fichiers, suivez la même procédure, excepté que vous commencez par sélectionner l'ensemble de ceux-ci. Notez que, pour sélectionner plusieurs fichiers, il suffit de cliquer sur chacun de ceux-ci en maintenant la touche [Ctrl] enfoncée.

RENVOI

Reportez-vous à la rubrique *Suppression d'un dossier ou d'un sous-dossier* de ce chapitre pour voir comment jeter un fichier sans passer par la corbeille et à la rubrique *La corbeille* dans le chapitre *Prise en main et personnalisation de Windows* pour voir comment restaurer un fichier indûment jeté.

Déplacement d'un fichier

Si vous décidez, après réflexion, de placer le fichier dans un autre dossier que celui choisi initialement, réalisez la procédure qui suit. Pour déplacer un fichier par couper-coller :

1. Ouvrez l'explorateur comme indiqué précédemment.
2. Dans celui-ci, cliquez sur le dossier contenant le fichier à déplacer. Ensuite, cliquez du bouton droit sur le fichier et sélectionnez **Couper** dans le menu qui se déroule.
3. Cliquez du bouton droit sur le dossier qui doit contenir le fichier puis sélectionnez **Coller**.

ASTUCE

Déplacer par glisser

Pour déplacer un fichier par glisser, cliquez dessus pour le sélectionner puis, tout en maintenant le bouton de la souris enfoncé, faites-le glisser sur le dossier voulu. Relâchez le bouton de la souris quand le dossier apparaît en surbrillance.

Reproduction de fichier

Sur le même principe que la rubrique précédente, voici comment copier des fichiers. Notez que copier consiste à placer à un autre emplacement la réplique exacte d'un fichier. Vous pouvez choisir entre deux procédures : par glisser-déplacer ou par copier-coller. Pour dupliquer un fichier par copier-coller :

1. Ouvrez l'explorateur comme indiqué précédemment.

2. Dans celui-ci, cliquez tout d'abord sur le dossier contenant le fichier puis cliquez du bouton droit sur le fichier concerné et sélectionnez **Copier**.

3. Cliquez du bouton droit sur le dossier qui doit contenir la copie du fichier puis sélectionnez **Coller**.

ASTUCE

Dupliquer par glisser

Pour dupliquer un fichier par glisser, cliquez dessus pour le sélectionner puis, tout en maintenant le bouton de la souris et la touche [Ctrl] enfoncés, faites-le glisser à l'endroit voulu. Relâchez le bouton de la souris et la touche [Ctrl] quand le dossier apparaît en surbrillance.

Copie d'un fichier

Pour copier un fichier sur une disquette ou sur un CD-Rom, suivez pas à pas les procédures indiquées dans la rubrique *Copie d'un dossier sur une disquette ou sur un CD-Rom* de ce chapitre.

3.4 Organisation des fichiers et des dossiers à partir de l'explorateur

Tout au long des rubriques précédentes, nous vous avons indiqué comment réaliser certaines procédures à partir de l'explorateur. Il est temps maintenant de voir à quelles autres procédures l'explorateur est destiné et en quoi il est une aide précieuse pour l'organisation du contenu de votre ordinateur.

Nous vous rappelons que l'affichage de l'explorateur est fondé sur le principe de la hiérarchie : le lecteur de disque dur, les dossiers, les sous-dossiers, les fichiers.

Ouverture de l'explorateur

Nous vous avons déjà montré une procédure, voici les autres :

- Cliquez sur le bouton **démarrer** puis sélectionnez successivement **Tous les programmes/Accessoires/Explorateur Windows**.
- Cliquez du bouton droit sur le bouton **démarrer** puis sélectionnez **Explorer**.
- Créez une icône de raccourci comme indiqué dans le chapitre *Prise en main et personnalisation de Windows.*

Notez que, pour fermer l'explorateur, il suffit de cliquer sur le bouton système **Fermer** dans sa barre de titre.

Compréhension de la hiérarchie de l'explorateur

Une fois que l'explorateur est ouvert, il est indispensable de savoir s'y repérer et y naviguer rapidement. Voici les quelques manipulations et autres notions qu'il est indispensable de maîtriser.

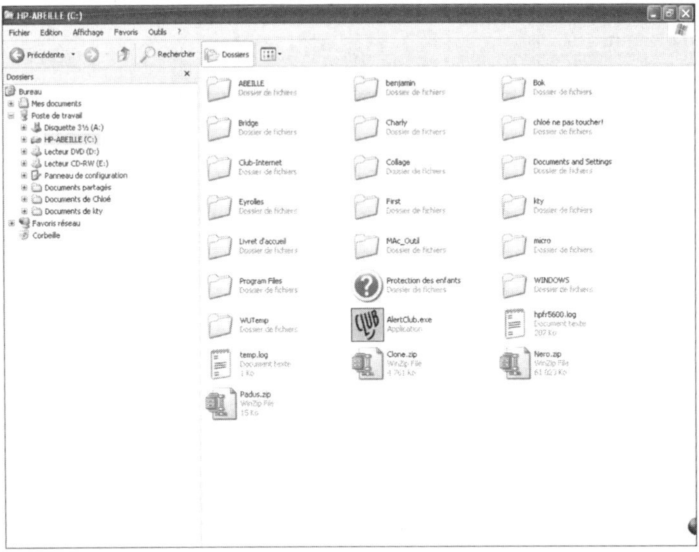

▲ Fig. 3.13 : *L'explorateur*

Par défaut, dans la version XP de Windows, l'explorateur s'affiche en deux volets :

- Le volet gauche, qui liste les actions réalisables sur un fichier à partir de l'explorateur ainsi que les options de gestion du système et les autres principaux emplacements. Notez que, selon que vous ayez activé le lecteur de disque dur, un dossier ou encore un fichier, le contenu de ce volet se modifie quelque peu.
- Le volet central, qui liste le contenu du lecteur, du dossier ou du sous-dossier sélectionné.

Dans les versions précédentes de Windows, il était organisé comme suit :

- Le volet gauche recensait le lecteur de disque dur, les dossiers, les sous-dossiers et les programmes que celui-ci contient, ainsi que le lecteur de disquettes et le lecteur de CD-Rom.
- Le volet central répertoriait les dossiers contenus dans le lecteur de disque dur sélectionné ou les fichiers contenus dans le dossier ou le sous-dossier sélectionné.

Si vous souhaitez retrouver l'affichage antérieur de l'explorateur, cliquez sur le bouton **Dossiers** dans la barre d'outils de l'explorateur.

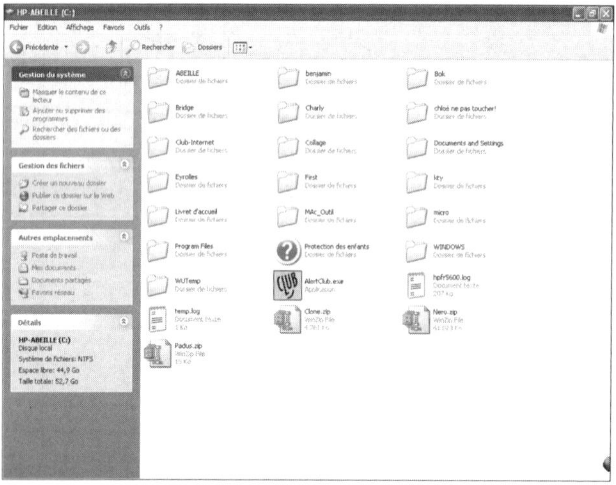

▲ Fig. 3.14 : *L'explorateur ancienne version*

Certaines icônes permettent de repérer rapidement les différents éléments contenus dans l'explorateur. Les voici ainsi que leur signification :

-  bureau ;
- 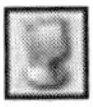 poste de travail ;
-  lecteur de disque dur ;
-  dossier ;
-  lecteur de disquettes ;
-  lecteur de CD-Rom.

Navigation dans l'explorateur

Avant de voir comment personnaliser l'affichage des dossiers, des lecteurs et personnaliser l'explorateur, penchez-vous quelque peu sur les méthodes à utiliser pour y naviguer rapidement et aisément.

Notez que les procédures indiquées sont celles à réaliser à partir de la version XP de l'explorateur.

Pour naviguer dans l'explorateur :

-  Pour visualiser le contenu d'un lecteur de disque dur (par défaut *C:*), cliquez sur le bouton **Dossier parent** autant de fois que nécessaire. Dès lors, le contenu de celui-ci s'affiche dans le volet central.
- Pour visualiser le contenu d'un dossier, double-cliquez dessus dans le volet central après avoir affiché le lecteur de disque dur le contenant. Dès lors, le contenu de celui-ci s'affiche dans le volet central.

ASTUCE

Afficher rapidement le dernier élément consulté

Cliquez sur le bouton **Précédente** dans la barre d'outils.

- Pour visualiser le contenu d'un sous-dossier, double-cliquez dessus dans le volet central après avoir affiché le dossier le contenant. Dès lors, le contenu de celui-ci s'affiche dans le volet central.
- Pour visualiser le contenu d'un lecteur de disquettes ou de CD-Rom, double-cliquez dessus dans le volet central après avoir affiché le lecteur de disque dur. Dès lors, le contenu de celui-ci s'affiche dans le volet central.
- Pour naviguer plus rapidement, vous pouvez aussi cliquer sur le dossier ou le lecteur voulu dans le volet gauche, rubrique *Autres emplacements*.

ASTUCE

Afficher rapidement le contenu d'un dossier

Pour ce faire, et sans passer par l'explorateur, cliquez sur le bouton **démarrer** et sélectionnez **Exécuter**. Dans la boîte de dialogue qui s'affiche, saisissez le nom du dossier puis cliquez sur le bouton OK pour valider.

Définition des options de l'explorateur

Vous pouvez personnaliser les options de l'explorateur afin qu'elles correspondent en tous points à vos méthodes de travail. Notez que les options proposées sont aussi diverses que variées : affichage/masquage des extensions, mode d'ouverture des dossiers, affichage des tâches, etc. Pour accéder à ces options :

1. Sélectionnez **Options des dossiers** dans le menu **Options** de l'explorateur.

2. Dans la boîte de dialogue qui s'affiche alors, activez et désactivez les options voulues en utilisant les trois onglets, sachant que :
   - L'onglet **Général** permet de définir l'affichage des tâches, le mode de navigation dans les dossiers et l'utilisation du clic ou du double-clic.
   - L'onglet **Affichage** permet de définir les options concernant les fichiers et les dossiers (cachés, système, extension, etc.).
   - L'onglet **Types de fichiers** permet de définir les modes d'ouverture des fichiers en fonction de leur type.
3. Cliquez sur le bouton OK pour valider.

Affichages divers et variés

Différents affichages sont proposés dans l'explorateur, et ce afin de visualiser les fichiers et les dossiers en fonction du type de travail que vous êtes en train de réaliser dans l'explorateur.

Pour commencer, voici la liste des différents affichages et de ce qu'ils impliquent :

- **Miniature**. Affiche les dossiers sous forme de grands carrés qui contiennent des graphismes symbolisant jusqu'aux 4 derniers fichiers de ce dossier qui ont été ouverts. Les fichiers sont symbolisés par des carrés affichant le logo de l'application dans laquelle ils ont été créés.
- **Mosaïque**. Affiche les dossiers et les fichiers sous forme de carrés excepté que les fichiers affichent le logo de l'application dans laquelle ils ont été créés.
- **Icônes**. Affiche les dossiers et les fichiers sous forme de petits carrés excepté que les fichiers affichent le logo de l'application dans laquelle ils ont été créés.
- **Liste**. Affiche les dossiers et les fichiers sous forme de liste verticale.
- **Détails**. Affiche les dossiers et les fichiers sous forme de liste verticale ainsi que leur extension, leur taille, leur date de modification et leur type. De plus, cet affichage propose une barre d'en-têtes qui permet de trier les éléments.

ASTUCE

Afficher les extensions

Nous avons indiqué précédemment que chaque type de fichier possède une extension qui lui est propre. Par défaut, cette extension n'apparaît pas dans l'explorateur. Pour l'afficher en mode **Détails**, sélectionnez **Options des dossiers** dans le menu **Outils**. Dans la boîte de dialogue qui s'affiche, cliquez sur l'onglet **Affichage**. Après le sous-dossier *Gestion de paires...* désactivez la case à cocher de l'option *Masquer les extensions des fichiers dont le type est connu*. Cliquez sur le bouton OK pour valider.

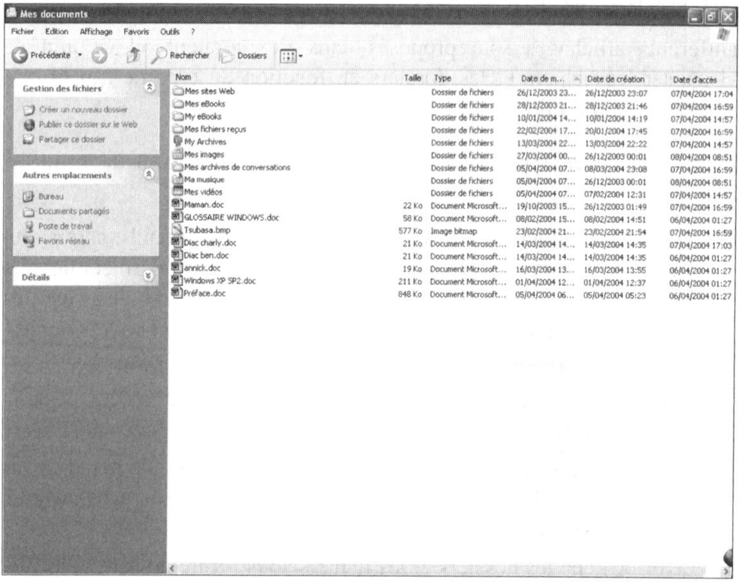

▲ Fig. 3.15 : *L'explorateur affiché en mode Détails*

Maintenant, voici comment choisir le mode d'affichage à activer : sélectionnez celui-ci dans le menu **Affichage**.

ASTUCE

Choisir les informations du mode Détails

Pour ce faire, sélectionnez **Choisir les détails** dans le menu **Affichage**. Dans la boîte de dialogue qui s'affiche, activez les cases à cocher des informations que vous souhaitez voir apparaître dans ce mode d'affichage puis cliquez sur le bouton OK pour valider.

Choix d'une image symbolisant le dossier ou le sous-dossier

Dans l'explorateur, pour repérer plus rapidement un dossier ou un sous-dossier, vous pouvez parfaitement choisir une autre image que celle proposée par défaut. Notez que cette personnalisation est différente selon le mode d'affichage choisi.

Pour l'affichage Miniature

Pour modifier l'image apparaissant dans le dossier ou le sous-dossier en affichage Miniature, vous devez procéder comme suit :

1. Cliquez du bouton droit sur le dossier ou le sous-dossier concerné puis sélectionnez **Propriétés** dans le menu qui se déroule.
2. Dans la boîte de dialogue **Propriétés de Nom du dossier** qui s'affiche, cliquez sur l'onglet **Personnaliser**.
3. Dans celui-ci, cliquez sur le bouton **Choisir une image** de la rubrique *Images du dossier*.
4. La boîte de dialogue **Parcourir** s'affiche. Sélectionnez le dossier contenant le fichier image à sélectionner puis double-cliquez sur le fichier de l'image. Validez en cliquant sur le bouton OK.

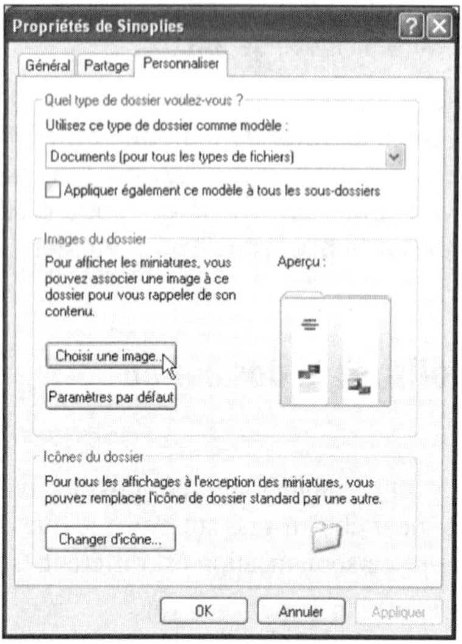

◄ Fig. 3.16 : *Choix de l'image du dossier en affichage Miniature*

Pour les autres affichages

Pour modifier l'image apparaissant dans le dossier ou le sous-dossier dans les autres affichages, vous devez procéder comme suit :

1. Cliquez du bouton droit sur le dossier ou le sous-dossier concerné puis sélectionnez **Propriétés** dans le menu qui se déroule.
2. Dans la boîte de dialogue **Propriétés de Nom du dossier** qui s'affiche, cliquez sur l'onglet **Personnaliser**.
3. Dans celui-ci, cliquez sur le bouton **Changer d'icône** de la rubrique *Icônes du dossier.*
4. La boîte de dialogue **Modifier l'icône...** s'affiche. Cliquez sur l'icône voulue. Si vous souhaitez choisir une icône personnalisée, cliquez sur le bouton **Parcourir** puis, dans la boîte de dialogue qui s'affiche, sélectionnez le dossier contenant le fichier icône à sélectionner puis double-cliquez sur le fichier de l'icône. Validez en cliquant sur le bouton OK.

Acquisition d'informations supplémentaires sur un fichier

En plus des informations que vous pouvez visualiser en mode **Détails** au sujet d'un fichier, certaines informations au sujet d'un fichier sont accessibles d'une autre manière. Pour visualiser les informations concernant un fichier :

1. Cliquez du bouton droit sur le fichier concerné puis sélectionnez **Propriétés** dans le menu qui se déroule.
2. La boîte de dialogue **Propriétés de Nom du fichier** s'affiche alors. Lisez les informations en utilisant les différents onglets sachant que :
   - L'onglet **Général** permet de connaître le poids en octets du fichier, sa date de création, de dernière modification et d'accès.
   - L'onglet **Résumé** permet de visualiser le nom du fichier ainsi que celui de son rédacteur ou sa taille, sa résolution, sa profondeur de couleur, etc.
3. Cliquez sur le bouton **Annuler** lorsque vous avez terminé.

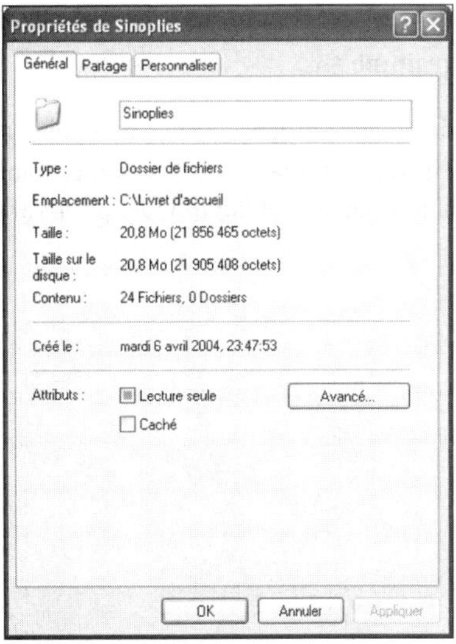

◄ Fig. 3.17 : *La boîte de dialogue Propriétés de Nom du fichier*

Ouverture d'un fichier dans son application à partir de l'explorateur

Vous avez vu précédemment comment lancer un programme puis ouvrir un fichier dans ledit programme. Windows permet aussi d'ouvrir un fichier, puis dans le même temps son application, directement à partir de l'explorateur. Pour ce faire, double-cliquez, dans le volet central de l'explorateur, sur le fichier que vous souhaitez ouvrir.

En utilisant la même procédure, vous pouvez ouvrir plusieurs fichiers à la fois. Il suffit de commencer par sélectionner les différents fichiers puis de double-cliquer dans cette sélection.

Que faire si l'explorateur ne connaît pas l'application

Si, lorsque vous double-cliquez sur un fichier, rien ne se passe et qu'une boîte de dialogue s'affiche indiquant qu'elle ne connaît pas l'application servant à ouvrir ce fichier ou encore que vous souhaitez changer l'application en relation avec ce fichier, suivez les procédures indiquées ci-après :

1. Cliquez du bouton droit sur le fichier concerné puis sélectionnez **Ouvrir avec/Choisir le programme**.
2. La boîte de dialogue **Ouvrir** avec s'affiche. Dans celle-ci, faites glisser la barre de défilement jusqu'à afficher l'application en rapport avec le fichier. Cliquez sur celle-ci puis sur le bouton OK pour valider.

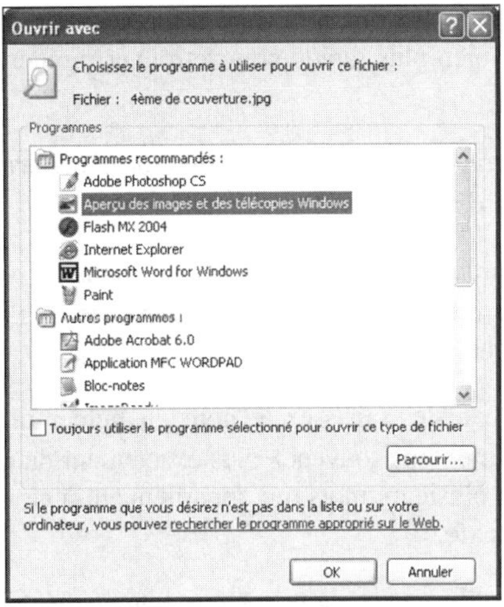

▲ Fig. 3.18 : *La boîte de dialogue Ouvrir avec*

Tri des dossiers, des sous-dossiers et des fichiers

Par défaut, dans les différents affichages, les dossiers, les sous-dossiers et les fichiers sont affichés par ordre alphabétique. Vous pouvez parfaitement modifier ce type de tri. Pour ce faire :

1. Sélectionnez **Réorganiser les icônes par** dans le menu **Affichage**.
2. Dans le sous-menu qui se déroule, cliquez sur le type de tri que vous souhaitez appliquer.

Si vous avez activé le mode **Détails**, utilisez la barre d'en-têtes pour effectuer le tri. Il suffit alors de cliquer sur l'en-tête à partir duquel vous souhaitez que les éléments soient triés.

Recherche d'un dossier ou d'un fichier

S'il est exact qu'il est quasiment impossible de perdre un fichier ou un dossier, à moins, bien sûr, de l'avoir supprimé malencontreusement, il arrive souvent que le fichier soit tellement bien »caché« que vous n'arriviez plus à le retrouver. Bien sûr, vous pourriez rechercher patiemment dans l'explorateur, dossier après dossier, mais ce serait quelque peu fastidieux. Voici une solution bien plus rapide pour retrouver rapidement un fichier ou un dossier :

1. 

Dans l'explorateur, appuyez sur le bouton **Rechercher** dans la barre d'outils.

2. Dans la fenêtre de recherche qui s'affiche, cliquez, dans le volet gauche, sur le type de recherche que vous souhaitez effectuer. Dès lors, le volet Assistant Recherche se modifie.

3. Dans la première zone de texte, saisissez le nom du fichier ou du dossier recherché. Si vous ne vous souvenez plus exactement du nom du fichier, indiquez un ou plusieurs mots qui appartiennent à ce nom dans la seconde zone de texte.

4. Si vous possédez plusieurs lecteurs, cliquez sur le bouton fléché de l'option *Rechercher dans* puis cliquez sur le lecteur dans lequel vous souhaitez effectuer la recherche.

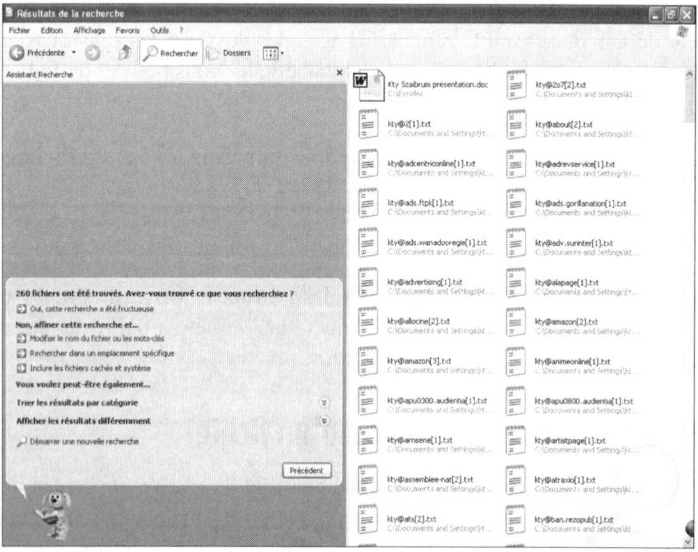

▲ Fig. 3.19 : *Résultats d'une recherche*

5. Cliquez sur le bouton **Rechercher** pour lancer la recherche. Au bout de quelques secondes, le résultat de la recherche apparaît dans le volet central. Pour ouvrir le fichier ou le dossier, double-cliquez dessus dans le volet central.

6. Si la recherche a été fructueuse, cliquez sur **Oui, cette recherche a été fructueuse**. Dans le cas contraire, vous devez reformuler votre requête. Pour ce faire, dans la zone de texte de l'option *Non, affiner cette recherche...*, cliquez sur le type de modification que vous souhaitez effectuer. Ensuite, redéfinissez la recherche et lancez-la à nouveau.

Aide à la recherche d'un fichier

Voici un petit »truc« pour aider à la recherche d'un fichier : renseignez un maximum d'informations à son sujet. Vous pourrez ensuite préciser celles-ci dans le volet de recherche afin de l'affiner et, ainsi, de la limiter. Pour ce faire :

1. Cliquez du bouton droit sur le fichier en question puis sélectionnez **Propriétés**.

2. Dans la boîte de dialogue qui s'affiche alors, cliquez sur l'onglet **Personnaliser**.

3. Dans celui-ci, renseignez les différents champs : nom, type, valeur, propriétés, etc. Validez en cliquant sur le bouton OK.

Recours à l'historique

Pour retrouver rapidement un fichier ou un dossier précédemment consulté, pensez à l'historique. En effet, celui-ci permet de visualiser rapidement tous les dossiers et les fichiers que vous avez sélectionnés, utilisés, créés, déplacés, etc. au cours des jours précédents.

Pour visualiser l'historique de votre activité dans l'explorateur, cliquez sur **Volet d'exploration/Historique** dans le menu **Affichage**.

Le volet Historique apparaît alors dans le volet gauche. Dans celui-ci, cliquez sur la semaine ou la journée au cours de laquelle vous avez ouvert le fichier ou le dossier. La liste des fichiers et des dossiers consultés ce jour ou cette semaine-là s'affiche. Cliquez sur le fichier ou le dossier voulu.

3.5 Gain d'espace disque par la compression des fichiers et dossiers

Nous vous avons indiqué précédemment qu'il était préférable, une fois qu'un dossier ou un fichier est tout à fait finalisé, de le mémoriser sur une disquette ou un CD-Rom et de le supprimer du disque dur. Ceci étant dit, vous devrez bon nombre de fois conserver ces dossiers et autres fichiers afin d'y accéder rapidement.

Dans ce cas de figure, sachez que, principalement en ce qui concerne les fichiers audio, vidéo et graphiques, le poids de ceux-ci »encombre" notablement votre disque dur. De plus, dès lors que vous souhaitez envoyer vos fichiers par courrier électronique, il sera préférable de les compresser afin de limiter au maximum le temps de téléchargement. La solution à ce problème est de compresser les fichiers et les dossiers.

La compression consiste à diminuer la taille d'un fichier. Elle est plus ou moins efficace selon le type des fichiers et des dossiers compressés. Vous pouvez compresser tout fichier informatique qu'il soit de texte, d'image, de son, etc. Notez que la méthode de compression diffère selon les logiciels utilisés.

La décompression consiste, quant à elle, à redonner au fichier ou au dossier son état initial.

Dans cette section, nous allons vous indiquer comment procéder pour compresser et décompresser des fichiers ou des dossiers.

REMARQUE

Reconnaître un fichier compressé

Regardez son extension. Les plus courantes pour la compression sont : *.zip, .arc, .arj, .pak, .bzip, .gzip, .bin, .rar, .uue* et *.hqx*.

Quelques bons compresseurs/décompresseurs

La liste des logiciels de compression/décompression étant fort longue, nous ne les avons pas tous référencés. De plus, sachez que vous pouvez vous les procurer soit sous forme de shareware (nécessitant une rétribution) soit sous forme de freeware (entièrement gratuit).

Voici donc deux listes, succinctes, indiquant les meilleurs logiciels dans chaque catégorie. Notez que, pour vous les procurer, il suffit de les télécharger à partir du Web puis de les installer sur votre disque dur.

RENVOI

Reportez-vous au chapitre *Utilisation des programmes hôtes* pour voir comment naviguer sur le Web et télécharger des logiciels et au chapitre *Les programmes* pour voir comment installer sur votre ordinateur un freeware ou un shareware.

Liste des meilleurs gratuiciels :

- 7-Zip ;
- Ds UnRAR ;
- IZARC ;
- Muzip ;
- Quick Zip ;
- Ultimate Zip ;
- Winuha ;
- Xtractor Plus ;
- ZipCentral ;
- ZipStar.

Liste des meilleurs partagiciels :

- Stuffit Deluxe ;
- Winace ;
- WinArj32 ;
- WinRar ;
- WinZip ;
- ZipMagic.

Notez que l'une des meilleures adresses de site de téléchargement de logiciels est la suivante : `www.telecharger.com`.

Compression avec WinZip

Après avoir téléchargé puis installé le logiciel comme indiqué dans les chapitres *Les programmes* et *Utilisation des programmes hôtes*, vous êtes à même de compresser des fichiers.

Notez que, au moment de l'installation de WinZip, les commandes de compression et décompression ont été automatiquement listées dans le menu contextuel des fichiers et des dossiers.

Pour compresser en précisant des options :

1. Cliquez du bouton droit sur le fichier ou le dossier à compresser puis sélectionnez **WinZip/Add to Zip file...** ou **Ajouter un fichier compressé...**
2. Si vous n'avez pas encore réglé la contribution au concepteur de WinZip, cliquez sur le bouton **Use Evaluation Version** ou **Utiliser la version d'évaluation**.
3. Dans la boîte de dialogue **Add** ou **Ajouter**, cliquez sur le bouton fléché de l'option *Action* et sélectionnez ce que vous souhaitez faire exactement.
4. Ensuite, cliquez sur le bouton fléché de l'option *Compression* et sélectionnez le mode de compression à utiliser. Puis cliquez sur le bouton **Add** ou **Ajouter**.

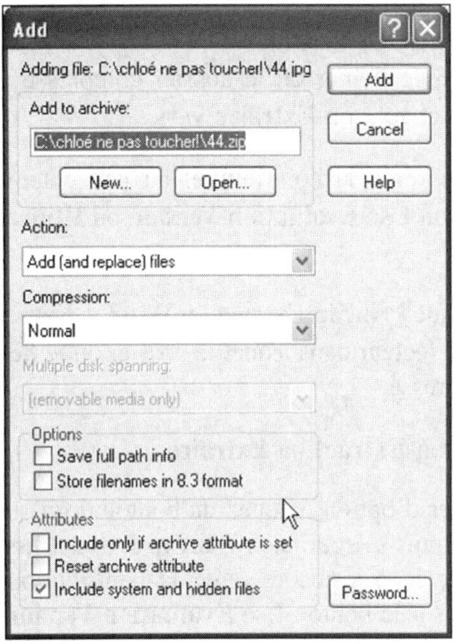

◄ Fig. 3.20 : *La boîte de dialogue de création de fichier compressé*

Pour compresser sans préciser d'option :

1. Cliquez du bouton droit sur le fichier ou le dossier à compresser puis sélectionnez **WinZip/Add to nom du fichier...** ou **Ajouter au nom du fichier...**

2. Si vous n'avez pas encore réglé la contribution au concepteur de WinZip, cliquez sur le bouton **Use Evaluation Version** ou **Utiliser la version d'évaluation**. La compression est réalisée, le fichier compressé s'affiche dans le dossier actif.

Décompression avec WinZip

Si vous avez reçu un fichier compressé et que vous deviez le décompresser afin de le consulter ou bien que vous souhaitiez ouvrir à nouveau un fichier préalablement compressé, voici comment procéder.

Pour décompresser en précisant des options :

1. Cliquez du bouton droit sur le fichier ou le dossier compressé puis sélectionnez **WinZip/Extract to...** ou **Extraire vers...**
2. Si vous n'avez pas encore réglé la contribution au concepteur de WinZip, cliquez sur le bouton **Use Evaluation Version** ou **Utiliser la version d'évaluation**.
3. À partir de la boîte de dialogue **WinZip Extract** ou **WinZip Extraire**, sélectionnez le dossier ou le lecteur dans lequel le dossier ou le fichier sera placé une fois décompressé.
4. Ensuite, cliquez sur le bouton **Extract** ou **Extraire**.

Pour décompresser sans préciser d'option, cliquez du bouton droit sur le fichier ou le dossier compressé puis sélectionnez **WinZip/Extract here...** ou **Extraire ici...** Si vous n'avez pas encore réglé la contribution au concepteur de WinZip, cliquez sur le bouton **Use Evaluation Version** ou **Utiliser la version d'évaluation**. La décompression est réalisée, le fichier s'affiche dans le dossier actif.

3.6 Impression de fichiers

Une fois que vous avez créé des fichiers, il va sans dire que vous souhaiterez imprimer certains d'entre eux pour en obtenir une version papier. Les fonctions d'impression sont communes à tous les logiciels fonctionnant sous Windows.

Impression d'un fichier sans définir d'option

Comme vous allez le voir, il est extrêmement facile d'imprimer un document. Vous devez commencer par mettre votre imprimante sous tension, ce qui revient à appuyer sur son bouton d'allumage. Ensuite, assurez-vous qu'elle contient du papier. Enfin, réalisez la procédure suivante pour imprimer un fichier :

1. Ouvrez le fichier à imprimer dans son application ou à partir de l'explorateur comme indiqué dans ce chapitre.

2.  Cliquez sur le bouton **Imprimer** dans la barre d'outils *Standard*. Le fichier s'imprime et vous pouvez admirer votre création.

Impression d'un fichier en définissant des options

Dans la rubrique précédente, vous avez vu comment lancer l'impression d'un fichier sans indiquer à Windows quelque option que ce soit. Apprenez maintenant à préciser le nombre d'exemplaires, le numéro des pages à imprimer, etc. Pour imprimer un fichier en précisant des options :

1. Ouvrez le fichier à imprimer dans son application ou à partir de l'explorateur comme indiqué dans ce chapitre.
2. Sélectionnez **Imprimer** dans le menu **Fichier**.
3. La boîte de dialogue **Imprimer** apparaît. Pour définir le nombre d'exemplaires, cliquez, dans l'option *Nombre de copies*, sur la flèche d'incrémentation orientée vers le haut jusqu'à faire apparaître le nombre de copies dont vous avez besoin.
4. Pour préciser les pages que vous souhaitez imprimer, activez l'option *Pages*. Ensuite, dans la zone de texte en regard de l'option, saisissez les numéros de pages en les séparant par des points-virgules ou saisissez la plage de pages à imprimer (pages qui se suivent) en séparant le premier nombre et le second par un tiret (-).
5. Cliquez sur le bouton **Imprimer** pour lancer l'impression.

REMARQUE

Définir les options de l'imprimante

Le bouton **Préférences** ou **Propriétés** ouvre une boîte de dialogue de réglage des paramètres d'impression, comme le format du papier, l'orientation, les marges, etc.

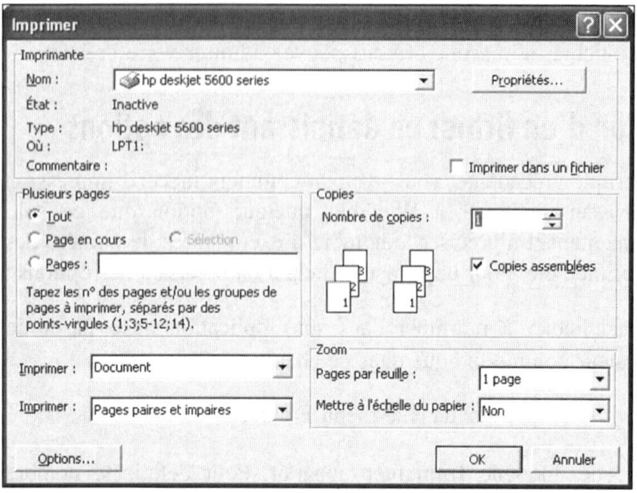

▲ Fig. 3.21 : *La boîte de dialogue Imprimer*

Visualisation d'un fichier avant de l'imprimer

Il est très pratique de pouvoir visualiser l'aspect d'un fichier avant de l'imprimer. En effet, s'il vous fallait imprimer plusieurs fois un fichier avant de trouver une mise en forme appropriée, vous perdriez beaucoup de temps et gaspilleriez beaucoup de papier. La solution pour éviter cet écueil consiste à recourir à l'aperçu avant impression. Celui-ci permet de vérifier la mise en page du fichier et de la modifier éventuellement afin qu'elle corresponde en tous points à vos désirs.

Pour visualiser un fichier avant de l'imprimer :

1. Ouvrez le fichier à visualiser dans son application ou à partir de l'explorateur comme indiqué dans ce chapitre.
2. Sélectionnez **Aperçu avant impression** dans le menu **Fichier**.
3. La boîte de dialogue **Aperçu avant impression** apparaît. Selon le logiciel utilisé, certaines options de mise en page sont proposées. Recourez-y pour réaliser la mise en page voulue.
4. Cliquez sur le bouton **Fermer** lorsque vous avez terminé.

chapitre 4

Les périphériques

À ce stade de l'ouvrage, il est indispensable que vous sachiez comment raccorder les différents périphériques à l'ordinateur. Ce sont ces procédures que vous allez étudier dans ce chapitre. Ensuite, vous verrez précisément comment paramétrer les principaux périphériques et aussi les nettoyer.

4.1 Les périphériques nécessaires

Nous avons pensé commencer ce chapitre sur les périphériques en vous indiquant les périphériques indispensables ainsi que ceux qu'il est bon d'avoir pour utiliser l'ordinateur à sa pleine puissance et en tirer un maximum de possibilités.

Le moniteur ou l'écran

L'écran est tout à fait indispensable car, sans lui, rien ne serait possible. C'est un périphérique de sortie comparable à un écran de télévision. Il est relié à l'unité centrale par un câble.

Il en existe une large gamme dans laquelle les différences de prix et de caractéristiques sont essentiellement fonction de la qualité de l'affichage, des dimensions, ainsi que de la technologie de l'écran. Les écrans haut de gamme sont, à ce jour, les écrans LCD, qui sont des écrans extra-plats et qui permettent une très haute définition. Les dimensions d'un écran, qui se réfèrent à la mesure de sa diagonale et sont généralement indiquées en pouces plutôt qu'en centimètres, varient de 15 à 23 pouces.

Le clavier

Le clavier est comparable à l'ensemble des touches d'une machine à écrire excepté qu'il dispose de touches de fonction qui déclenchent des commandes précises. De plus, il comprend un pavé numérique qui permet de saisir plus facilement les chiffres. De nombreux modèles existent ; reste que, dans la plupart des cas, le clavier est fourni avec l'ordinateur...

L'imprimante

Ce périphérique permet d'imprimer sur papier tout ce que vous voyez à l'écran. Il est connecté à l'ordinateur par l'intermédiaire d'un câble.

Il existe deux principaux types d'imprimantes : les imprimantes à jet d'encre et les imprimantes laser. Les premières sont peu coûteuses, mais leurs cartouches d'encre sont d'un montant très élevé ! Les imprimantes couleur, quant à elles, contiennent généralement quatre cartouches (trois cartouches pour la couleur et une cartouche pour le noir) qu'il faut remplacer régulièrement. De ce fait, si vous n'avez pas besoin de la couleur et si vous souhaitez réduire les coûts d'impression et disposer de documents dont l'encre ne se délave pas, il vaut mieux acheter une imprimante laser. Les imprimantes laser fonctionnent avec de l'encre en poudre, comme les photocopieurs.

La souris

La souris permet de piloter l'ordinateur et de déclencher des commandes. Ses déplacements sont transmis à l'ordinateur par l'intermédiaire d'un câble ou par infrarouge. Il en existe avec deux ou trois boutons et même une roulette. Tout comme l'écran, vous ne sauriez vous en passer ! Leur gamme est si vaste qu'il est impossible de la décrire ici. Sachez néanmoins qu'il en existe des "autonomes" qui ne nécessitent pas d'être raccordées à l'ordinateur mais que cette technologie, par ailleurs très au point, est parfois peu aisée à utiliser dans le cadre de l'ordinateur.

Le lecteur de disquettes

De ce périphérique, quand il est interne, vous ne voyez qu'une fente, située sur le devant de votre ordinateur et dans laquelle vous pouvez insérer une disquette. À partir de ce périphérique, vous placez un fichier sur le disque dur ou, inversement, vous copiez un fichier de votre disque dur sur la disquette. Il existe aussi des lecteurs de disquettes externes que vous pouvez relier à l'ordinateur à partir d'un port USB.

Le lecteur de CD-Rom

Sorte de tiroir à chariot dans lequel vous insérez un CD-Rom et à partir duquel vous pouvez lire les données qui se trouvent sur ce dernier et copier des fichiers sur le disque dur. C'est en appuyant sur le bouton situé près de ce tiroir que vous pouvez ouvrir et fermer le lecteur de CD-Rom.

Les versions RW de ce périphérique permettent aussi de graver des fichiers sur un CD-Rom ; ils sont alors nommés graveur. Vous pouvez vous en procurer un externe si votre ordinateur n'en propose pas, qui sera, tout comme le lecteur de disquettes externe, relié à l'ordinateur par un port USB.

Le scanner

Le scanner est très utile pour numériser des images ou des photographies. Il a, en fait, le rôle inverse de l'imprimante : il copie une image, un texte ou une photographie, comme le ferait un photocopieur, et transfère le résultat sur l'ordinateur. Dans les faits, cet appareil analyse le document et le convertit en points qui sont alors envoyés à l'ordinateur.

Si vous souhaitez vous en procurer un, préférez un modèle avec une connexion USB. Les ordinateurs modernes sont tous équipés de connecteurs de ce type, et vous évitez ainsi de devoir raccorder le scanner à la prise d'imprimante. La plupart des scanners sont livrés avec des logiciels de retouche d'images ainsi que d'impression des documents numérisés. Cette fonction associée à une imprimante permet d'utiliser votre scanner comme photocopieur. Le processus est un peu lent mais, si vous devez faire trois ou quatre photocopies, cette technique est parfaitement satisfaisante.

Le modem, le boîtier ADSL ou la carte RNIS

Vous avez besoin d'un modem, d'un boîtier ADSL ou d'une carte RNIS pour vous connecter à Internet. Cet équipement permet à l'ordinateur d'échanger des données avec Internet, par l'intermédiaire de votre ligne téléphonique. Le modèle dont vous avez besoin dépend en particulier du type de ligne téléphonique que vous utilisez. En effet, si vous disposez d'une ligne téléphonique classique, il faut un modem ou un boîtier ADSL intercalé entre votre ordinateur et la prise de téléphone. Il existe des modems externes qui se branchent à l'arrière de l'ordinateur ainsi que des modems internes (sous forme de cartes) qui s'installent à l'intérieur de celui-ci, tandis que si vous disposez d'un accès Numéris il faut une carte RNIS ou un adaptateur RNIS. La carte est généralement installée à l'intérieur même de l'ordinateur. La connexion est réalisée à l'aide d'un câble reliant la carte à la prise RNIS.

Le lecteur DVD

Pour permettre la visualisation de films sur DVD (*Digital Versatile Disk*), l'ordinateur doit être équipé d'un lecteur de DVD. Seul désagrément, l'industrie du DVD dote les supports d'un code régional et impose que les lecteurs de DVD ne puissent lire que les supports issus de leur propre région. C'est ainsi qu'avec un lecteur de DVD européen vous ne pourrez pas lire les vidéos importées des États-Unis à moins d'acheter un lecteur de DVD multizone.

L'appareil photo numérique

Pour finir, l'appareil photo numérique permet de transférer des photographies sur l'ordinateur. Ce type d'appareil est relativement cher, mais il offre la possibilité de réaliser des photographies puis de les transférer sur l'ordinateur afin de les visualiser et de les retoucher.

4.2 Raccordements divers et variés

Voici maintenant les procédures à suivre pour raccorder les principaux périphériques.

Pour raccorder une imprimante :

1. Prenez le câble de l'imprimante. L'extrémité du câble qui est de forme courante se branche à l'imprimante et se fixe, en général, par de petits ressorts ou deux broches.
2. L'autre extrémité, qui présente un connecteur à 25 broches, se branche sur la prise femelle correspondante de l'ordinateur. Les deux vis permettent de fixer la prise pour éviter qu'elle se détache si vous déplacez légèrement le PC.

Si l'imprimante propose un branchement de type USB, il suffit de la raccorder au port concerné au dos de l'ordinateur.

Pour raccorder un écran, branchez le câble d'alimentation sur une prise de courant puis, avec le second câble, qui est muni, à son extrémité, d'une fiche présentant trois rangées de broches, introduisez la fiche sur la seule prise correspondante, à l'arrière de l'unité centrale.

Pour raccorder un clavier, procédez comme suit en fonction du clavier que vous avez acquis :

- Si vous possédez un ancien clavier (câble avec une fiche), branchez celle-ci sur le port correspondant à l'arrière de l'unité centrale.
- Si vous possédez un écran récent, il doit se brancher dans l'une des prises PS/2 de l'arrière de l'ordinateur et qui est annotée comme telle.

Pour raccorder la souris, procédez comme pour le clavier excepté que vous utilisez la PS/2 destinée à la souris ou sur le port Sérial 1 s'il s'agit d'un ancien ordinateur.

Raccordement de prise USB

Si les câbles de connexion de vos périphériques ne présentent aucune des fiches dont nous venons de parler, vous avez affaire à des fiches USB. La technologie USB permet de raccorder extrêmement facilement des équipements divers et variés : souris, scanner, clavier, modem, etc. Les interfaces USB présentent des avantages indéniables : les données sont échangées beaucoup plus rapidement, et il existe un seul type de prises et de fiches, ce qui réduit considérablement la complexité des raccordements. De plus, vous pouvez raccorder jusqu'à 127 périphériques à un seul et même ordinateur (avec un hub USB). Notez que les modems RNIS, de nombreux modems analogiques ainsi que les scanners, les imprimantes ou encore les appareils photo numériques sont désormais équipés d'une interface USB.

Pour raccorder un périphérique de ce type, vous avez besoin d'une prise USB libre sur votre ordinateur. Il faudra, en outre, un câble de raccordement USB spécial, la plupart du temps livré avec le périphérique. Les ordinateurs récents sont généralement dotés de deux prises USB, parfois plus, ce qui permet de raccorder plusieurs appareils. Sur les câbles USB, la forme de chaque fichier et de la prise empêche tout branchement erroné. Il suffit donc de brancher l'extrémité du câble sur la prise USB du PC.

Si votre ordinateur ne propose pas assez de prises USB, vous devez vous procurer un boîtier de répartition USB (hub USB). Ensuite, vous brancherez le câble USB entre la prise USB de l'ordinateur et le hub USB, qui présente de son côté quatre prises USB.

4.3 Nettoyage des périphériques

Avant de voir comment installer un périphérique, voici quelques "trucs" pour les nettoyer correctement.

Tout d'abord, sachez que les touches du clavier ne supportent aucun liquide ; de ce fait, n'utilisez jamais d'éponge mouillée ni de chiffon humide. La solution consiste donc à souffler entre les touches pour chasser la poussière. Vous pouvez aussi utiliser un aérosol qui souffle de l'air pulsé et présente l'avantage de décoller la poussière.

Ensuite, pour l'écran, un simple chiffon et du produit de nettoyage pour vitres suffiront. Idem pour l'unité centrale.

Pour ce qui est de la souris, mettez-la sur le dos, elle aime bien cela ! Ensuite, vous verrez alors qu'un petit disque enferme la boule qui permet le déplacement de celle-ci. Faites pivoter ce disque pour l'ouvrir. Sortez la boule. Frottez-la puis soufflez fortement dans la cavité restée vide afin d'en décoller la saleté. Replacez la boule puis refermez le disque.

4.4 Installation d'un périphérique

Avant de procéder à l'installation d'un périphérique, vous devez commencer par le raccorder à l'ordinateur comme indiqué ci-avant. Ensuite, si le périphérique est *plug and play*, cela suppose que Windows connaisse et possède les pilotes nécessaires à son "pilotage". Pas clair ? Voici l'explication. Pour qu'un périphérique puisse fonctionner, il est impératif que l'ordinateur possède le ou les pilotes de celui-ci car, pour schématiser, ce sont ces pilotes qui précisent au périphérique comment il doit se comporter, travailler, etc. Nous allons donc maintenant vous indiquer comment installer des périphériques, qu'ils soient *plug and play* ou non.

REMARQUE

Plug and play

Ce terme est traduisible par "brancher et jouer". Plus précisément, il implique qu'il suffit de brancher un périphérique à l'ordinateur pour qu'il soit automatiquement reconnu par celui-ci et utilisable dès le redémarrage de l'ordinateur.

Recours au "plug and play"

Pour installer un périphérique *plug and play*, il suffit d'éteindre l'ordinateur puis de procéder au raccordement dudit périphérique, sachant que seuls les comptes administrateur peuvent installer de nouveaux périphériques.

Ensuite, lorsque vous relancez Windows, celui-ci va automatiquement détecter le nouveau périphérique et aller rechercher les pilotes nécessaires à son fonctionnement. De ce fait, vous n'avez rien à faire à part... raccorder.

Sachez que, dans Windows XP, le processus de *plug and play* est optimisé pour les périphériques USB, IEEE 1394, PCMCIA et PCI.

Installation sans "plug and play"

Vous devez reprendre la procédure indiquée ci-avant excepté que, lorsque vous relancez Windows, un assistant Ajout de nouveau matériel s'affiche. Pour installer un périphérique non *plug and play* :

1. Cliquez dans la bulle qui s'est affichée ou sur le bouton **démarrer** et sélectionnez **Panneau de configuration**.

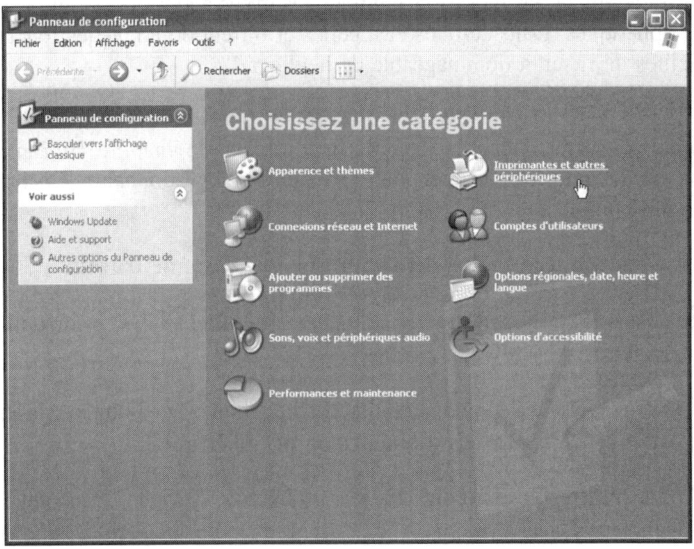

▲ Fig. 4.1 : *Sélectionnez le type de matériel que vous souhaitez installer*

2. Cliquez sur le nom du périphérique dans la fenêtre qui s'affiche alors puis sur **Ajouter Nom du périphérique** dans la nouvelle fenêtre.

3. L'assistant Nouveau matériel apparaît ; cliquez sur le bouton **Suivant**. Activez l'option voulue sachant que :

   - *Installer le logiciel...* est recommandée si le nouveau périphérique est fourni avec CD-Rom ou une disquette d'installation.
   - *Installer à partir d'une liste...* est recommandée si vous avez téléchargé un pilote compatible Windows XP.

4. Cliquez sur le bouton **Suivant**.

5. Dans la nouvelle fenêtre, précisez si vous souhaitez que Windows XP recherche le meilleur pilote ou si vous souhaitez définir vous-même cet emplacement. Cliquez sur le bouton **Suivant** puis suivez les étapes proposées en fonction de vos choix.

4.5 Mise à jour d'un pilote de périphérique

Régulièrement, les fabricants publient des mises à jour pour les pilotes de périphériques. Dans certains cas, celles-ci offrent de nouvelles fonctionnalités qu'il serait dommageable de négliger.

Pour acquérir une mise à jour d'un pilote, vous devez commencer par vous connecter à Internet comme indiqué dans le chapitre *Utiliser des programmes hôtes*. Ensuite, vous devez ouvrir le gestionnaire de périphériques comme suit :

1. Cliquez sur le bouton **démarrer** puis sur **Poste de travail**.

2. Dans le poste de travail, cliquez sur **Afficher les informations système** dans le volet gauche.

3. Dans la boîte de dialogue qui s'affiche, cliquez sur l'onglet **Matériel** puis sur le bouton **Gestionnaire de périphériques**.

4. La fenêtre **Gestionnaire de périphériques** s'affiche. Dans celle-ci, cliquez sur le symbole + en regard du type de périphérique puis

double-cliquez sur le périphérique concerné ou cliquez dessus du bouton droit et sélectionnez **Propriétés**.

5. Dans la boîte de dialogue **Propriétés du Nom du périphérique** qui s'affiche, cliquez sur l'onglet **Pilote** puis sur le bouton **Mettre à jour le pilote**. Ensuite, suivez les étapes.

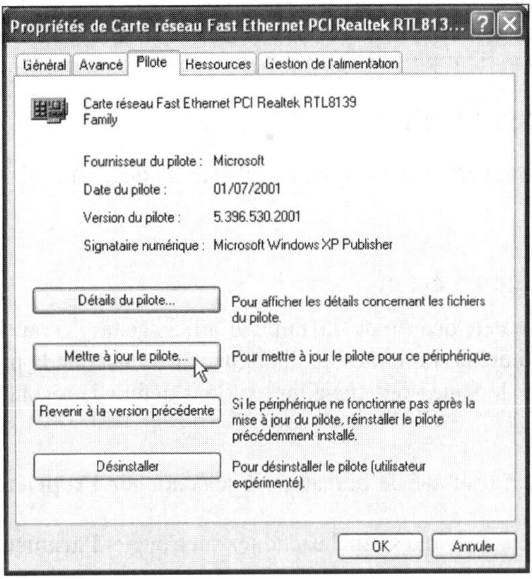

▲ Fig. 4.2 : *Mise à jour d'un pilote*

4.6 Désinstallation d'un périphérique

Il suffit de débrancher le périphérique ! Pour parfaire la désinstallation, vous pouvez désinstaller le pilote du périphérique. Pour ce faire, ouvrez le gestionnaire de périphériques comme indiqué dans ce chapitre puis ouvrez la boîte de dialogue **Propriétés** du périphérique concerné. Ensuite, sous l'onglet **Pilote**, cliquez sur le bouton **Désinstaller** et... suivez le guide.

4.7 Paramétrage et personnalisation des périphériques

Une fois que vous avez installé votre périphérique, il est fort probable que vous aurez à le paramétrer afin qu'il corresponde en tous points à votre façon de travailler. Dans cette section, nous allons vous indiquer comment paramétrer les différents et principaux périphériques et aussi les méthodes pour les personnaliser.

Paramétrage de l'écran

Nous avons pensé commencer par l'écran tant il est vrai que, sans lui, rien ne serait possible !

Choix de la résolution d'écran

La résolution de l'écran détermine la taille d'affichage à l'écran des éléments tels que le bureau, les boîtes de dialogue, etc., ainsi que la place dont vous disposerez lorsque vous travaillerez. Pour définir la résolution de l'écran :

1. Cliquez du bouton droit sur le bureau puis sélectionnez **Propriétés**.
2. Dans la boîte de dialogue qui s'affiche, cliquez sur l'onglet **Paramètres**.
3. Dans la zone *Résolution de l'écran*, cliquez sur le curseur puis faites-le glisser pour afficher la résolution de votre choix. Notez que l'option *Couleur* permet de définir le nombre de couleurs à afficher.
4. Cliquez sur le bouton OK pour valider. Windows affiche alors successivement deux boîtes de dialogue, vous demandant de confirmer la modification de la résolution de l'écran.

REMARQUE

La bonne résolution pour un écran 17 pouces

Sachez que, si vous utilisez un écran 17 pouces, ce qui est la dimension la plus répandue, la résolution 800 × 600 points est idéale.

Activation de contrastes élevés

Vous venez d'apprendre à modifier la résolution de l'écran. Voyez maintenant comment faire en sorte que l'affichage soit, de par son contraste, plus agréable à utiliser. Ainsi, si vous avez le moindre problème de vue, la lisibilité de vos documents sera nettement améliorée. Pour activer des contrastes élevés :

1. Cliquez sur le bouton **démarrer** puis sélectionnez **Panneau de configuration**.
2. La fenêtre **Panneau de configuration** apparaît. Cliquez sur **Options d'accessibilité**.
3. Cliquez de nouveau sur **Options d'accessibilité** dans la nouvelle fenêtre.
4. Dans la boîte de dialogue qui s'affiche, cliquez sur l'onglet **Affichage**. Activez la case à cocher de l'option *Utiliser le contraste élevé*. Si vous souhaitez paramétrer cette option, cliquez sur le bouton **Paramètres**.

▲ Fig. 4.3 : *Options d'accessibilité*

5. Cliquez sur le bouton OK pour valider.

6. Fermez la fenêtre **Panneau de configuration**.

Paramétrage du clavier

Comme vous l'avez constaté tout au long de cet ouvrage, le clavier est indispensable pour rédiger dans un traitement de texte, déclencher des commandes avec des raccourcis clavier, saisir des données chiffrées dans un tableur, etc. De ce fait, il est indispensable que le clavier réponde en tous points à votre façon de travailler. Plusieurs possibilités sont à votre disposition. Elles sont décrites dans les rubriques qui suivent.

Fonctions d'utilisation du clavier

Pour paramétrer l'utilisation du clavier :

1. Cliquez sur le bouton **démarrer** puis sélectionnez **Panneau de configuration**.

2. Dans la fenêtre **Panneau de configuration** qui s'affiche, cliquez sur **Imprimantes et autres périphériques**.

3. Dans la nouvelle fenêtre, cliquez sur **Clavier**. La boîte de dialogue **Propriétés de Clavier** s'affiche. Définissez les options voulues sachant que :

   - L'onglet **Vitesse** permet de définir les modalités de répétition des touches ainsi que le délai avant cette répétition et la fréquence de clignotement du curseur.
   - L'onglet **Matériel** permet de dépanner éventuellement le clavier et de modifier ou de mettre à jour le pilote.

4. Cliquez sur le bouton OK pour valider.

Gestion des touches

Pour paramétrer les fonctions de touches :

1. Cliquez sur le bouton **démarrer** puis sélectionnez **Panneau de configuration**.
2. Dans la fenêtre **Panneau de configuration** qui s'affiche, cliquez sur **Options d'accessibilité** puis à nouveau sur **Options d'accessibilité** dans la nouvelle fenêtre qui apparaît.
3. Dans la boîte de dialogue qui s'affiche, cliquez sur l'onglet **Clavier**. Définissez les options voulues sachant que :
   - **Touches rémanentes** permet de bloquer la première touche lorsque vous utilisez des raccourcis clavier à deux touches. Ainsi, vous n'aurez plus à faire des prouesses pour appuyer en même temps sur les deux touches.
   - **Touches filtres** permet d'empêcher la frappe répétée de la même lettre lorsque vous maintenez votre doigt trop longtemps appuyé sur une touche.
   - **Touches bascules** permet de déclencher un son lorsque vous verrouillez le clavier ou que vous utilisez la touche de défilement.
4. Après avoir activé les options de votre choix, cliquez sur OK.

ASTUCE

Activer le clavier visuel

Si vous n'aimez guère utiliser le clavier pour des raisons personnelles (un doigt cassé ?), vous pouvez activer un clavier visuel sur les touches duquel vous cliquerez avec le pointeur de votre souris. Pour ce faire, cliquez sur le bouton **démarrer** puis sélectionnez successivement **Tous les programmes/Accessoires/Accessibilité/Clavier visuel**. Cliquez sur le bouton OK dans la boîte de dialogue qui apparaît. Une réplique exacte d'un clavier s'affiche à l'écran. Cliquez sur les touches correspondant à votre saisie. Pour fermer le clavier visuel, cliquez sur le bouton système **Fermer** dans la barre de titre du clavier.

Paramétrage par défaut de l'imprimante

Vous pouvez définir les propriétés de l'imprimante lors de chaque impression comme indiqué dans le chapitre *Les dossiers et les fichiers*. Reste qu'il est aussi possible de paramétrer par défaut l'impression, ce qui impliquera que toutes les impressions lancées automatiquement le seront avec ces paramètres. Vous pouvez aussi indiquer l'ordre de priorité, le port, les fonctions de partage, etc. En bref, les différentes options de l'imprimante. Pour ce faire :

1. Cliquez sur le bouton **démarrer** puis sélectionnez **Panneau de configuration**.
2. Dans la fenêtre **Panneau de configuration** qui s'affiche, cliquez sur **Imprimantes et autres périphériques** puis sur **Imprimantes et télécopieurs** dans la nouvelle fenêtre qui apparaît.
3. Dans la nouvelle fenêtre qui s'affiche, cliquez du bouton droit sur le nom de l'imprimante à paramétrer puis sélectionnez **Propriétés**.
4. Dans la boîte de dialogue **Nom de l'imprimante Propriétés** qui s'affiche, définissez les propriétés voulues sachant que :
   - L'onglet **Général** permet de définir les options d'impression en cliquant sur le bouton du même nom (papier, finition, effets, bases, couleur, etc.).
   - L'onglet **Partage**… est à voir dans le chapitre suivant.
   - L'onglet **Ports** permet d'activer le port voulu.
   - L'onglet **Avancé** permet de définir l'état de l'imprimante (disponibilité, impression par défaut, spouler...).
   - L'onglet **Gestion des couleurs** permet de choisir le mode de réglage de la couleur (**Manuel** ou **Automatique**).
5. Faites vos choix et cliquez sur le bouton OK pour valider.

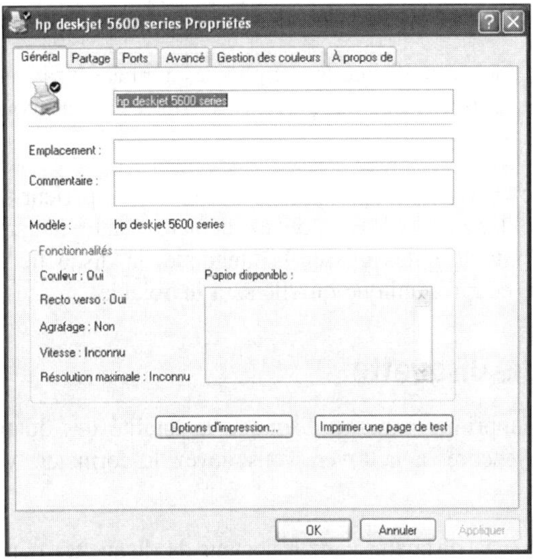

▲ Fig. 4.4 : *Paramétrage de l'imprimante*

Paramétrage de la souris

Toutes ces manipulations ont été expliquées dans la rubrique *Domptage de la souris* du chapitre *Prise en main et personnalisation de Windows.*

Paramétrage de l'appareil photo numérique

Cette procédure (branchement et paramétrage de l'appareil photo numérique) sera étudiée dans le chapitre *Utilisation des programmes hôtes.*

Toutes les autres procédures de paramétrage des autres périphériques tels que les lecteurs de disquettes, de CD-Rom, du scanner, etc. sont paramétrables au travers de la boîte de dialogue **Propriétés** du périphérique.

4.8 Gestion des disquettes

Vous avez vu que vous pouvez sauvegarder des données sur des disquettes ou encore copier sur le disque dur des données à partir de celles-ci. Voici maintenant quelques "trucs" pour utiliser au mieux la disquette.

Protection des disquettes

Pour éviter que, une fois votre disquette remplie des données à sauvegarder, ces données ne puissent être modifiées ou copiées, vous pouvez bloquer la disquette.

Pour ce faire, repérez l'ouverture qui apparaît sur l'angle supérieur droit et qui contient une languette. Vous pouvez déplacer cette languette. Sachez donc que, si vous faites glisser la languette, la disquette sera protégée en écriture, ce qui implique qu'elle sera inviolable.

Formatage d'une disquette

Si vous souhaitez supprimer sur une disquette la totalité des données qu'elle contient ou encore la nettoyer, vous devez la formater. Voici comment procéder :

1. Au besoin, insérez la disquette dans le lecteur de disquettes comme indiqué précédemment.
2. Ouvrez l'explorateur puis affichez le contenu du poste de travail.
3. Ensuite, cliquez du bouton droit sur **Disquette 3 1/2 (A:)** puis sélectionnez **Formater** dans le menu contextuel qui se déroule.
4. Dans la boîte de dialogue **Formater disquette...**, activez les options voulues puis cliquez sur le bouton **démarrer**.
5. Au bout de quelques secondes, la disquette est formatée. Dans la boîte de dialogue qui vous en informe, cliquez sur le bouton OK.
6. Cliquez sur le bouton **Fermer** pour fermer la boîte de dialogue.

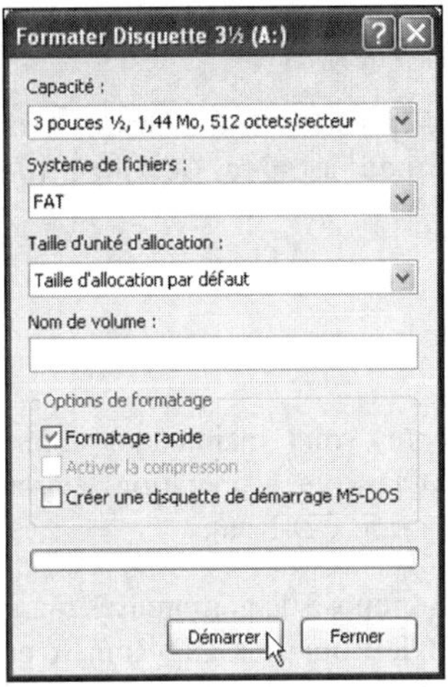

◄ Fig. 4.5 : *Formatage d'une disquette*

Copie de données d'une disquette à une autre

Si vous souhaitez réaliser une copie du contenu d'une disquette sans avoir à placer tout d'abord les données sur le disque dur, voici comment vous y prendre :

1. Au besoin, insérez la disquette contenant les données dans le lecteur de disquettes comme indiqué précédemment.
2. Ouvrez l'explorateur puis affichez le contenu du poste de travail.
3. Ensuite, cliquez du bouton droit sur **Disquette 3 1/2 (A:)** puis sélectionnez **Copie de disquette** dans le menu contextuel qui se déroule.
4. Dans la boîte de dialogue **Copie de disquette** qui s'affiche, cliquez sur le bouton **démarrer** puis sur OK dans la boîte de dialogue qui s'affiche.
5. Le processus de copie se réalise. Au bout de quelques secondes, il vous est demandé de sortir la disquette puis d'insérer celle sur laquelle les données doivent être copiées ; cliquez alors sur le bouton OK. C'est terminé !

ATTENTION

Disquette formatée

Assurez-vous, avant d'introduire la disquette devant recevoir les données copiées, qu'elle a bien été formatée !

4.9 Gravure de CD-Rom

Dans la lignée de la section précédente, voici maintenant comment procéder pour graver des données sur un CD-Rom. L'opération de gravure consiste à inscrire les données voulues sur le CD-Rom.

Tout d'abord, vous devez savoir qu'il est proposé de nombreuses marques mais qu'il n'existe que deux types de CD-Rom : les CD-Rom R et les CD-Rom RW. Les premiers permettent de graver des données une seule fois sur un CD-Rom tandis que les seconds autorisent plusieurs opérations de gravage. Dans les faits, un CD-Rom RW permet une utilisation semblable à celle des disquettes.

Quelques logiciels de gravure

Pour réaliser cette procédure, vous devez avoir en votre possession et installé sur votre ordinateur un logiciel de gravure. Si vous avez choisi d'acquérir un graveur externe, il y a fort à parier qu'un logiciel vous a été fourni avec. Dans le cas contraire ou si vous avez un graveur interne sans logiciel, voici quelques bonnes références en matière de gravure sachant que vous pouvez vous procurer ces logiciels sur le Web à des adresses telles que `www.telecharger.com`.

RENVOI

Pour en savoir plus sur le téléchargement, lisez le chapitre *Utilisation des programmes hôtes*.

Quelques bons logiciels de gravure :

- Alcohol 120%, shareware ;
- CDRWIN, payant ;
- CloneCD, shareware ;

- Padus Disjuggler, payant ;
- Easy CD Creator, shareware ;
- Nero 6, payant ;
- NeroMix, payant.

Réalisation d'une gravure

Nous allons vous indiquer les procédures de gravure avec le logiciel Padus Disjuggler, sachant que les procédures diffèrent quelque peu selon les logiciels mais que les logiques restent les mêmes. Pour graver un CD-Rom :

1. Commencez par insérer le CD-Rom dans le lecteur (dans le graveur).
2. Ensuite, lancez le logiciel de gravure comme vous lanceriez n'importe quel programme.
3. Dans celui-ci, à partir du volet supérieur, naviguez sur votre disque dur afin d'afficher les fichiers que vous souhaitez graver sur le CD-Rom.

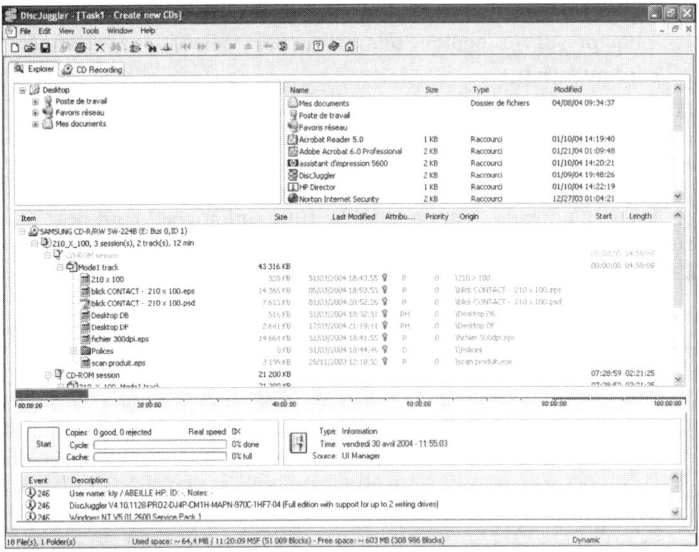

▲ Fig. 4.6 : *Gravure d'un CD-Rom avec Padus Disjuggler*

4. Ensuite, sélectionnez ces fichiers.

5. Faites glisser la sélection sur **Open session** dans le volet du milieu puis, dans le volet inférieur, cliquez sur le bouton **Start**.

6. Quand la gravure est terminée, fermez le logiciel et ouvrez le lecteur afin de récupérer votre CD-Rom.

4.10 Aide à la lisibilité, à la visualisation et aux personnes handicapées

Si vous avez des problèmes de vue ou tout autre handicap, voici une solution : recourir aux aides à l'affichage telles que la loupe et autres destinées aux personnes handicapées. Pour ce qui est de la loupe, elle a pour fonction de découper votre écran en deux parties, la partie supérieure présentant une version très agrandie de l'élément que vous pointez dans la partie inférieure.

Pour activer la loupe et obtenir une aide à l'utilisation des périphériques :

1. Cliquez sur le bouton **démarrer** puis sélectionnez **Panneau de configuration**.

2. La fenêtre **Panneau de configuration** apparaît. Cliquez sur **Options d'accessibilité**.

3. Dans la nouvelle fenêtre, cliquez sur **Configurer Windows...**

4. Un assistant s'affiche ; cliquez deux fois de suite sur le bouton **Suivant**.

5. Dans la nouvelle fenêtre, les options proposées sont listées. Activez les cases à cocher de celles qui vous intéressent puis cliquez sur le bouton **Suivant**. Selon l'option que vous avez choisie, il se peut qu'une boîte de dialogue de paramétrage (par exemple pour la loupe) s'affiche. Définissez les options voulues puis cliquez sur le bouton **Quitter** pour valider.

6. Revenu dans l'assistant, cliquez sur le bouton **Suivant**. Dans la nouvelle étape, les différentes options d'aide aux personnes handicapées s'affichent. Activez la case à cocher de celles qui vous concernent puis cliquez sur le bouton **Suivant**.
7. Suivez ensuite les étapes proposées et renseignez les options choisies.

Pour désactiver la loupe, cliquez, dans la barre des tâches, sur le bouton **Paramètres de la loupe**.

4.11 Compréhension et solution aux problèmes matériel

Si vous rencontrez des problèmes avec l'un de vos périphériques, commencez par vous rendre dans la boîte de dialogue **Propriétés** de celui-ci afin de voir si, par hasard et par chance, un code d'erreur est indiqué. Ainsi, vous serez sans doute à même de régler le problème. Pour visualiser le contenu de la boîte de dialogue **Propriétés** d'un périphérique, procédez comme suit :

1. Cliquez sur le bouton **démarrer** puis sélectionnez **Poste de travail**.
2. Ensuite, dans celui-ci, cliquez sur **Afficher les informations système** dans le volet gauche.
3. Dans la boîte de dialogue **Propriétés système** qui s'affiche, cliquez sur l'onglet **Matériel** puis sur le bouton **Gestionnaire de périphériques**.
4. La fenêtre **Gestionnaire de périphériques** s'affiche. Cliquez sur le bouton + en regard de la catégorie du périphérique à vérifier puis cliquez sur le bouton droit dessus et sélectionnez **Propriétés**. L'éventuel message d'erreur s'affiche dans la zone *État du périphérique*. Relevez le code éventuel et référez-vous à la liste suivante.

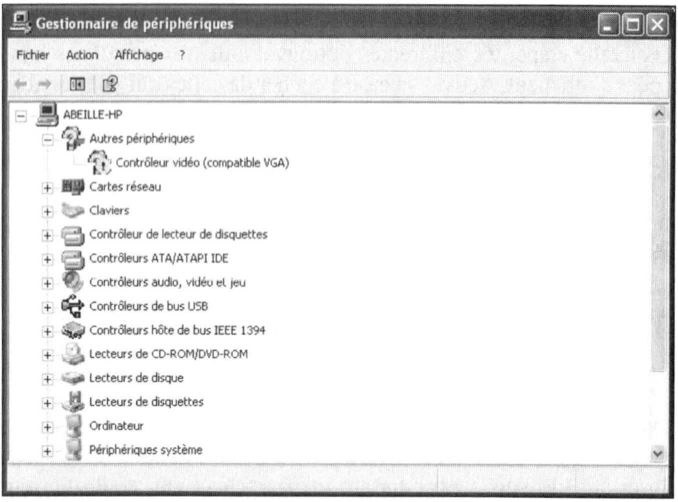

▲ Fig. 4.7 : *Le gestionnaire de périphériques*

Liste des messages d'erreur et de leur solution

Voici maintenant une liste de quelques codes d'erreur et des solutions en rapport avec ceux-ci.

Tab. 4.1 : Codes d'erreur et solutions

Code erreur	Solution
1	Problème de configuration. Téléchargez un nouveau pilote puis recommencez l'installation.
10, 18, 28, 31 et 37	Impossible de démarrer, réinstallation demandée, pilote non installé et pilote incompatible. Cliquez sur le bouton **Mettre à jour le pilote** pour installer de nouveaux pilotes éventuellement disponibles.
12	Manque de ressources. À partir de l'onglet **Ressources** de la boîte de dialogue **Propriétés** du périphérique, identifiez le périphérique source de conflit et modifiez le port.
14 et 38	Redémarrage. Vous devez relancer l'ordinateur car la base de registre n'a pas encore été mise à jour.
22	Périphérique désactivé. Activez-le à nouveau à partir de sa boîte de dialogue **Propriétés**.

chapitre 5

Protection d'accès et sécurisation

Dans ce chapitre, vous allez voir comment protéger votre ordinateur, que ce soit en matière d'accès, de partage ou encore de virus. En effet, il va sans dire que, pour garder un ordinateur en bon état de fonctionnement, il est indispensable de veiller à le protéger au maximum de toutes les "attaques" et autres intrusions susceptibles d'entraîner des défaillances du système ou de violer votre intimité. C'est pourquoi un chapitre entier est dévolu à ces incontournables notions.

5.1 Protection contre les virus

Avant tout, sachez qu'un virus informatique est un petit programme qui a pour vocation de se propager sur les ordinateurs afin d'en infecter les fichiers, et ce pour les endommager, voire les détruire. Certains virus sont tout à fait inoffensifs, d'autres, la plupart, sont extrêmement dangereux et à même de détruire votre disque, la base de registre ou encore de réallouer la FAT.

Le mode de propagation des virus informatiques est assez semblable à celui des virus biologiques. En effet, le virus a avant tout besoin d'un vecteur pour vous infecter (une action qui lui permet de s'infiltrer dans votre système). Le virus utilise l'exécution de son programme hôte pour activer ses propres fonctions, à savoir la reproduction de son code dans un autre programme et l'exécution des éventuelles fonctions de la "maladie". Sachez que tous les virus ont un point commun : ils agissent dans l'ombre de votre disque dur afin que vous ne puissiez rien faire avant que les dégâts n'aient commencé.

Dans la plupart des cas, une fois qu'un virus a infecté un fichier, il contamine les autres fichiers du dossier, puis de l'ordinateur. Dès que vous lancez le fichier en question, le virus s'active. Il existe un autre type de virus qui recherche les dossiers d'un programme puis, une fois ceux-ci infectés, recherche tous les fichiers créés dans cette application afin de les contaminer eux aussi.

Autres dangers

Il existe d'autres importuns, que voici.

Tout d'abord, les chevaux de Troie ! Vous souvenez-vous de l'histoire du cheval de Troie de la mythologie grecque ? La légende indique que les guerriers grecs s'étaient dissimulés dans un gigantesque cheval de bois afin de pouvoir pénétrer dans la ville de Troie et prendre possession de celle-ci. Un cheval de Troie, dans un ordinateur, repose sur le même principe : il ressemble à un "gentil" programme que vous laissez travailler en toute confiance et qui se met rapidement à révéler son vrai visage : sa volonté de détruire votre ordinateur ! Le plus célèbre cheval de Troie est Back Orifice, qui, une fois installé sur votre ordinateur, détruisait les dossiers en faisant des copies et semait une pagaille indescriptible dans l'explorateur.

Ensuite, les vers ! Un ver est un miniprogramme qui se transmet d'ordinateur en ordinateur et qui par la suite va dégrader les performances du réseau car il ne va cesser de se répliquer. Un ver est donc un répliquant ! La différence entre un ver et un virus est que le ver ne peut pas se greffer à un autre programme.

Révélation de la présence d'un virus

Voici une liste non exhaustive de signes laissant supposer la présence d'un virus dans l'ordinateur :

- L'un de vos programmes s'arrête régulièrement, et ce sans raison logique.
- Le système d'exploitation a des sautes d'humeur inexplicables.
- L'espace disque diminue de façon notable, et ce sans aucune raison.
- Certains fichiers contiennent des caractères que vous n'avez pas saisis.
- Certains fichiers ne peuvent plus être copiés, modifiés ou effacés.
- Les périphériques ont des difficultés à fonctionner normalement.
- Les fichiers *.exe* se multiplient.
- Le bureau se modifie tout seul…

Différents types de virus

Plusieurs grandes familles de virus existent ; parmi les plus dangereux, notez :

- Virus classique. Infecte des fichiers exécutables ou s'installe directement sur le disque dur. Ce type de virus s'active à chaque lancement de l'application et a pour caractéristique de se propager dans toutes les applications ouvertes.
- Virus de cluster. Manipule les informations de la FAT et se dissimule dans les secteurs non utilisés du disque dur.
- Virus de boot. Infecte le secteur d'amorçage du disque dur.
- Virus stealth. Manipule les programmes système ainsi que le système de fichiers afin d'effacer toute trace de leur présence.
- Virus Boza. Propre à Windows, infecte les fichiers afin de leur ajouter quelques lignes de code.
- Rétrovirus. Dévastateur car il s'attaque… à l'antivirus !
- Virus à date fixe. Exécute les dommages à une date fixée ou après un certain laps de temps.
- Virus répliquant. Recherche les fichiers afin de les infecter puis les dossiers.
- Virus mémoire. Séjourne dans la mémoire de l'ordinateur afin d'infecter les programmes.
- Macrovirus. Une macro est une miniapplication qui permet à l'utilisateur d'automatiser certaines tâches. Les commandes nécessaires à la réalisation de la macro sont enregistrées en tant que partie du fichier. Ces fichiers peuvent contenir des lignes de commandes qui sont en fait des virus qui, dès l'exécution de la macro, vont se répandre dans l'ordinateur.

Quelques antivirus efficaces

Pour vous protéger contre les virus, vous devez vous procurer et installer un antivirus. Voici quelques antivirus fiables :

- Norton AntiVirus. Module de Norton Internet Security ;
- ThunderByte ;
- VirusScan ;
- F-prot. Un bon antivirus.

Règles à suivre pour limiter les risques

Bien que les antivirus soient parfaitement efficaces, il n'en reste pas moins qu'il est bon de respecter certaines règles quant à la limitation des risques encourus. Les voici :

- Télécharger des fichiers uniquement à partir de sites qui sont sécurisés et sont, s'ils sont français, déclarés à la CNIL.
- Passer systématiquement les disquettes à l'antivirus.
- Ne pas ouvrir de fichier joint reçu par message électronique et dont l'expéditeur vous est inconnu.
- Mettre régulièrement à jour la bibliothèque de virus de Norton AntiVirus.
- Refuser les documents contenant des macros.

Protection contre les virus avec Norton AntiVirus

Dans les pages qui suivent, nous allons vous faire découvrir comment Norton AntiVirus peut vous aider à protéger votre ordinateur. Mais, avant tout, nous allons vous présenter les différents modules que propose Norton Internet Security, dont fait partie intégrante Norton AntiVirus. Ainsi, vous pourrez mesurer en quoi et comment ce logiciel est parfait pour protéger non seulement l'ordinateur mais aussi vos navigations sur le Web, celles de vos enfants ou petits-enfants, la messagerie électronique, les conversations…

Ensuite, vous découvrirez les méthodes pour protéger votre ordinateur avec ce logiciel. Si vous souhaitez obtenir de plus amples renseignements sur ce logiciel, procurez-vous l'ouvrage *Guide Norton Internet Security 2004* édité chez Micro Application (référence 4285).

Les modules de Norton Internet Security

Donc, voici les différents modules proposés et ce qu'ils permettent en termes de protection :

- **Masquage de votre ordinateur avec Norton Personnal Firewall**. Ce module permet de masquer votre ordinateur lorsque vous naviguez sur le Web ou êtes simplement connecté à Internet. Il a un acolyte, Norton

Intrusion Detection, qui permet de "blinder" cette protection car il bloque toutes les connexions à votre ordinateur qui lui semblent douteuses. De plus, ce logiciel permet de garantir aux utilisateurs de portable de se protéger contre toutes les menaces en ligne. Dans les faits, dès lors que l'utilisateur dudit portable connecte son PC à un nouveau réseau, Norton Personnal Firewall paramètre automatiquement le pare-feu comme il convient. Pour finir, vous pouvez paramétrer votre firewall (pare-feu) depuis Internet Explorer.

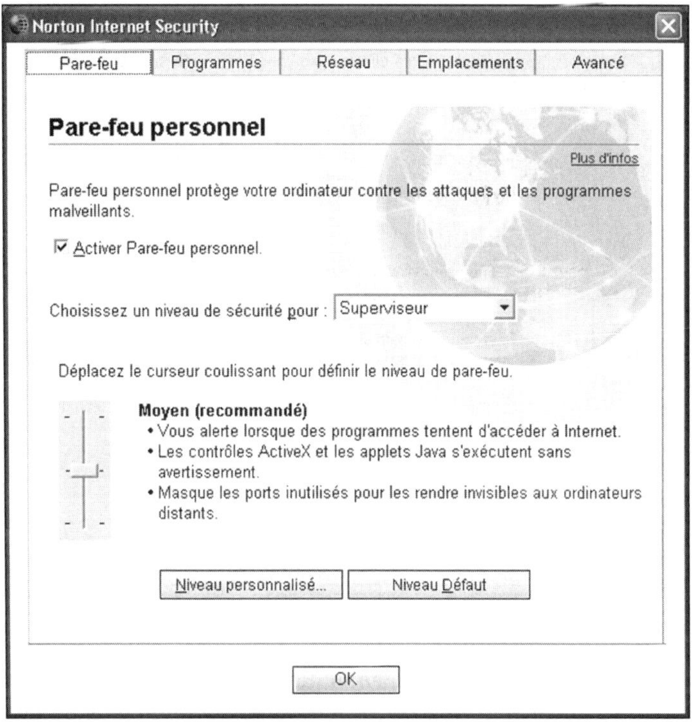

▲ Fig. 5.1 : *Norton Personnal Firewall*

- **Blocage des messages indésirables avec Norton AntiSpam**. Ce module permet de détecter et de filtrer, automatiquement, tous les courriers publicitaires. Ainsi, vous ne serez plus envahi de messages non désirés, qui ont pour inconvénient d'encombrer régulièrement votre messagerie et de vous faire perdre un temps qui nous est à tous précieux. Ce logiciel fonctionne avec tous les programmes de courrier électronique de type POP3 et est automatiquement intégré dans les logiciels de messagerie électronique suivants : Outlook, Outlook Express et Eudora.

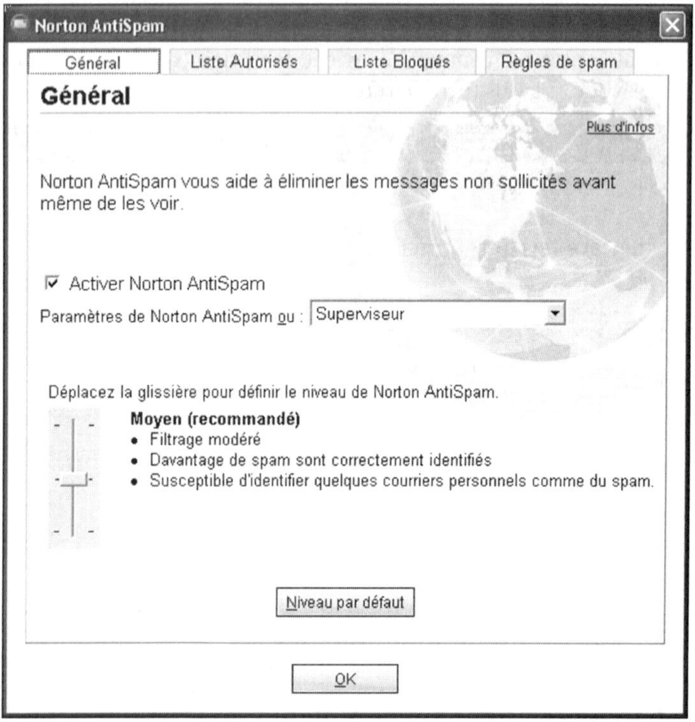

▲ Fig. 5.2 : *Norton AntiSpam*

- **Protection de votre confidentialité avec Norton Privacy Control**. Ce module permet de bloquer l'envoi, à votre insu, de vos informations confidentielles telles que vos coordonnées postales, votre numéro de carte bancaire, etc., et ce que ce soit à partir d'un message électronique, d'une pièce jointe (uniquement les fichiers créés dans la Suite Office de Microsoft) ou encore d'une messagerie instantanée (de type Messenger).

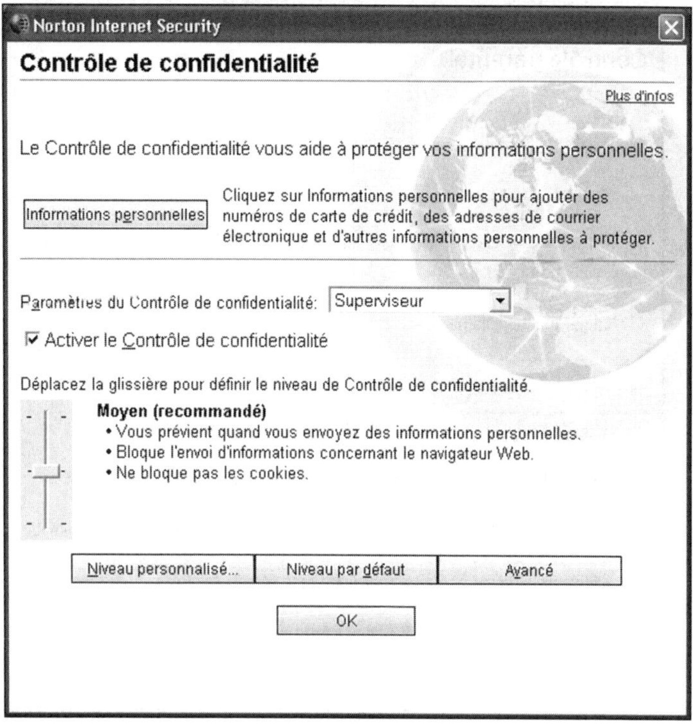

▲ Fig. 5.3 : *Norton Privacy Control*

- **Protection des enfants avec Norton Parental Control**. Ce module permet de vous permettre de définir les paramètres de protection voulus pour vos enfants lors de leurs navigations sur le Web, et ce en fonction de vos desiderata. En effet, vous n'êtes pas sans savoir que le Web est à l'image du monde qui nous entoure : il y a du bon et du mauvais. Reste qu'il n'est pas nécessaire que vos enfants soient confrontés trop tôt au mal en question (site pornographique, apologie de la haine raciale, drogue, alcool, fabrique de bombe, etc.). Avec Norton Parental Control, vous serez ainsi sûr que leurs navigations ne les précipiteront pas dans des méandres plus que boueux…

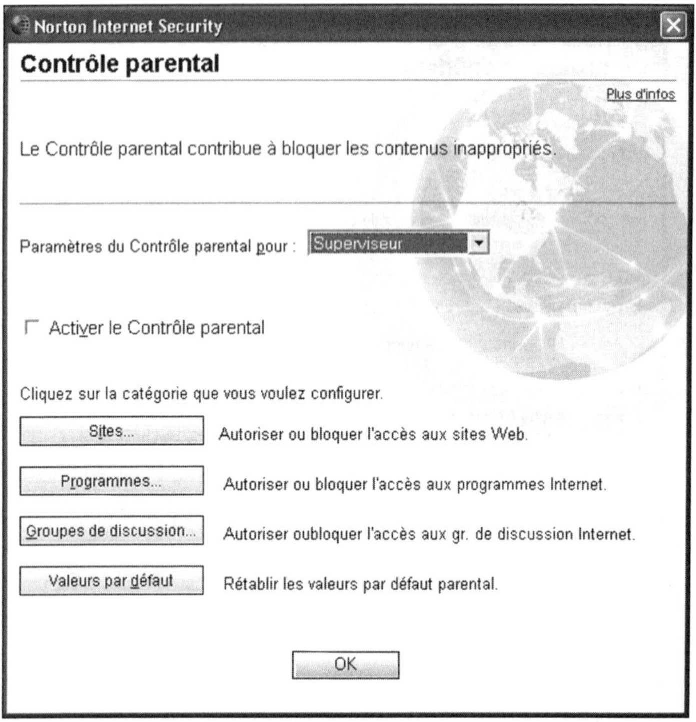

▲ Fig. 5.4 : *Norton Parental Control*

Lancement de Norton AntiVirus

Si vous souhaitez simplement paramétrer, ou encore travailler, avec Norton AntiVirus, inutile de lancer la totalité de la suite, il suffit de démarrer Norton AntiVirus. Pour ce faire :

1. Cliquez sur le bouton **démarrer** puis sélectionnez **Tous les programmes**.
2. Ensuite, recherchez le programme **Norton Internet Security** puis cliquez dessus. Dans le sous-menu qui se déroule, sélectionnez **Norton AntiVirus/Norton AntiVirus**. Norton AntiVirus est lancé.

Découverte de l'interface de Norton AntiVirus

Une fois que Norton AntiVirus est lancé, son interface apparaît. Elle est essentiellement contenue dans la fenêtre d'accueil, qui liste les différents outils de l'antivirus ainsi que leur état actuel (activé ou non). Ceux-ci sont présentés dans le volet central.

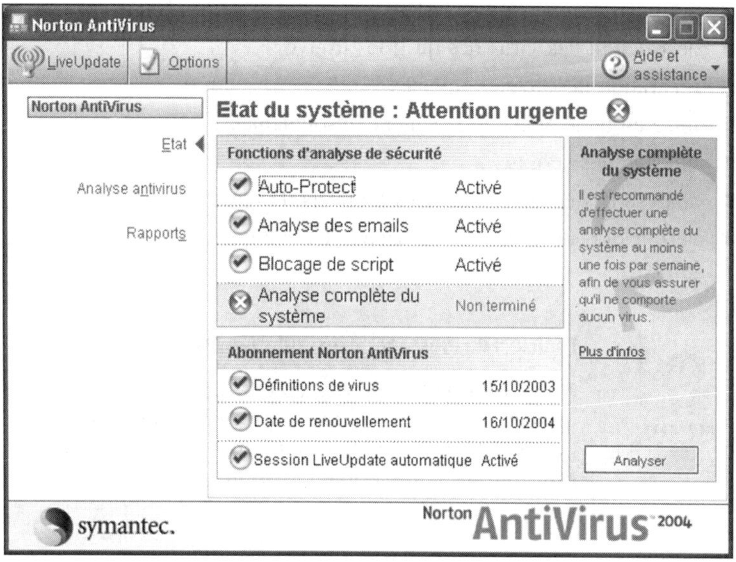

▲ Fig. 5.5 : *Interface de Norton AntiVirus*

Dans la colonne de gauche, un clic sur le bouton **Norton AntiVirus** propose un accès à l'état du logiciel ainsi qu'à l'analyse antivirus et aux rapports.

La colonne de droite, quant à elle, permet d'obtenir une information succincte sur l'état du logiciel sélectionné dans le volet central.

Pour finir, la barre d'outils permet d'accéder à LiveUpDate ainsi qu'aux options de Norton AntiVirus.

Fonctions de Norton AntiVirus pour la protection

Que fait exactement Norton AntiVirus pour vous protéger ? Il réalise différentes vérifications et destructions, comme tous les antivirus, que vous trouverez listées ci-après :

- vérification des dossiers et des fichiers ;
- vérification des fichiers système ;
- destruction des virus dès qu'il les trouve ;
- réparation des fichiers infectés ;
- mise en quarantaine des fichiers "insoignables".
- blocage des scripts ;
- analyse des échanges dans les logiciels de messagerie instantanée ;
- vérification de tous les messages électroniques et de leurs fichiers joints…

REMARQUE

Logiciels de messagerie instantanée pris en charge

Notez que Norton AntiVirus analyse uniquement les logiciels de messagerie instantanée suivants : AOL Instant Messenger, Yahoo! Instant Messenger, MSN Messenger et Windows Messenger.

Modules de Norton AntiVirus

Voici les différents modules de Norton AntiVirus et leurs fonctions :

- **Auto-Protect**. Ce module recherche les virus chaque fois que vous lancez une application, que vous insérez une disquette dans le lecteur de disquettes, que vous placez un CD-Rom dans le lecteur de CD-Rom, que vous vous connectez à Internet et utilisez des fichiers. De plus, il scrute l'ordinateur pour détecter tout signe de présence d'un virus.

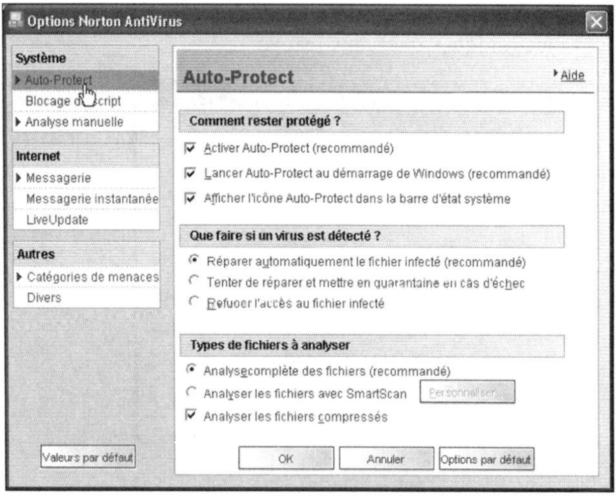

▲ Fig. 5.6 : *Auto-protect*

- **Blocage de script**. Ce module détecte les virus basés sur Visual Basic et JavaScript. Pour ce faire, il surveille les scripts afin de détecter tous comportements suspects et les éradique.

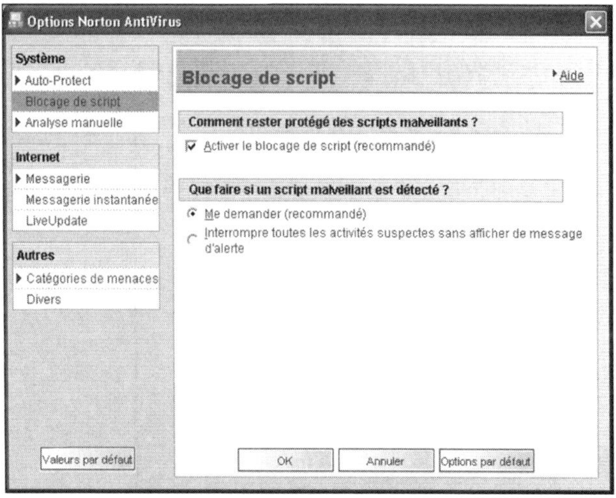

▲ Fig. 5.7 : *Blocage de script*

- **Analyse des emails**. Ce module procède à l'analyse de tous les messages électroniques que vous recevez.

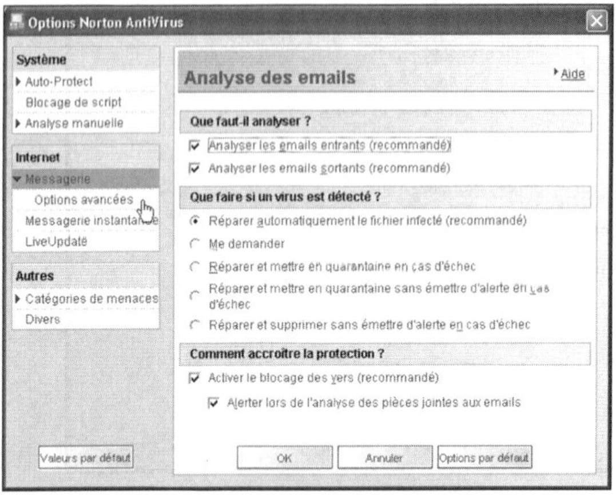

▲ Fig. 5.8 : *Analyse des emails*

- **Analyse complète du système**. Ce module permet de réaliser une analyse de l'ordinateur afin de détecter la présence d'un virus.
- **Définitions de virus**. Ce module permet de lancer la mise à jour de la bibliothèque de virus de Norton AntiVirus.

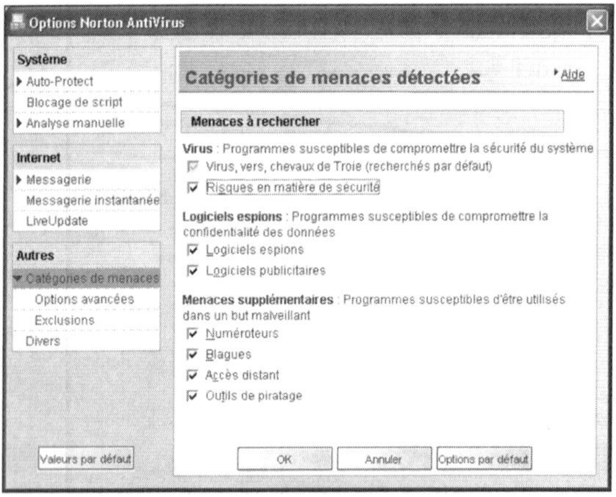

▲ Fig. 5.9 : *Définition de virus*

Recherche d'un virus par analyse du système

Notez qu'il est bon de procéder à cette analyse au moins une fois par mois, voire tous les quinze jours si vous utilisez beaucoup Internet et la messagerie électronique.

Vous devez lancer l'analyse de votre ordinateur, à savoir l'analyse de la totalité des fichiers, dossiers, programmes, etc. à partir de Norton AntiVirus. Une fois lancée, l'analyse dure plusieurs minutes, voire dizaines de minutes si votre disque dur contient beaucoup de données.

Pour ce faire :

1. Lancez Norton Internet Security.
2. Dans la fenêtre, cliquez sur le bouton **Norton AntiVirus** dans le volet gauche.
3. Toujours dans le volet gauche, cliquez sur **Etat**.
4. Dans le volet central, double-cliquez sur **Analyse complète du système**.

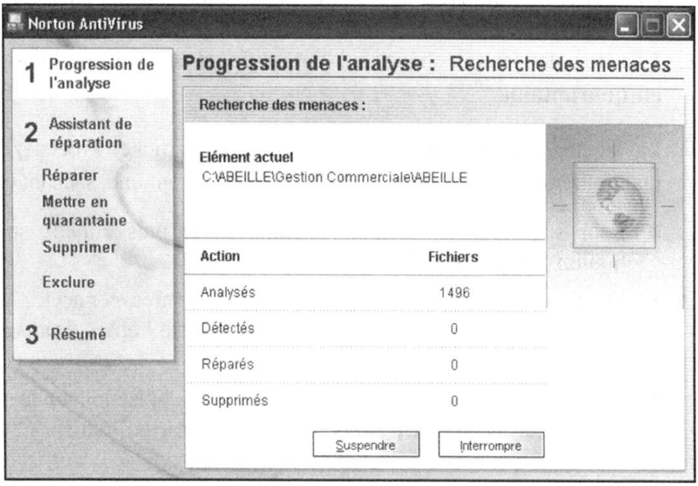

▲ Fig. 5.10 : *Analyse du système*

L'analyse démarre. Elle dure plus ou moins longtemps. Selon que l'analyse a trouvé un fichier infecté ou non, les procédures diffèrent alors quelque peu.

Si aucun virus n'a été trouvé, vous voyez alors apparaître un récapitulatif de l'analyse correspondant à la figure suivante. Vous n'avez qu'à cliquer sur le bouton **Terminé**.

Si vous avez été infecté, vous voyez alors apparaître un récapitulatif de l'analyse qui indique le nombre de fichiers vérolés détectés, ceux ayant été réparés, ceux ayant été mis en quarantaine, ceux supprimés et ceux exclus.

Si tous vos fichiers ont été réparés, vous n'avez rien à faire !

Gestion des fichiers mis en quarantaine

Si le compte rendu de l'analyse spécifie que certains fichiers ont été mis en quarantaine, cela signifie que, n'ayant pu les réparer, Norton AntiVirus les a placés à l'écart. Vous devez alors préciser si vous souhaitez les supprimer ou les envoyer pour analyse et réparation éventuelle sur le site de Symantec. Pour ce faire :

1. Cliquez sur **Rapports** dans le volet gauche de Norton AntiVirus.
2. Dans le volet central, cliquez sur **Voir rapport** en regard de **Eléments en quarantaine**.
3. La fenêtre **Quarantaine Norton Antivirus** s'affiche. Procédez aux manipulations et gestions de fichiers mis en quarantaine, sachant que :
   - Pour supprimer un fichier, sélectionnez-le puis cliquez sur le bouton **Supprimer Elt** dans la barre d'outils.
   - Pour envoyer un fichier en analyse chez Symantec, connectez-vous à Internet puis sélectionnez-le et cliquez sur le bouton **Transmettre Elt** dans la barre d'outils.
   - Pour tenter à nouveau de réparer le fichier, sélectionnez-le puis cliquez sur le bouton **Réparer Elt** dans la barre d'outils.

Si vous avez demandé l'aide de Symantec...

Si vous avez transmis un fichier à Symantec afin qu'il tente de le réparer, vous recevrez rapidement une réponse : soit il aura pu le réparer, soit il vous indiquera une procédure, soit il sera incapable de le réparer et vous devez alors détruire définitivement le fichier.

Pour finir, sachez que, dès lors que Norton AntiVirus a détecté un virus et qu'il l'a détruit alors même que vous n'aviez pas réalisé d'analyse du système, il vous en informe sous la forme d'une boîte de dialogue.

Mise à jour des bibliothèques de virus

Vous savez maintenant, d'une part, que les attaques de virus, de chevaux de Troie et des vers sont très fréquentes dès lors que vous êtes connectés à Internet et, d'autre part, que jour après jour de nouveaux virus et autres vers voient le jour et naviguent sur Internet afin de vous "sauter" dessus !

Or, s'il est exact que Norton AntiVirus est tout à fait efficace en matière de protection, il n'en reste pas moins qu'il est impératif de procéder régulièrement au téléchargement de la mise à jour des bibliothèques de virus, de vers et de chevaux de Troie, afin que les petits nouveaux soient connus par votre logiciel et détruits. Sans une mise à jour régulière, vous courez le risque que les nouveaux virus, n'étant pas connus par le logiciel, réussissent à s'installer sur votre ordinateur.

Par ailleurs, au fur et à mesure des semaines, de nouveaux sites dangereux sont découverts par Symantec, des fonctionnalités sont améliorées, etc. ; grâce à la mise à jour, vous serez au fait de l'actualité.

Maintenant que vous avez compris à quel point la réalisation régulière de mise à jour est importante, voyez comment procéder à celle-ci. Pour ce faire :

1. Commencez par vous connecter à Internet puis lancez Norton Internet Security.
2. Dans la fenêtre qui s'affiche, cliquez sur le bouton **LiveUpDate** dans la barre d'outils.

3. La première étape de l'assistant s'affiche. Vous pouvez éventuellement configurer la mise à jour en cliquant sur le bouton **Configurer**. Dans la boîte de dialogue qui s'affiche alors, vous pouvez choisir une mise à jour en **Mode express** (toutes les mises à jour sont téléchargées) ou en **Mode interactif** (choix des mises à jour à télécharger), le mode d'utilisation du protocole FTP, du protocole HTTP et ISP. Cliquez sur le bouton **Suivant**.

▲ Fig. 5.11 : *Mise à jour de la bibliothèque de virus*

4. La recherche de la mise à jour est lancée. Une barre de progression vous indique l'avancée de celle-ci. Lorsqu'elle est terminée, la ou les mises à jour trouvées sont listées. Cliquez sur le bouton **Suivant** pour la télécharger.

5. Le téléchargement commence et peut durer plusieurs minutes. Le téléchargement terminé, Norton Internet Security procède automatiquement à l'installation du ou des fichiers téléchargés.

6. Cliquez sur le bouton **Terminer** lorsque l'installation est finie.

5.2 Protection du partage de l'ordinateur avec les comptes utilisateur

Au cours du chapitre *Prise en main et personnalisation de Windows*, nous avons abordé la notion de compte utilisateur. Vous allez maintenant voir comment en créer, les gérer et en quoi ils sont une garantie à la protection de votre intimité et de votre espace de travail.

Principes et différents types

Lorsque vous avez lancé Windows pour la première fois, vous avez créé un compte utilisateur en précisant votre nom et votre mot de passe. Il est fort probable que, si vous êtes plusieurs à utiliser l'ordinateur, vous ayez créé d'autres profils utilisateur au cours de ce premier lancement.

Sachez que c'est le compte utilisateur qui permet que plusieurs personnes utilisent le même PC et retrouvent, à chaque session, leurs paramètres personnels. Le compte utilisateur est donc le seul outil qui permet de partager un ordinateur sans risquer que tout un chacun lise vos fichiers, travaille avec vos programmes ou encore visualise votre carnet d'adresses.

Nous vous rappelons que, pour choisir le bon compte utilisateur au lancement de Windows, il suffit de cliquer dessus puis de saisir éventuellement le mot de passe qui lui correspond.

Différents types sont proposés :

- **Administrateur**. Permet de gérer le système, d'installer des programmes et d'accéder à tous les fichiers partagés. Il peut aussi créer et supprimer des comptes utilisateur, les mots de passe, le réseau, etc.
- **Limité**. Permet de modifier les paramètres de son compte utilisateur, de travailler avec les programmes de celui-ci.
- **Invité**. Ce compte est destiné aux utilisateurs qui ne possèdent pas de compte sur l'ordinateur mais veulent utiliser un programme partagé.

Création de compte utilisateur

Vous pouvez créer autant de comptes utilisateur que vous le souhaitez. Voyez comment procéder passé le premier lancement de Windows.

Pour créer un compte utilisateur :

1. Cliquez sur le bouton **démarrer** puis sélectionnez **Panneau de configuration**.
2. Dans la fenêtre **Panneau de configuration** qui s'affiche, cliquez sur **Comptes d'utilisateur**. Les différents utilisateurs déjà créés sont listés dans le bas de la fenêtre.
3. Cliquez sur **Créer un nouveau compte**.
4. Nommez le compte puis cliquez sur le bouton **Suivant**.
5. Choisissez le type du compte puis cliquez sur **Créer un compte**.
6. Cliquez sur le bouton système **Fermer** dans les deux fenêtres consécutives.

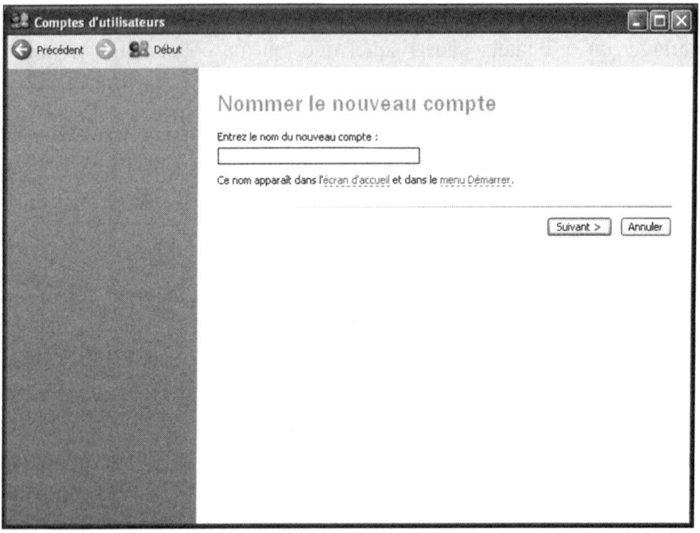

▲ Fig. 5.12 : *Création d'un compte utilisateur*

Changement du type de compte utilisateur

Par la suite, vous pouvez parfaitement modifier le type d'un compte utilisateur. Pour ce faire :

1. Cliquez sur le bouton **démarrer** puis sélectionnez **Panneau de configuration**.
2. Dans la fenêtre **Panneau de configuration** qui s'affiche, cliquez sur **Comptes d'utilisateur**. Les différents utilisateurs déjà créés sont listés dans le bas de la fenêtre.
3. Cliquez sur le compte à modifier puis sur **Changer mon type de compte**.
4. Cliquez sur le nouveau type puis sur **Modifier le type de compte**.

Suppression et désactivation d'un compte utilisateur

Si vous avez créé un compte utilisateur superflu ou bien que vous souhaitiez désactiver un compte d'invité, vous devez réaliser les étapes de la procédure qui suit. Pour supprimer/désactiver un compte utilisateur :

1. Cliquez sur le bouton **démarrer** puis sélectionnez **Panneau de configuration**.
2. Dans la fenêtre **Panneau de configuration** qui s'affiche, cliquez sur **Comptes d'utilisateur**. Les différents utilisateurs déjà créés sont listés dans le bas de la fenêtre.
3. Cliquez sur le compte concerné puis sur **Supprimer le compte** ou sur **Désactiver le compte invité**.

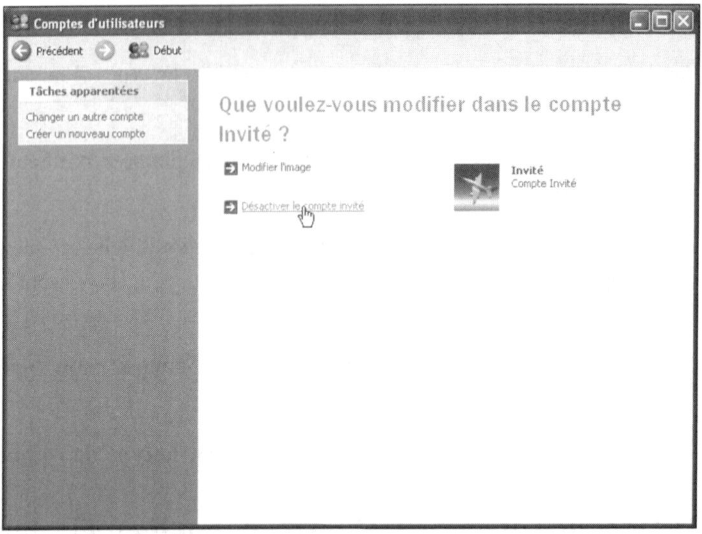

▲ Fig. 5.13 : *Désactivation du compte Invité*

Personnalisation d'un compte utilisateur

Vous pouvez, à loisir, modifier le nom d'un compte utilisateur, son mot de passe ou encore lui adjoindre une photographie qui permettra de l'identifier rapidement. Pour personnaliser un compte utilisateur :

1. Cliquez sur le bouton **démarrer** puis sélectionnez **Panneau de configuration**.
2. Dans la fenêtre **Panneau de configuration** qui s'affiche, cliquez sur **Comptes d'utilisateur**. Les différents utilisateurs déjà créés sont listés dans le bas de la fenêtre.
3. Cliquez sur le compte concerné puis sur l'option de personnalisation voulue, soit :
   - *Changer le nom pour renommer le profil* ;
   - *Changer mon mot de passe pour définir un autre mot de passe* ;
   - *Modifier l'image pour changer l'image du profil.*

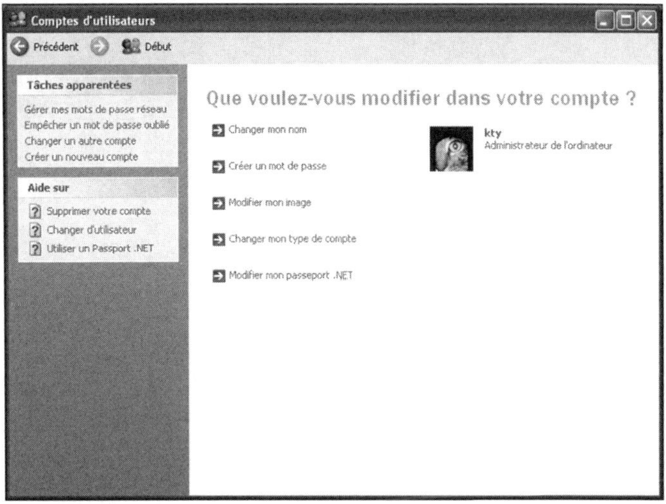

▲ Fig. 5.14 : *Personnalisation d'un compte utilisateur*

5.3 Définition des options de partage

RENVOI

Reportez-vous au chapitre *Installation et gestion d'un mini-réseau* pour voir comment définir les options de partage des fichiers, des dossiers, d'une imprimante.

chapitre 6

Amélioration des performances du système

Si vous avez suivi religieusement les chapitres de cet ouvrage depuis le début, vous savez désormais pas mal de choses en ce qui concerne Windows, son fonctionnement, sa personnalisation, sa sécurisation, etc.

Il est donc temps de vous occuper quelque peu du système en lui-même et de son indétrônable acolyte : le disque dur. C'est ce à quoi ce chapitre est consacré. Alors, sans plus attendre, voyez comment procéder pour garantir que votre Windows fonctionne au maximum de sa puissance.

6.1 Surveillance des performances

À partir de l'onglet **Performances**, il est possible de visualiser celles de l'ordinateur. Afin de visualiser des performances, vous disposez de quatre graphiques et de tableaux. Chacun de ces éléments permet de détailler les performances, comme vous allez le découvrir dans cette rubrique. Pour visualiser les performances de l'ordinateur :

1. Commencez par appuyer sur les touches Ctrl+Alt+Suppr.
2. La boîte de dialogue **Gestionnaire de tâches** s'affiche. Cliquez sur l'onglet **Performances**.

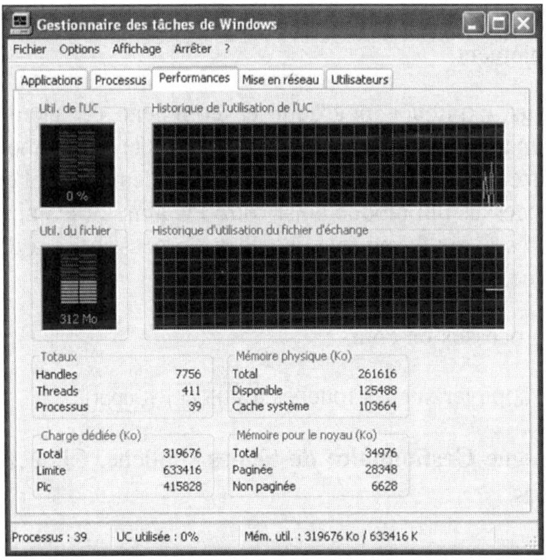

▲ Fig. 6.1 : *Onglet Performances de la boîte de dialogue Gestionnaire de tâches*

3. Visualisez les informations sachant que :

   - le graphique *Util. de l'UC* permet de visualiser le pourcentage de capacité de traitement du microprocesseur ;
   - le graphique *Util. du fichier* permet de visualiser la quantité de mémoire virtuelle que le système a mis en réserve ;
   - le graphique *Historique de l'utilisation de l'UC* permet de visualiser l'évolution de la capacité de traitement ;
   - le graphique *Historique d'utilisation du fichier d'échange* permet de visualiser l'évolution de la mémoire virtuelle.

4. Si vous souhaitez mettre les données à jour plus fréquemment, à savoir deux fois par seconde au lieu de toutes les deux secondes, sélectionnez **Fréquence d'actualisation/Haute** dans le menu **Affichage**.

6.2 Allégement du processeur

Dans la plupart des cas, vous n'avez pas à vous soucier du microprocesseur, qui se débrouille fort bien tout seul pour faire son travail. Cependant, il arrive parfois que, parce qu'il est beaucoup trop sollicité, le microprocesseur se mette à avoir des ratés et que l'ordinateur, du même coup, se ralentisse très sensiblement.

Nous pourrions vous expliquer pourquoi et comment ce genre de problème survient, mais cela ne réglerait pas du tout le problème. En revanche, vous montrer comment faire pour savoir rapidement quel est le programme ou le processus qui bloque ainsi votre PC afin, à l'avenir, d'y recourir une fois après avoir fermé tous les autres processus sera d'une aide bien plus efficace.

Pour visualiser les processus en cours :

1. Commencez par appuyer sur les touches Ctrl+Alt+Suppr.

2. La boîte de dialogue **Gestionnaire de tâches** s'affiche. Cliquez sur l'onglet **Processus**.

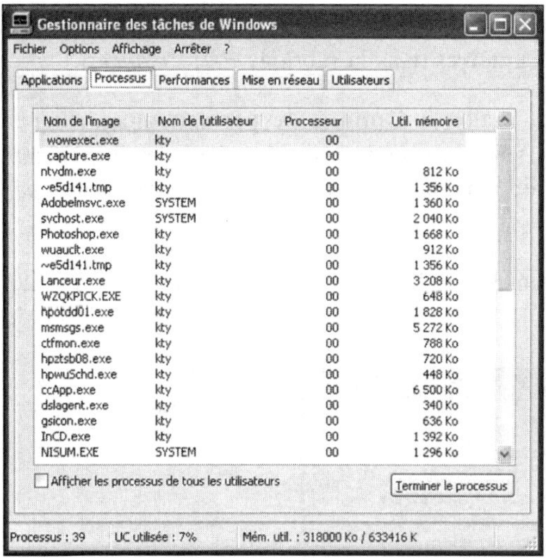

▲ Fig. 6.2 : *Onglet Processus de la boîte de dialogue Gestionnaire de tâches*

3. Dans cet onglet, les différents programmes et autres utilitaires en cours d'exécution sont listés. Pour visualiser celui d'un programme précis, cliquez dessus dans la liste puis regardez la colonne *Processus*. Sachant que la valeur totale de tous les processus accumulés est équivalente à 100, analysez le chiffre affiché. Si vous vous rendez compte que celle-ci est très élevée, vous devrez, la prochaine fois que vous utiliserez ce programme, veiller à fermer tous les autres processus avant de l'émuler.

Suppression de tâches

Afin d'alléger le processeur, vous pouvez supprimer certaines tâches et autres effets visuels comme indiqué ci-après. Pour ce faire :

1. Cliquez sur le bouton **démarrer** puis sélectionnez **Panneau de configuration**.

2. Dans celui-ci, cliquez sur **Performances et maintenance**.

3. Dans la fenêtre qui s'affiche alors, cliquez sur **Système**.

4. Dans la boîte de dialogue **Système**, cliquez sur l'onglet **Avancé** puis sur le bouton **Paramètres** dans la rubrique *Performances*.

5. Dans la boîte de dialogue **Options de performances**, cliquez au besoin sur l'onglet **Effets visuels** puis désactivez certaines tâches ou encore activez l'option *Ajuster afin d'obtenir les meilleures performances*.

6. Validez en cliquant sur le bouton OK dans les différentes boîtes de dialogue.

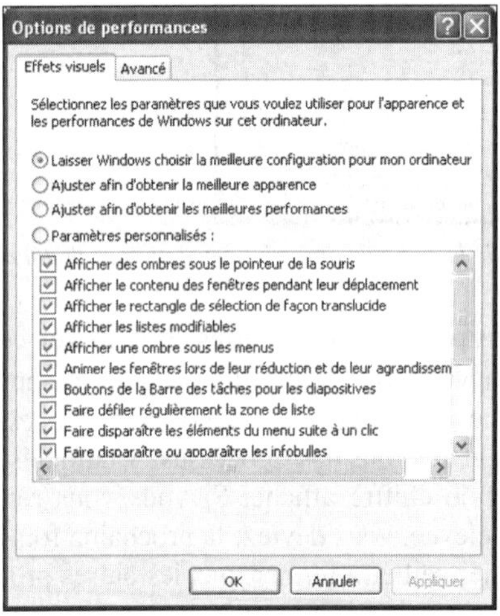

Fig. 6.3 : *Suppression de tâches superflues*

6.3 Pour une bonne gestion de la mémoire

Vous savez sans doute que, lorsque votre ordinateur n'a pas beaucoup de mémoire RAM et qu'il a besoin de davantage de mémoire pour travailler, Windows recourt à l'espace disque pour pallier ce manque de mémoire RAM du système. C'est ce à quoi correspond la mémoire virtuelle, appelée aussi fichier d'échange. Par défaut, la taille du fichier d'échange de la mémoire virtuelle est une fois et demie supérieure à la capacité de mémoire vive de votre ordinateur. Il vous est possible d'optimiser la mémoire virtuelle, comme vous allez le voir dans cette rubrique.

Avant de découvrir cette procédure, sachez que, si vous utilisez plusieurs disques durs, vous obtiendrez de meilleurs résultats en partageant l'espace de votre mémoire virtuelle entre ceux-ci. De plus, nous vous conseillons de placer le fichier d'échange sur un autre lecteur que celui qui contient les fichiers système et de ne pas créer plusieurs fichiers d'échange sur les différentes partitions d'un disque dur.

Optimisation de la mémoire virtuelle

Voici comment procéder pour optimiser la mémoire virtuelle :

1. Cliquez sur le bouton **démarrer** puis sélectionnez **Panneau de configuration**.
2. Dans celui-ci, cliquez sur **Performances et maintenance**.
3. Dans la fenêtre qui s'affiche alors, cliquez sur **Système**.
4. Dans la boîte de dialogue **Système**, cliquez sur l'onglet **Avancé** puis sur le bouton **Paramètres** dans la rubrique *Performances*.
5. Dans la boîte de dialogue **Options de performances**, cliquez sur l'onglet **Avancé** puis sur le bouton **Modifier** dans la rubrique *Mémoire virtuelle*.
6. Dans la boîte de dialogue **Mémoire virtuelle** qui s'affiche, consultez les paramètres actuels de la mémoire virtuelle. Ensuite, sélectionnez éventuellement le lecteur puis définissez les options voulues sachant que :
   - *Taille personnalisée* permet de préciser la valeur de départ du fichier d'échange dans l'option *Taille initiale* puis la taille optimale voulue (inférieure impérativement à 4 Go) dans l'option *Taille maximale*.
   - *Taille gérée par le système* permet de préciser à Windows qu'il doit gérer dynamiquement la taille de la mémoire virtuelle.
   - *Aucun fichier d'échange* permet de n'activer aucune mémoire virtuelle.
7. Validez en cliquant sur le bouton OK dans les différentes boîtes de dialogue.

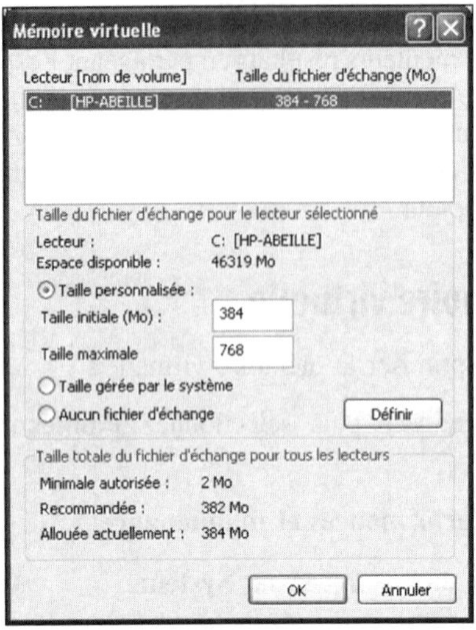

◄ Fig. 6.4 : *Définition de la capacité de la mémoire virtuelle*

6.4 Perfectionnement du système

Vous allez maintenant voir que quelques fonctionnalités de Windows XP permettent d'améliorer les paramètres des performances afin qu'elles s'adaptent parfaitement à vos besoins. Ces différentes options sont accessibles à partir de la boîte de dialogue **Options de performances**, que vous venez de découvrir dans la rubrique précédente.

Pour parfaire le système :

1. Cliquez sur le bouton **démarrer** puis sélectionnez **Panneau de configuration**.
2. Dans celui-ci, cliquez sur **Performances et maintenance**.
3. Dans la fenêtre qui s'affiche alors, cliquez sur **Système**.
4. Dans la boîte de dialogue **Système**, cliquez sur l'onglet **Avancé** puis sur le bouton **Paramètres** dans la rubrique *Performances*.
5. Dans la boîte de dialogue **Options de performances**, cliquez sur l'onglet **Avancé**.

6. Dans la rubrique *Performances des applications*, c'est l'option *Les programmes* qui est active par défaut. Si vous souhaitez optimiser le traitement du multitâche, activez l'option *Les services d'arrière-plan.*

7. Dans la rubrique *Performances de la mémoire*, c'est l'option *Les programmes* qui est active par défaut. Si vous souhaitez optimiser le cache afin d'optimiser l'utilisation des programmes nécessitant beaucoup de mémoire physique, activez l'option *Le cache système.*

8. Cliquez sur le bouton OK pour valider.

◄ Fig. 6.5 : *Définissez les performances de la mémoire et le cache système*

6.5 Gestion et organisation des disques durs

S'il est exact que Windows XP est un système d'exploitation fiable et performant, il n'en reste pas moins que la capacité de stockage de l'ordinateur est uniquement dépendante de la capacité du disque dur. Plus celui-ci sera volumineux, plus vous pourrez exploiter les possibilités multimédias et numériques que permet Windows. C'est pourquoi le disque dur est un élément extrêmement important de la fonction d'un ordinateur et qu'il est important de prendre soin de lui. C'est ce à quoi cette section est dédiée.

Visualisation des disques durs

Pour commencer, voici une méthode rapide pour consulter le ou les disques durs de votre système d'exploitation. Pour ce faire :

1. Cliquez sur le bouton **démarrer** puis cliquez du bouton droit sur **Poste de travail**.
2. Sélectionnez **Gérer** dans le menu contextuel qui s'affiche. Dans la fenêtre **Gestion de l'ordinateur** qui s'affiche, cliquez sur **Stockage/ Gestion des disques** dans le volet gauche. Dès lors, le volet central fournit la liste du ou des disques présents sur l'ordinateur. Le type, le système de fichiers, le statut, etc. des disques durs sont décrits dans les différentes colonnes.

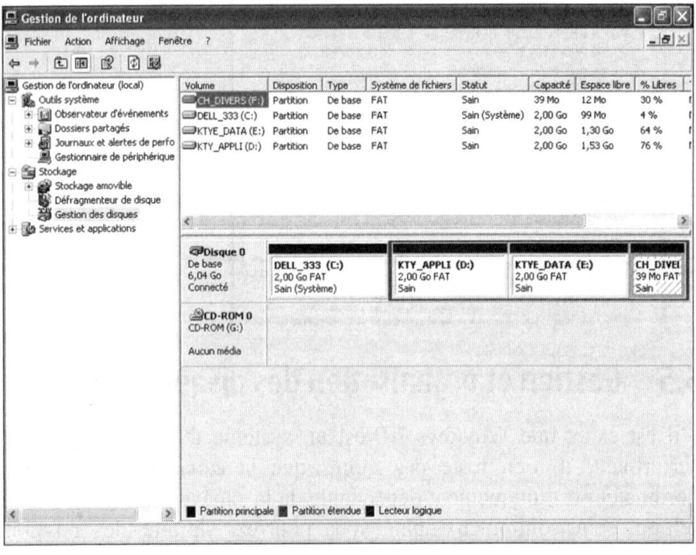

▲ Fig. 6.6 : *Gestion du disque dur*

Les systèmes de fichiers

Le système de fichiers est la structure au sein de laquelle les fichiers sont nommés, stockés et organisés. Windows prend en charge deux principaux systèmes de fichiers : FAT32 et NTFS. Vous pouvez choisir le système de fichiers quand vous installez Windows, lorsque vous formatez un disque dur ou lorsque vous installez un nouveau disque dur.

Pour choisir le système de fichiers qui vous convient le mieux, vous devez connaître les différences entre les systèmes car le changement d'un système de fichiers prend beaucoup de temps, et il serait dommage de perdre inutilement votre temps.

Le format FAT32 est celui qui était utilisé dans les versions antérieures de Windows ; il a pour caractéristiques d'autoriser le multiboot, de permettre un accès aux fichiers de l'ordinateur par toutes les personnes autorisées, d'être plus lent que l'autre format pour récupérer le système à la suite d'erreurs et d'autoriser uniquement des partitions de 32 Go.

Le format NTFS permet de restreindre l'accès aux fichiers et aux dossiers, de récupérer plus vite le système après des erreurs, d'autoriser le stockage sur différents lecteurs sans avoir à partitionner, à restaurer ou à reformater et de créer des partitions allant jusqu'à 16 tétraoctets.

Conversion d'un disque FAT32 en NTFS

Pour ce faire, vous devez utiliser l'invite de commandes de Windows comme indiqué ci-dessous :

1. Cliquez sur le bouton **démarrer** puis sélectionnez **Tous les programmes/Accessoires/Invite de commande**.
2. La fenêtre d'invite de commandes s'affiche. Saisissez `Convert c : /fs :ntfs` ou c est la lettre du disque dur à convertir. Appuyez sur la touche [Entrée].

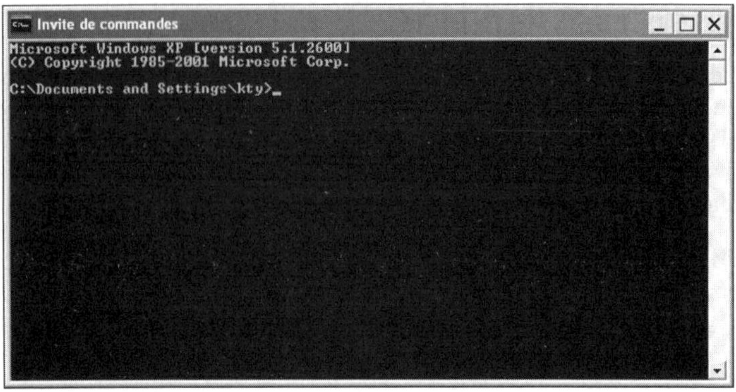

▲ Fig. 6.7 : *L'invite de commandes*

Création de partition

La partition permet de diviser en parties distinctes un seul et même disque dur afin de permettre de travailler sur une partie du disque sans utiliser les autres. L'intérêt ? Prenons un exemple précis. Vous partitionnez votre disque dur en trois partitions : l'une pour le système en lui-même, l'autre pour les programmes et la dernière pour stocker les fichiers que vous créez. Pour des raisons indépendantes de votre volonté, vous "attrapez" un virus sur la partition des fichiers. Il est évident que vous devrez supprimer le virus sur ladite partition et que vous aurez peut-être perdu des fichiers, mais que se serait-il passé si vous n'aviez pas partitionné votre disque ? Vous auriez perdu des fichiers, peut-être des applications et pourquoi pas annihilé votre système d'exploitation. L'intérêt de la partition est donc de limiter les dégâts possibles et de distinguer le système, les fichiers et les applications. De plus, vous gagnerez en rapidité de travail.

Pour créer une partition :

1. Cliquez sur le bouton **démarrer** puis cliquez du bouton droit sur **Poste de travail**.

2. Sélectionnez **Gérer** dans le menu contextuel qui s'affiche.

3. Dans la fenêtre **Gestion de l'ordinateur** qui s'affiche, cliquez du bouton droit sur une partie non allouée du disque dur et choisissez **Créer un nouveau lecteur logique** dans le menu contextuel.
4. L'assistant **Création d'une nouvelle partition** s'affiche ; cliquez sur le bouton **Suivant**.
5. Sélectionnez l'option voulue pour le type de la partition (étendue ou principale) puis cliquez sur le bouton **Suivant**.
6. Si vous avez choisi une partition principale, cliquez sur le bouton **Terminer**. Sinon définissez la quantité de l'espace alloué à la partition et cliquez sur le bouton **Suivant**.
7. Ensuite, choisissez la lettre pour la partition et cliquez sur le bouton **Suivant**.
8. Vous devez maintenant formater la partition. Pour ce faire, choisissez le système de fichiers, la taille d'unité d'allocation et le nom de volume. C'est fini !

Nettoyage du disque dur

Afin de libérer de l'espace sur le disque dur, recourez à la fonction de nettoyage de disque. Celle-ci recherche sur le disque dur les fichiers temporaires, de cache Internet et les fichiers programmes inutilisés puis les supprime.

Pour réaliser le nettoyage du disque dur :

- Cliquez sur le bouton **démarrer** puis sélectionnez **Tous les programmes/Accessoires/Outils système/Nettoyage du disque**. L'analyse du disque est réalisée. Au bout de quelques minutes ou secondes, une boîte de dialogue s'affiche, qui indique le résultat de sa recherche. Activez les options des éléments que vous souhaitez supprimer puis cliquez sur le bouton OK pour démarrer la suppression des éléments activés.
- Ou cliquez sur le bouton **démarrer** puis sélectionnez **Exécuter**. Dans la boîte de dialogue qui s'affiche, saisissez `cleanmgr` et cliquez sur le bouton OK.

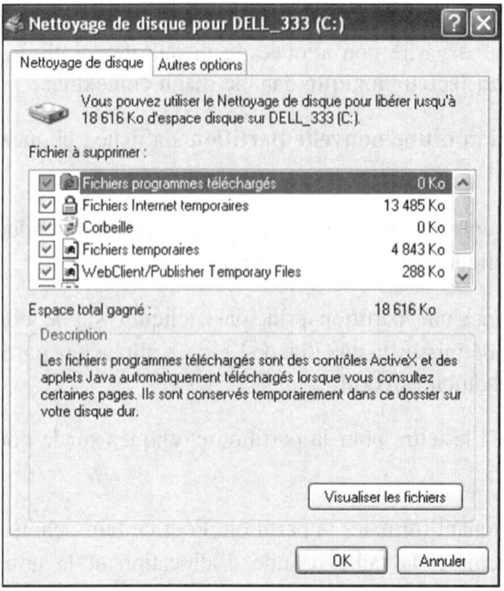

Fig. 6.8 : *Nettoyage du disque dur*

Défragmentation du disque dur

Savez-vous que, chaque fois que vous ouvrez un fichier pour le modifier puis que vous l'enregistrez à nouveau, celui-ci est placé sur le support de données aux endroits où le système trouve de l'espace, et ce de façon aléatoire. À la longue, ce type de stockage pose un problème car, au bout de quelque temps, le fichier est non plus enregistré en un seul morceau, mais morcelé en plusieurs éléments répartis sur une portion plus ou moins grande du disque dur. Sans être source d'erreurs, ce processus de stockage a pour conséquence de ralentir le système.

La solution pour remédier à ce problème afin que chaque fichier soit stocké en un seul morceau est de défragmenter. Pour lancer une défragmentation du disque dur :

1. Cliquez sur le bouton **démarrer** puis sélectionnez **Tous les programmes/Accessoires/Outils système/Défragmenteur de disque**.

2. La boîte de dialogue **Défragmenteur de disque** s'affiche. Sélectionnez le lecteur sur lequel doit être réalisée la défragmentation. Ensuite, afin de visualiser l'état de fragmentation du disque, cliquez sur le bouton **Analyser**.

3. Au bout de quelques secondes, le résultat de l'analyse apparaît. Cliquez sur le bouton **Afficher le rapport** afin de visualiser celui-ci. Lisez-le dans la boîte de dialogue qui s'est affichée puis cliquez sur le bouton **Fermer**.

4. Ensuite, visualisez l'état du disque dur dans la zone *Espace occupé sur le disque avant la défragmentation*. Cliquez sur le bouton **Défragmenter**.

5. Vous voyez l'évolution de la défragmentation, qui peut durer plusieurs minutes, voire dizaines de minutes. Lorsqu'elle est terminée, cliquez sur le bouton **Fermer**.

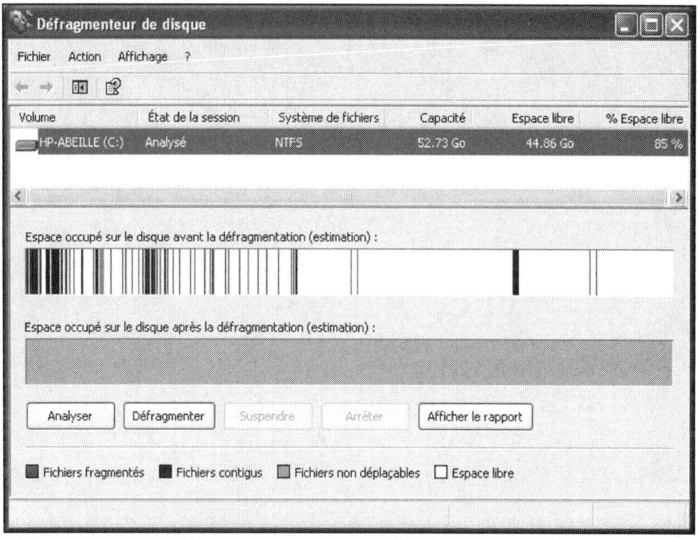

▲ Fig. 6.9 : *Défragmentation du disque dur*

chapitre 7

Installation et gestion d'un miniréseau

Au fur et à mesure des années qui passent et ce faisant du nombre de plus en plus important d'ordinateurs domestiques présents chez les particuliers, une notion qui était auparavant réservée aux seuls professionnels se fait jour chez tout un chacun : l'installation d'un réseau.

Bien évidemment, si vous disposez d'un seul et unique PC, cette notion ne vous concerne pas. En revanche, si comme de plus en plus de gens vous bénéficiez de deux ordinateurs, voire plus, à votre domicile ou dans votre petite entreprise (qui ne connaît pas la crise !), il serait bon que vous procédiez à l'installation d'un réseau, ce qui permettra de relier ces différents ordinateurs et de bénéficier ainsi d'une plus grande puissance et d'une meilleure gestion du partage des informations. En effet, les temps sont révolus où vous deviez errer d'un PC à l'autre, la disquette à la main, pour placer sur le petit nouveau les données contenues dans l'ordinateur anciennement acheté. Maintenant, et ce grâce au réseau, quelques clics suffisent.

Ce sont donc les procédures d'installation et de gestion d'un réseau que vous allez étudier dans ce chapitre ainsi que la définition des modalités de partage d'un ordinateur (fichier, dossier, imprimante, connexion à Internet, etc.).

7.1 Les grandes lignes de la création d'un réseau

Tout d'abord, il est indispensable que vous sachiez que les procédures d'installation et d'émulation d'un réseau avec Windows XP ont été très nettement améliorées par rapport aux versions précédentes et qu'elles sont désormais d'une simplicité et d'une convivialité optimales.

REMARQUE

La version de Windows n'a pas d'importance

Si vous ne bénéficiez pas de la même version de Windows sur chacun des ordinateurs à relier entre eux, ne foncez pas chez votre revendeur pour acheter une mise à jour de Windows afin de l'installer sur chacun des ordinateurs. La création d'un réseau est possible entre des ordinateurs n'utilisant pas la même version de Windows.

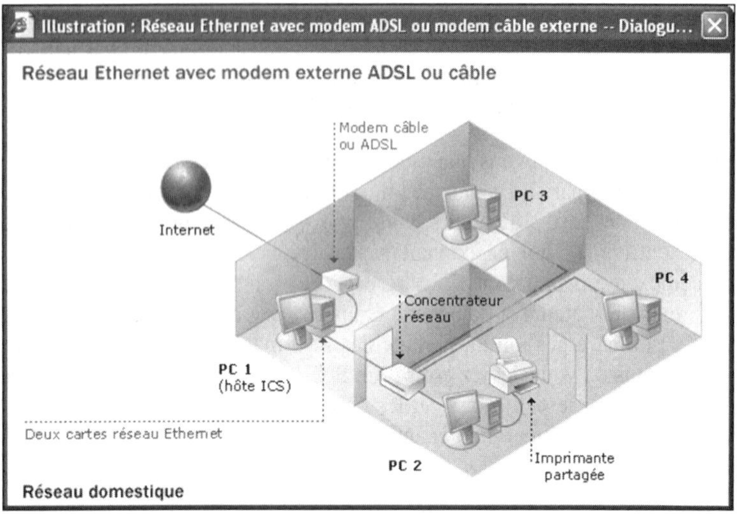

▲ Fig. 7.1 : *Principe d'un réseau domestique*

Ensuite, une certaine logique dans la réalisation des procédures doit être impérativement suivie sous peine de perdition. Vous trouverez donc ci-après la liste des étapes à suivre pour installer un réseau :

- acquérir une carte réseau pour chacun des ordinateurs devant faire partie du réseau ;
- se procurer un concentrateur (*hub*) ou un commutateur (*switch*) ;
- acheter les câbles pour relier les ordinateurs ;
- installer les différents matériels et procéder aux branchements et autres raccordements ;
- réaliser les connexions entre les ordinateurs ;
- procéder à la configuration du réseau en lui-même.

ASTUCE

Se passer d'un concentrateur

Si vous souhaitez relier uniquement deux ordinateurs, vous pouvez remplacer le concentrateur par un câble croisé.

7.2 Acquisition et installation d'une carte réseau

Les cartes réseau sont des périphériques qui doivent être installés dans chacun des ordinateurs qui feront partie du réseau. Vous avez le choix, en terme de catégories, entre deux cartes réseau : les cartes réseau internes, qui nécessitent d'être installées dans l'ordinateur, et les cartes réseau externes, qui sont reliées à l'ordinateur par un branchement sur l'un des ports USB. Il va sans dire que c'est la seconde catégorie qui est la plus pratique à installer.

Notez que, pour installer une carte réseau interne, vous devez ouvrir l'unité centrale puis brancher la carte réseau sur le connecteur d'extension.

Installation d'une carte réseau

Comme nous venons de vous l'indiquer, vous devez commencer par brancher la carte réseau sur un port USB ou par l'installer dans l'unité centrale, selon la catégorie que vous avez choisie, et ce sur chacun des ordinateurs du réseau.

Ensuite, sachez que, dans la plupart des cas, le *plug and play* étant ce qu'il est, à savoir très au point depuis quelques années, il suffira que vous relanciez les différents ordinateurs pour qu'automatiquement votre Windows charge les pilotes nécessaires à l'utilisation de la carte réseau. Si ce n'est pas le cas, installez les pilotes comme indiqué dans le chapitre *Les programmes*. Notez qu'il est préférable de redémarrer les ordinateurs uniquement une fois que vous avez réalisé les branchements comme indiqué ci-après.

Visualisation des propriétés de la carte réseau

Si vous le souhaitez, vous pouvez visualiser les propriétés de la carte réseau que vous venez d'installer et éventuellement régler les problèmes en ouvrant la boîte de dialogue **Propriétés** de la carte réseau. Pour ce faire :

1. Cliquez sur le bouton **démarrer** puis sélectionnez **Poste de travail**.
2. Dans la fenêtre qui s'affiche alors, cliquez sur **Afficher les informations système** dans le volet gauche.

3. Dans la boîte de dialogue qui apparaît, cliquez successivement sur l'onglet **Matériel** puis sur le bouton **Gestionnaire de périphériques**.

4. Dans celui-ci, cliquez sur le symbole + en regard de *Cartes réseaux* puis double-cliquez sur la carte réseau concernée.

5. La boîte de dialogue **Propriétés** s'affiche. Naviguez dans les différents onglets et procédez éventuellement aux réglages voulus. Cliquez sur le bouton OK pour valider.

▲ Fig. 7.2 : *Propriétés d'une carte réseau Fast Ethernet PCI*

7.3 Réalisation des branchements

Maintenant que vous avez installé les cartes réseau, vous devez procéder aux différents branchements. Commencez par vous munir des câbles adéquats, puis reliez chaque câble à partir de sa carte réseau au concentrateur (*hub*).

7.4 Création et gestion des connexions au réseau

Maintenant que vous avez installé le matériel et les câbles, vous allez pouvoir procéder à la création de la connexion entre les ordinateurs afin que le réseau fonctionne.

Nous avons délibérément choisi de vous décrire ces procédures en ayant recours à l'assistant proposé par Windows. En effet, s'il est exact que les étapes ne sont pas très complexes à suivre, il n'en reste pas moins que l'assistant permet de simplifier au maximum celles-ci. Pourquoi faire compliqué lorsque l'on peut faire simple ?

Les étapes à suivre pour configurer la connexion au réseau sont les suivantes, sachant que vous devez réaliser celles-ci à partir de chacun des ordinateurs qui doit faire partie du réseau et qu'il est préférable de commencer par l'ordinateur qui sera le "serveur" :

1. Cliquez sur le bouton **démarrer** puis sélectionnez **Connexions/Afficher toutes les connexions**.
2. Dans la fenêtre **Connexions au réseau** qui s'affiche, cliquez sur **Créer un réseau domestique...** dans le volet gauche.
3. La première étape de l'assistant s'affiche ; cliquez sur le bouton **Suivant**.
4. Afin que vous garantissiez le succès de votre création du réseau, nous vous conseillons de cliquer dans la nouvelle étape sur **Liste de vérification pour la création d'un réseau** puis de lire attentivement les différents conseils et étapes qui y sont listés (voir fig; 7.3).
5. Quand vous avez terminé le pointage de la *check list*, fermez la fenêtre.
6. Dans la deuxième étape, cliquez alors sur le bouton **Suivant**.

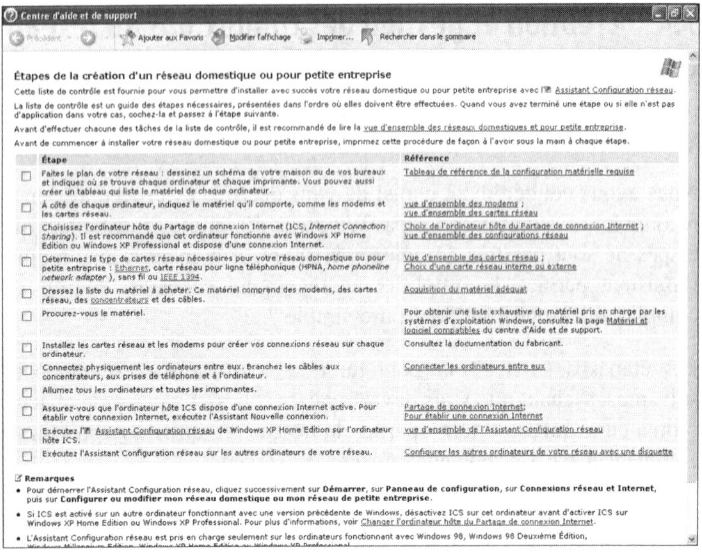

▲ Fig. 7.3 : *Check up de la création d'un réseau*

7. Dans la nouvelle étape (la troisième), choisissez l'option voulue sachant que :

- *Cet ordinateur se connecte directement à Internet...* est idéale si vous avez déjà créé une connexion à Internet sur cet ordinateur ;
- *Cet ordinateur se connecte à Internet...* est destinée aux ordinateurs qui utiliseront une passerelle pour accéder à l'ordinateur maître (celui qui contient l'accès à Internet) ;
- *Autre* est destinée aux ordinateurs qui n'utiliseront pas le réseau pour leur connexion à Internet. En clair, sur ce type de réseau, la connexion à Internet n'est pas partagée.

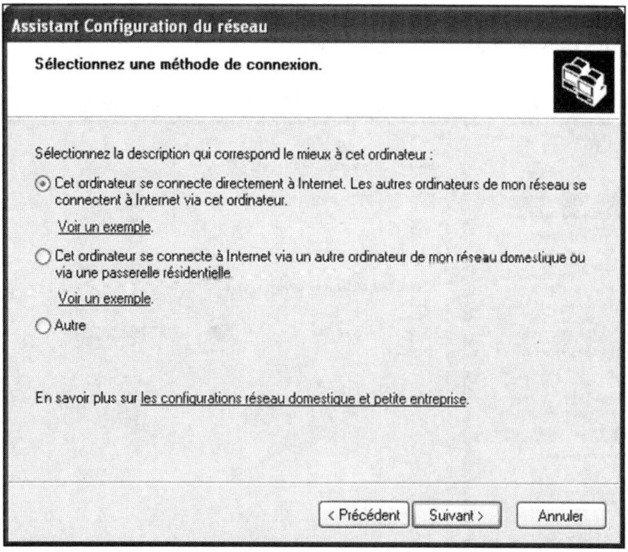

▲ Fig. 7.4 : *Choisissez le mode de connexion de l'ordinateur à Internet*

8. Cliquez sur le bouton **Suivant**. Selon que vous avez choisi l'une ou l'autre des options de l'étape précédente, les choix varient, les voici :
   - Si vous avez choisi la première et la deuxième option, vous devez maintenant préciser la connexion à utiliser pour se connecter à Internet.
   - Si vous avez choisi la troisième option, vous devez maintenant préciser l'option de connexion à Internet que vous souhaitez utiliser ou créer.
9. Ensuite, dans la nouvelle étape, vérifiez le nom de l'ordinateur, saisissez éventuellement une description puis cliquez sur le bouton **Suivant**.
10. Maintenant, nommez votre réseau puis cliquez sur le bouton **Suivant**.
11. Un récapitulatif de la configuration du réseau s'affiche. Si vous l'agréez, cliquez sur le bouton **Suivant**. La création est réalisée, vous la voyez sous forme d'animation.

Si tout s'est bien passé, une nouvelle connexion apparaît dans la fenêtre **Connexions réseau**.

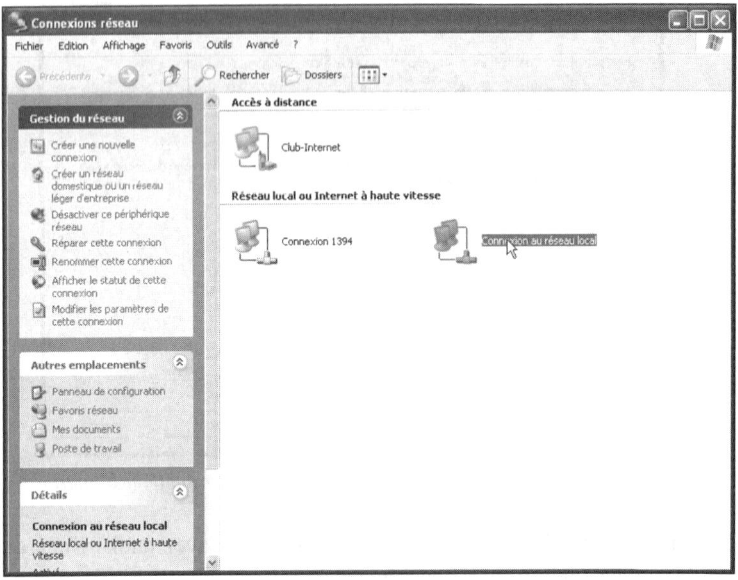

▲ Fig. 7.5 : *La connexion apparaît dans la fenêtre Connexions réseau*

REMARQUE

Ordinateur serveur et client

Dans le contexte d'un réseau, l'ordinateur serveur est celui qui contient la connexion à Internet, les applications principales, etc., tandis que l'ordinateur client est celui qui va avoir recours à l'ordinateur serveur pour se connecter, imprimer, etc.

Gestion du réseau

Une fois que vous avez créé votre réseau, sachez que vous avez la possibilité de le gérer.

Pour ce faire, vous devez simplement recourir aux différentes commandes listées dans le volet gauche lorsque vous cliquez sur l'icône de connexion au réseau local (*Réparer cette connexion*, *Modifier les paramètres de cette connexion*, *Renommer cette connexion*, etc.).

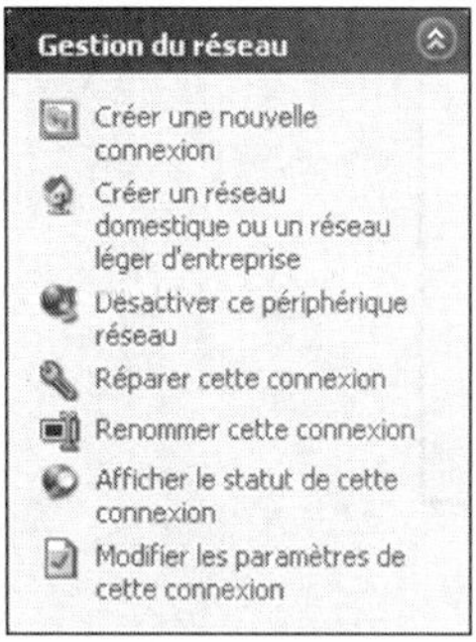

◄ Fig. 7.6 :
Les options de gestion du réseau

7.5 Solution à quelques problèmes de réseau

Voici quelques "trucs" à utiliser si votre réseau refuse de fonctionner. Notez que, cet ouvrage n'étant pas destiné aux réseaux en eux-mêmes et les difficultés potentielles étant non seulement nombreuses mais tout autant ardues à solutionner, nous vous conseillons, si vous rencontrez de réels problèmes, de vous procurer un ouvrage destiné uniquement à la gestion des réseaux comme notamment l'ouvrage *Les Réseaux à domicile* édité dans la collection **poche** (ref. 4406).

Activation de la connexion au réseau

Tout d'abord, assurez-vous que les connexions sont actives. Pour ce faire, après avoir affiché la fenêtre **Connexions au réseau** comme indiqué précédemment, cliquez avec le bouton droit sur l'icône de connexion au réseau local puis sélectionnez **Activer**.

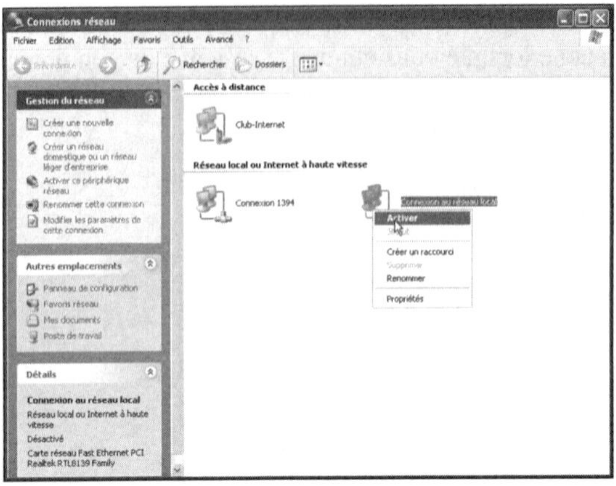

▲ Fig. 7.7 : *Activation de la connexion au réseau*

Visualisation des ordinateurs du groupe de travail

Ensuite, visualisez les différents ordinateurs du groupe de travail (en fait le réseau). Pour ce faire, rendez-vous dans l'explorateur et assurez-vous que tous les ordinateurs du réseau sont listés dans le dossier *Favoris réseau.*

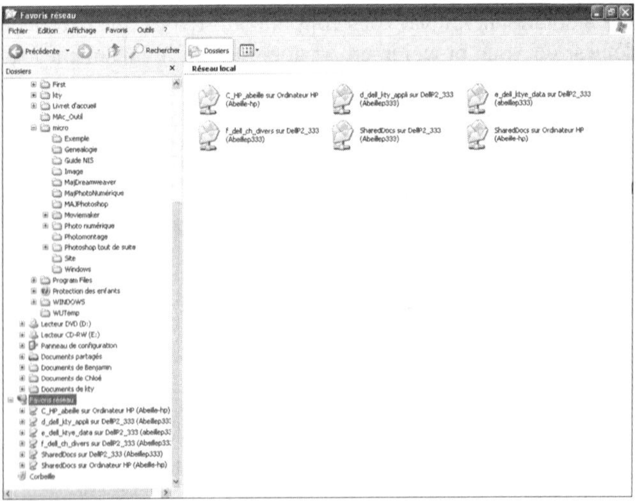

▲ Fig. 7.8 : *Les ordinateurs du réseau*

Vérification des protocoles

Pour finir, il se peut que vous rencontriez un problème à cause des protocoles. Kézako ? Les protocoles sont en fait des langages au sens large du terme qui sont utilisés pour transférer des données d'un point à un autre du réseau. Dans les faits, pour que les ordinateurs puissent "converser" entre eux, il est indispensable qu'ils utilisent le même "langage".

En règle générale, et étant donné la prédominance de l'Internet, c'est le protocole TCP/IP (*Transmission Control Protocol/Internet Protocol*) qui est utilisé pour les réseaux domestiques puisque c'est celui-là même qui permet la circulation et le transfert d'informations sur le réseau des réseaux. Pour être clair, il est préférable de recourir à ce protocole car c'est le même que celui utilisé pour se connecter à Internet. Inutile donc de multiplier les protocoles !

Pour émuler le protocole TCP/IP :

1. Cliquez sur le bouton **démarrer** puis sélectionnez **Connexions/Afficher toutes les connexions**.
2. Dans la fenêtre **Connexions au réseau** qui s'affiche, cliquez du bouton droit sur l'icône *Connexion au réseau local* puis sélectionnez **Propriétés** (voir fig. 7.9).
3. Dans la boîte de dialogue qui s'affiche alors, cliquez au besoin sur l'onglet **Général**. Ensuite, et si nécessaire, activez la case à cocher de **Protocole internet (TCP/IP)**.
4. Cliquez sur le bouton **Installer**. Une boîte de dialogue **Sélection du type de composant réseau** s'affiche alors. Sélectionnez **Protocole** puis cliquez sur le bouton **Ajouter**.
5. Validez l'installation.

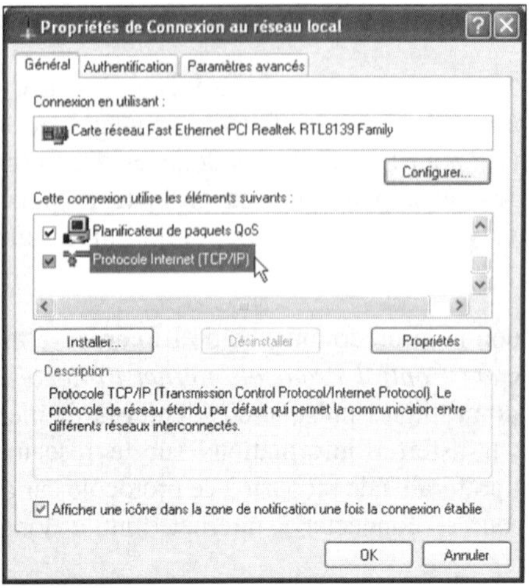

▲ Fig. 7.9 : *Vérification de l'existence du protocole TCP/IP*

7.6 Gestion du partage des éléments

Dès lors que vous avez installé un réseau, vous pouvez partager les informations, les fichiers, les imprimantes, les connexions à Internet, etc. Afin que vous mesuriez bien ce que l'utilisation d'un réseau permet, voici la liste des éléments que vous pouvez partager :

- Imprimante. Étant donné que nous ne sommes pas tous fortunés, il est primordial de pouvoir partager un périphérique aussi important qu'une imprimante. Cette fonction permet d'autoriser les fonctions d'impression à partir de tous les ordinateurs du réseau et ainsi de n'avoir qu'une seule imprimante dans la même maison ou petite entreprise.
- Données sous toutes les formes. Une fois que vous aurez désigné comme "partagé" certains dossiers, fichiers et autres données, ceux-ci seront accessibles, par l'intermédiaire du réseau, par toutes les personnes travaillant sur un autre ordinateur que le vôtre.
- Connexion à Internet. Afin de vous éviter d'avoir à souscrire un abonnement différent pour chaque ordinateur ou encore d'installer un modem ou un boîtier ADSL par machine, vous pouvez partager la connexion à Internet et ainsi la rendre accessible par tous les ordinateurs du réseau.

Partage d'une imprimante

Pour commencer, voici comment permettre à tous les ordinateurs du réseau d'utiliser une seule et même imprimante pour procéder à l'impression de leurs documents et autres graphismes. Pour partager une imprimante :

1. Cliquez sur le bouton **démarrer** puis sélectionnez **Connexions/ Afficher toutes les connexions**.
2. Dans la fenêtre **Connexions au réseau** qui s'affiche, cliquez du bouton droit sur l'icône *Connexion au réseau local* puis sélectionnez **Propriétés**.
3. Dans la boîte de dialogue qui s'affiche, activez la case à cocher de l'option *Partage de fichiers et d'imprimantes...* Cliquez sur le bouton OK pour valider.
4. Ensuite, installez le pilote de l'imprimante fourni avec celle-ci sur chacun des ordinateurs du réseau (voir chapitre *Les programmes*).

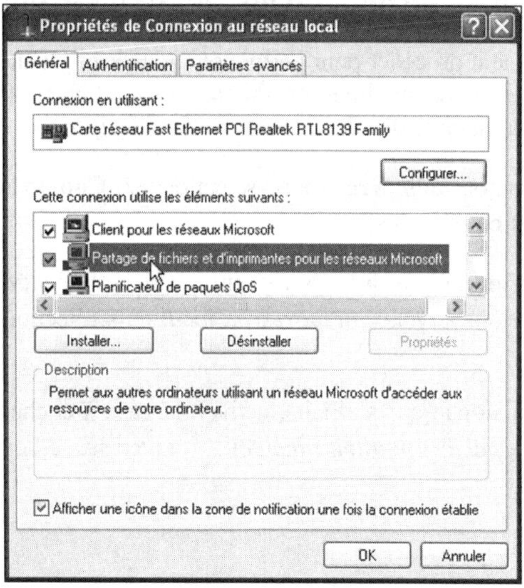

▲ Fig. 7.10 : *Activation du partage d'une imprimante*

Vous devez ensuite préciser à l'imprimante en question que vous la destinez à travailler avec tout plein d'ordinateurs, sinon la chère petite ne le saura pas. Pour ce faire :

1. Cliquez sur le bouton **démarrer** puis sélectionnez **Panneau de configuration**.
2. Dans la fenêtre **Panneau de configuration réseau** qui s'affiche, cliquez sur **Imprimantes et autres périphériques** puis sur **Afficher les imprimantes...** dans la nouvelle fenêtre.
3. Dans la fenêtre qui s'affiche alors, cliquez du bouton droit sur le nom de l'imprimante que vous souhaitez partager puis sélectionnez **Partager**.
4. La boîte de dialogue **Nom de l'imprimante Propriétés** s'affiche sur l'onglet **Partage**. Dans celui-ci, activez la case d'option *Partager cette imprimante*. Éventuellement, nommez ou renommez le nom de partage puis cliquez sur le bouton OK pour valider.

Partage de lecteur de disque, de dossier et de fichier

Voici maintenant comment procéder pour permettre à tous les ordinateurs du réseau de visualiser et de modifier un dossier ou un fichier. Pour partager des lecteurs de disque, des dossiers et des fichiers :

1. Cliquez sur le bouton **démarrer** puis sélectionnez **Connexions/ Afficher toutes les connexions**.
2. Dans la fenêtre **Connexions au réseau** qui s'affiche, cliquez du bouton droit sur l'icône *Connexion au réseau local* puis sélectionnez **Propriétés**.
3. Dans la boîte de dialogue qui s'affiche, activez la case à cocher de l'option *Partage de fichiers et d'imprimantes...* Cliquez sur le bouton OK pour valider.

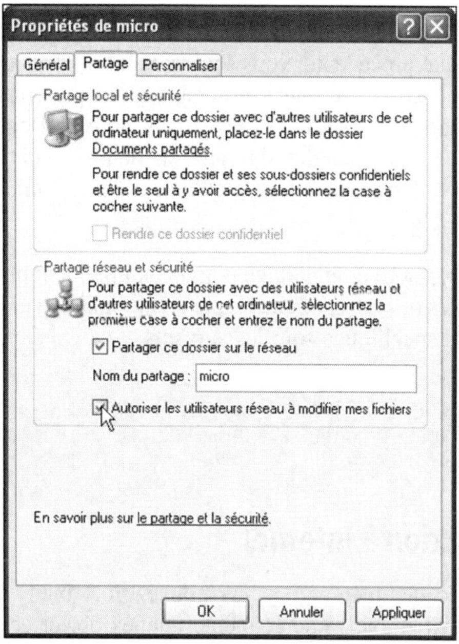

◄ Fig. 7.11 : *Partage de dossier*

Ensuite, vous devez définir dans chacun des ordinateurs les lecteurs et les dossiers que vous souhaitez partager. Pour ce faire :

1. Cliquez du bouton droit sur le bouton **démarrer** puis sélectionnez **Explorer**.

2. Sur chacun des éléments que vous souhaitez partager, cliquez du bouton droit puis sélectionnez **Partage et sécurité...**

3. Dans la boîte de dialogue qui s'affiche, dans la rubrique *Partage réseau et sécurité*, activez la case à cocher de l'option *Partager ce dossier sur le réseau* et l'option *Autoriser les utilisateurs...* Cliquez sur le bouton OK pour valider.

Notez que, pour partager un fichier, il suffit qu'il ne soit pas caché. Pour vous en assurer, cliquez du bouton droit dessus puis sélectionnez **Propriétés**. Dans la boîte de dialogue qui s'affiche, désactivez éventuellement la case à cocher de l'option *Caché* puis validez par OK.

Protection des accès

Si, *a contrario* de la rubrique précédente, vous souhaitez laisser les autres utilisateurs du réseau consulter vos dossiers et fichiers mais que vous ne vouliez pas qu'ils les modifient, vous ne devez pas activer l'option *Autoriser les utilisateurs...* dans l'onglet **Partage** et, dans la boîte de dialogue **Propriétés d'un dossier**, vous devez activer la case à cocher de l'option *Lecture seule*.

L'autre solution est de ne pas activer le partage mais de simplement placer dans les dossiers partagés les dossiers et fichiers que vous souhaitez mettre sur le réseau. Ces dossiers spécifiques sont les suivants :

- *Documents partagés* ;
- *Images partagées* ;
- *Musique partagée*.

Partage de la connexion à Internet

Nous vous avons dit précédemment que vous pouvez fort bien vous connecter à Internet à partir d'une seule et même connexion, et ce sur l'ordinateur serveur de votre réseau. Cela implique que vous devez configurer le partage de cette connexion sur le réseau.

Ceci étant dit et sachant que, rassurez-vous, nous allons vous indiquer cette procédure, nous nous devons de vous préciser que ce mode de partage est tout ce que l'on veut sauf aisé à utiliser. Pourquoi ? Par exemple parce que cela implique que le serveur soit allumé en permanence pour permettre aux clients d'y accéder. De plus, si les versions du système d'exploitation sont différentes, la configuration tourne au cauchemar. Bref, ce n'est pas l'idéal ! .

Nous allons donc commencer par vous proposer une alternative à ce problème : la connexion à Internet à partir du partage du modem ou du boîtier ADSL en lui-même *via* un routeur.

Pour ce faire, vous devez vous procurer un concentrateur (*hub*) puis brancher le modem ou le boîtier ADSL à celui-ci. Ensuite, il vous restera à brancher les différents ordinateurs à ce concentrateur, comme pour le réseau.

Si vous tenez absolument à utiliser une connexion à Internet partagée, vous devez réaliser les étapes qui suivent, qui sont d'une simplicité enfantine :

1. Cliquez sur le bouton **démarrer** puis sélectionnez **Connexions/ Afficher toutes les connexions**.
2. Dans la fenêtre **Connexions au réseau** qui s'affiche, cliquez du bouton droit sur l'icône *Nom de la connexion à l'Internet* puis sélectionnez **Propriétés**.
3. Dans la boîte de dialogue qui s'affiche, cliquez sur l'onglet **Avancé** puis activez la case à cocher de l'option *Autoriser d'autres utilisateurs...* Cliquez sur le bouton OK pour valider.

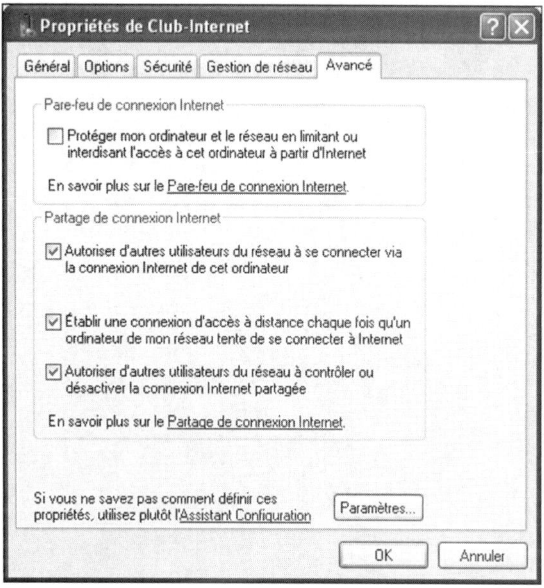

▲ Fig. 7.12 : *Partage de connexion*

chapitre 8

Utilisation des programmes hôtes

Avant de découvrir les différentes astuces que nous avons concoctées au sujet de Windows et qui seront étudiées dans le chapitre suivant, vous allez, pour l'instant, découvrir les procédures à suivre pour utiliser les programmes hôtes de Windows car nous avons jugé cet apprentissage indispensable.

En effet, s'il est exact que vous pouvez à loisir installer des programmes plus performants, il est tout aussi exact que l'investissement dans un ordinateur est souvent onéreux et que tout un chacun ne peut se permettre d'acquérir dans le même temps un PC et des programmes supplémentaires de traitement de texte, de tableur et de retouche de photographies.

Prenez donc connaissance, dans les pages qui suivent, de l'utilisation des programmes hôtes de Windows afin d'être tout de suite à même de rédiger des documents, de réaliser des calculs, de retoucher des images, de vous connecter à Internet, d'envoyer et de recevoir des messages électroniques, de discuter dans la messagerie instantanée ou encore de réaliser des montages vidéo.

8.1 Calculs avec la calculatrice

Afin de pouvoir réaliser rapidement des calculs plus ou moins complexes, Windows met à votre disposition une calculatrice. Celle-ci fonctionne exactement comme une véritable calculatrice. Comme vous allez le découvrir, cette calculatrice est très pratique pour réaliser de petits calculs, et son utilisation est très simple.

Pour lancer la calculatrice, cliquez sur le bouton **démarrer** puis sélectionnez **Tous les programmes/Accessoires/Calculatrice**.

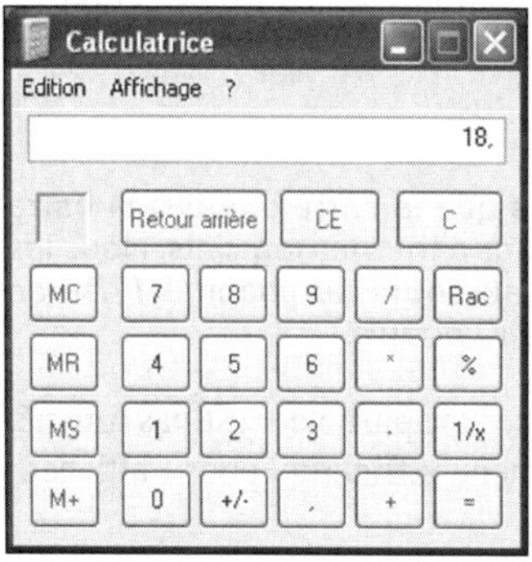

Fig. 8.1 : *La calculatrice*

Les calculs s'effectuent exactement comme avec une calculatrice classique : vous devez cliquer sur les touches pour saisir les chiffres et réaliser les calculs ; le résultat s'affiche dans la zone de texte.

Voici quelques astuces d'utilisation :

- Pour effacer le résultat obtenu, cliquez sur le bouton **C**.
- Pour effacer le dernier chiffre du nombre, cliquez sur le bouton **Retour arrière**.
- Pour mémoriser le résultat obtenu, cliquez sur le bouton **M+**.
- Pour réafficher le résultat mémorisé, cliquez sur le bouton **MS**.
- Pour vider la mémoire, cliquez sur le bouton **MC**.
- Pour modifier le type de calcul (décimal, hexadécimal, etc.), activez un autre type dans la partie supérieure gauche de la calculatrice.

Pour fermer la calculatrice, cliquez sur le bouton système **Fermer** dans la barre de titre.

8.2 Rédaction de documents avec WordPad

WordPad est le traitement de texte de Windows. Nous vous rappelons qu'un traitement de texte est un programme qui permet de saisir du texte, de le mettre en forme puis de l'imprimer. Vous pouvez aussi bien créer des lettres, des invitations que des factures, des bons de commande, etc.

Lancement et découverte de WordPad

Pour lancer WordPad, cliquez sur le bouton **démarrer** puis sélectionnez successivement **Tous les programmes/Accessoires/WordPad**. WordPad est lancé. Un nouveau document est actif.

RENVOI

La plupart des éléments tels que la barre d'outils, la barre des menus, etc. sont communs à tous les logiciels. Nous les avons décrits précisément au cours du chapitre *Prise en main et personnalisation de Windows*.

Si l'un des éléments décrits dans le premier chapitre ne s'est pas affiché, cliquez sur l'élément manquant dans le menu **Affichage** pour l'afficher.

La zone de saisie correspond au document en lui-même. C'est dans cette zone que vous saisissez le texte. La règle permet de gérer les tabulations et de définir l'emplacement du texte dans la page une fois que celle-ci sera imprimée.

Le trait vertical qui clignote est nommé curseur. Il symbolise le point d'insertion du texte. Lorsque vous saisissez du texte, le curseur se déplace au fur et à mesure de votre saisie.

La barre d'état fournit des informations sur un bouton si vous pointez dessus, l'activation ou non du pavé numérique, etc.

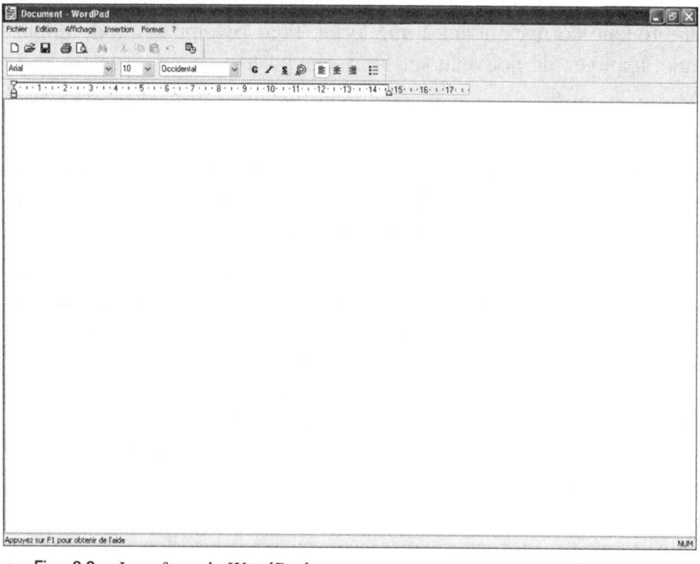

▲ Fig. 8.2 : *Interface de WordPad*

Les modes de saisie

Par défaut, c'est le mode **Insertion** qui est actif. Dans ce mode, au fur et à mesure que vous saisissez, le curseur se décale vers la droite. Si vous réalisez une correction en ajoutant, par exemple, une lettre, le texte sera décalé d'autant. Pour activer le mode **Insertion**, appuyez sur la touche [Inser] de votre clavier. L'autre mode est le mode **Refrappe**. Dans ce mode, au fur et à mesure que vous saisissez, vous écrasez le texte existant. Pour activer le mode **Refrappe**, appuyez sur la touche [Suppr] de votre clavier.

Les règles de saisie

Bien évidemment, vous utilisez le clavier pour saisir le texte dans le document. Vous devez respecter quelques règles de saisie, que voici :

- Pour créer un nouveau paragraphe ou insérer des lignes vierges, appuyez sur la touche [Entrée] de votre clavier.
- Pour saisir une majuscule, enfoncez la touche [Shift] puis appuyez sur une touche correspondant à une lettre. Pour revenir en mode minuscule, appuyez de nouveau sur la touche [Shift].
- Pour placer une espace entre deux mots, appuyez sur la [Barre] [d'espace] du clavier.
- Lorsque vous arrivez à la fin de la page, WordPad insère automatiquement un saut de page et passe à la page suivante. Pour forcer un saut de page, appuyez sur les touches [Ctrl]+[Entrée].
- Pour saisir des caractères spéciaux (%, £ et autres @), vous devez utiliser conjointement certaines touches. Sur la touche, lorsque le caractère est placé en bas de la touche, saisissez-le en minuscule. Lorsqu'il est placé en haut de la touche, saisissez-le en majuscule. Lorsque le caractère est placé en bas à droite de la touche, vous devez appuyer en même temps sur la touche [Alt Gr] et sur la touche concernée. Par exemple, pour saisir le symbole @, vous devez utiliser la combinaison de touches [Alt Gr]+[à].

Choisir le type du document

Lorsque vous créez un nouveau document en sélectionnant **Nouveau** dans le menu **Fichier**, WordPad affiche une boîte de dialogue qui propose de faire un choix entre trois types de documents. Afin d'être à même de choisir le type de document qui convient, vous devez savoir que :

- **Document RTF (Rich Text Format)** est un type de document qui permet la mise en forme du texte. Vous pouvez ouvrir un document ainsi créé dans un logiciel de type Word. Le passage à la ligne se fait automatiquement lorsque la partie droite de la fenêtre est atteinte.

- **Document texte** est un type de document qui ne permet pas la mise en forme du texte et dans lequel le passage à la ligne ne se fait pas automatiquement.
- **Document texte Unicode** est un type de document qui permet de saisir des textes dans des alphabets particuliers (cyrillique, chinois, etc.). Le passage à la ligne ne se fait pas automatiquement.

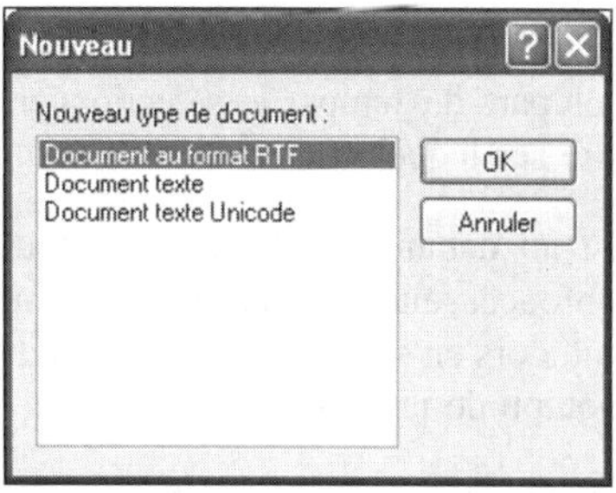

◄ Fig. 8.3 : *Choisissez le type de document que vous souhaitez créer*

REMARQUE

Activer le retour à la ligne automatique

Nous venons de vous indiquer que le passage à la ligne se fait automatiquement dans le type *.rtf* mais pas dans les autres types. Pour modifier ce paramètre, cliquez sur **Options** dans le menu **Affichage**. Dans la boîte de dialogue **Options** qui s'affiche, cliquez sur l'onglet du type de document que vous utilisez. Activez l'option *Retour à la ligne*. Cliquez sur le bouton OK pour valider.

Manipuler le texte

Une fois le texte saisi, vous devez être à même de le modifier en insérant des phrases, en supprimant certains mots, etc. Toutes ces manipulations permettent de parfaire un document et sont d'une simplicité enfantine.

Déplacement dans le texte

Tant que vous voyez la totalité du texte à l'écran, il suffit de cliquer à l'endroit voulu. En revanche, si vous avez saisi beaucoup de texte, vous devez :

- faire glisser la barre de défilement vertical et/ou horizontal ;
- ou utiliser les touches de direction pour monter, descendre, aller à droite ou aller à gauche.

Sélection du texte

Pour agir sur le texte, il faut, la plupart du temps, le sélectionner. La sélection consiste à délimiter le texte sur lequel vous souhaitez agir.

Pour sélectionner un texte, cliquez au début de celui-ci puis, tout en maintenant le bouton de la souris enfoncé, faites glisser le curseur sur le texte à sélectionner. Le texte apparaît alors en surbrillance, ce qui indique qu'il est sélectionné. Relâchez le bouton de la souris.

Il existe également, pour sélectionner rapidement du texte, d'autres procédures que voici :

- Pour sélectionner un mot, double-cliquez dessus.
- Pour sélectionner un paragraphe, triple-cliquez dessus.
- Pour sélectionner une ligne, pointez à gauche de la ligne puis, lorsque le pointeur se transforme en flèche oblique blanche, cliquez.
- Pour sélectionner plusieurs lignes, pointez à gauche de la première ligne puis, lorsque le pointeur se transforme en flèche oblique blanche, cliquez puis faites glisser le curseur afin de sélectionner les autres lignes.
- Pour sélectionner tout le texte d'un document, pointez à gauche de l'une des lignes puis, lorsque le pointeur se transforme en flèche oblique blanche, triple-cliquez ou appuyez sur les touches Ctrl+A.

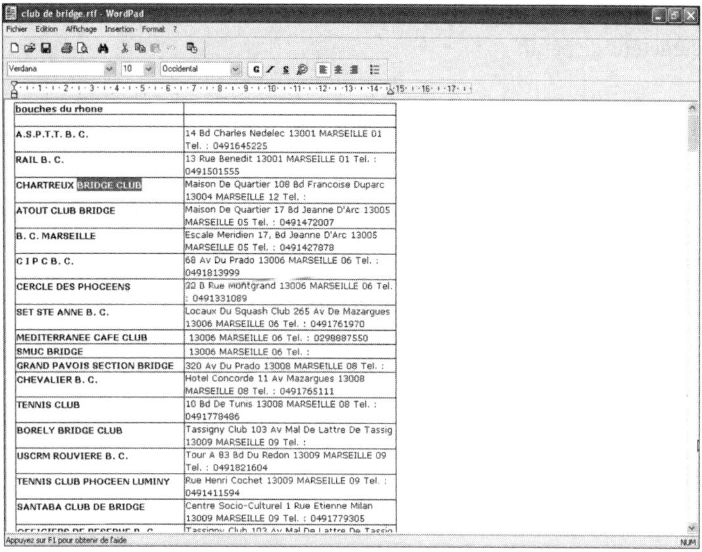

▲ Fig. 8.4 : *Sélection de texte*

Insertion de texte

Vous avez réalisé un document et venez de découvrir avec horreur que vous avez tout simplement oublié un mot ! Pas de problème, un clic et un peu de frappe suffiront ! Pour insérer du texte, cliquez à l'endroit où vous souhaitez insérer le texte puis faites la saisie.

Remplacement de texte

Vous pouvez fort bien remplacer une lettre par une autre ou encore un mot tout entier par un autre. Pour ce faire, sélectionnez le texte concerné puis saisissez le texte de remplacement. Le mot est remplacé.

Suppression de texte

Il arrivera sûrement que vous souhaitiez supprimer un texte qui, après relecture, vous semblera superflu. Cette procédure est très rapide à effectuer. Pour supprimer du texte, sélectionnez-le puis appuyez sur la touche Suppr. Pour effacer une lettre, une espace, etc., cliquez derrière le caractère à supprimer puis appuyez sur la touche [Retour arrière]. Le caractère disparaît.

ASTUCE

Annuler une correction

Si vous venez de supprimer par inadvertance un mot, une phrase, etc. que vous souhaitiez conserver, sélectionnez **Annuler** dans le menu **Edition** pour annuler cette suppression. Vous pouvez aussi cliquer sur le bouton **Annuler**. Pour annuler plusieurs modifications que vous venez de réaliser, cliquez autant de fois que nécessaire sur le bouton **Annuler**.

Déplacement de texte

Rappelez-vous que déplacer consiste à supprimer le texte à un endroit puis à le coller à un autre. Pour déplacer un texte :

1. Sélectionnez le texte à déplacer.
2. Sélectionnez **Couper** dans le menu **Edition**. Le texte disparaît.
3. Cliquez à l'endroit où vous souhaitez le placer puis sélectionnez **Coller** dans le menu **Edition**. Le texte apparaît à son nouvel emplacement.

Duplication de texte

Rappelez-vous que dupliquer consiste à copier un texte puis à le reproduire à un autre endroit. Pour dupliquer un texte :

1. Sélectionnez le texte à déplacer.
2. Sélectionnez **Copier** dans le menu **Edition**.
3. Cliquez à l'endroit où vous souhaitez le placer puis sélectionnez **Coller** dans le menu **Edition**. Le texte est reproduit.

Rechercher et remplacer un mot, un texte, etc.

Vous venez de voir comment remplacer un mot par un autre. Cette procédure est idéale lorsque vous devez réaliser cette manipulation pour un seul mot. Cela se complique sérieusement si votre document contient des pages et des pages et que vous deviez remplacer le même mot par un autre dans l'ensemble du texte. La solution consiste à utiliser la fonction de recherche et remplacement.

Pour rechercher et remplacer un mot :

1. Sélectionnez **Remplacer** dans le menu **Edition**.
2. La boîte de dialogue **Remplacer** apparaît. Dans la zone de texte de l'option *Rechercher*, saisissez le mot que vous souhaitez remplacer.
3. Dans la zone de texte de l'option *Remplacer par*, saisissez le mot destiné à remplacer celui que vous avez saisi dans la zone de texte précédente.
4. Pour lancer la recherche, cliquez sur le bouton **Suivant**. La première occurrence du mot recherché s'affiche en surbrillance.
5. Cliquez sur le bouton **Remplacer** pour remplacer le mot sélectionné par celui qui figure dans la zone de l'option *Remplacer par*. Pour remplacer le mot dans tout le document, cliquez sur le bouton **Remplacer tout**.
6. Lorsque vous avez terminé, cliquez sur le bouton **Annuler**.

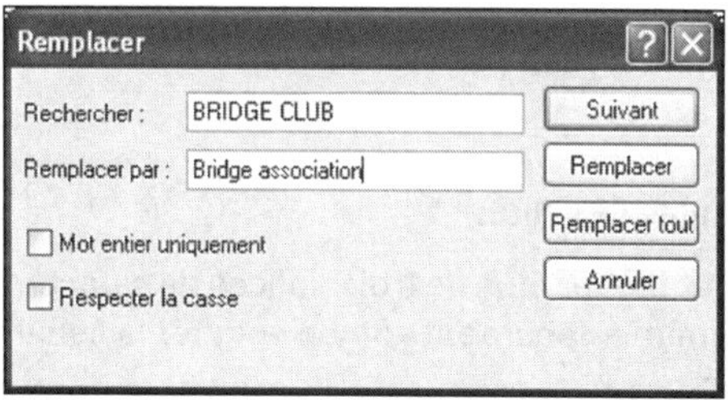

◄ Fig. 8.5 : *La boîte de dialogue Remplacer*

Mise en forme des caractères

Une fois que vous avez rédigé un document, vous pouvez l'améliorer en recourant aux différentes procédures de mise en forme proposées par WordPad.

Taille des caractères

Par défaut, la police de caractères utilisée par WordPad a une taille de 10 points. Pour mettre un passage en exergue, l'une des solutions consiste à modifier la taille des caractères. Pour ce faire :

1. Sélectionnez le texte concerné.
2. 

Cliquez sur le bouton fléché de l'option *Taille* puis sélectionnez la taille voulue.
3. Cliquez en dehors de la sélection pour l'annuler.

Police de caractères

La police de caractères correspond au dessin des lettres. Par défaut, la police de caractères utilisée par WordPad est Arial. Vous pouvez tout à fait appliquer une autre police de caractères pour personnaliser votre texte. Pour choisir la police de caractères :

1. Sélectionnez le texte concerné.
2. 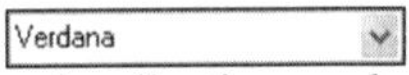

Cliquez sur le bouton fléché de l'option *Police* puis sélectionnez la police voulue.
3. Cliquez en dehors de la sélection pour l'annuler.

ASTUCE

Le bon nombre de polices

Évitez d'employer plus de trois polices de caractères dans un même document afin de soigner la lisibilité de celui-ci.

Gras, italique ou souligné

Outre la taille et la police de caractères, vous pouvez utiliser des attributs typographiques (gras, italique et souligné) pour faire ressortir certains passages de texte. WordPad propose, pour appliquer un attribut, trois boutons que voici :

- [G] Ce bouton fait apparaître le texte sélectionné en **caractères gras**.
- [I] Ce bouton fait apparaître le texte sélectionné en *caractères italique*.
- [S] Ce bouton fait apparaître le texte sélectionné en caractères soulignés.

Pour appliquer ce type de mise en forme, il suffit de sélectionner le texte puis de cliquer sur le bouton adéquat dans la barre d'outils.

Mise en couleur

Si vous possédez une imprimante couleur, vous pouvez mettre en couleur les caractères de votre document afin de rendre celui-ci un peu plus pimpant. Dans la même logique, si vous souhaitez faire parvenir votre document par message électronique, vous pouvez aussi le colorier.

Ce bouton ouvre une liste déroulante qui répertorie un certain nombre de couleurs.

Pour mettre un texte en couleur, sélectionnez-le puis cliquez sur le bouton **Couleur** dans la barre d'outils. Dans la liste qui se déroule, cliquez sur la couleur que vous souhaitez appliquer.

Mise en forme des paragraphes

Nous vous rappelons qu'un paragraphe est un texte terminé par la touche [Entrée]. L'utilisation de cette touche correspond à un retour chariot de l'antique machine à écrire. Les paragraphes acceptent un certain nombre de mises en forme qui consistent, pour l'essentiel, à définir l'emplacement exact du texte dans la page.

Alignement de paragraphes

L'alignement consiste à définir la position du texte dans le document par rapport aux marges. Trois alignements sont proposés dans WordPad :

-  Ce bouton aligne le texte sur la marge de gauche.
-  Ce bouton aligne le texte sur la marge de droite.
-  Ce bouton centre le texte de façon à le répartir uniformément à droite et à gauche par rapport au milieu de la page.

Pour aligner un paragraphe, sélectionnez-le puis cliquez sur le bouton d'alignement de votre choix dans la barre d'outils.

Décalage des lignes de texte

Dans les temps très reculés de la machine à écrire, il était de bon ton de présenter les courriers en utilisant des alinéas, ce qui revenait à décaler de quelques centimètres la première ligne de chaque paragraphe. Cette possibilité est proposée dans WordPad. Pour réaliser cette manipulation, vous pouvez soit utiliser les petits curseurs qui apparaissent dans la règle, soit recourir à une boîte de dialogue. Cette mise en forme est nommée *retrait*. Pour créer un retrait de première ligne à partir de la règle :

1. Cliquez dans le paragraphe concerné pour le sélectionner.
2. Dans la règle, cliquez sur le curseur triangulaire supérieur.
3. Tout en maintenant le bouton de la souris enfoncé, faites glisser le curseur à la dimension voulue. La première ligne du paragraphe est décalée d'autant.

▲ Fig. 8.6 : *Création d'un retrait de première ligne*

Pour créer un retrait de tout un paragraphe à partir de la règle :

1. Cliquez dans le paragraphe concerné pour le sélectionner.

2. Dans la règle, cliquez sur le curseur carré.
3. Tout en maintenant le bouton de la souris enfoncé, faites glisser le curseur à la dimension voulue. Le paragraphe est décalé d'autant.
4. Reprenez cette procédure pour chaque paragraphe.

Pour créer un retrait des lignes secondaires d'un paragraphe à partir de la règle :

1. Cliquez dans le paragraphe pour le sélectionner.
2. Dans la règle, cliquez sur le curseur triangulaire inférieur.
3. Tout en maintenant le bouton de la souris enfoncé, faites glisser le curseur à la mesure de votre choix. Les lignes secondaires du paragraphe sont décalées d'autant.

Pour créer un retrait à partir d'une boîte de dialogue :

1. Cliquez dans le paragraphe pour le sélectionner.
2. Sélectionnez **Paragraphe** dans le menu **Format**.
3. La boîte de dialogue **Paragraphe** apparaît. Définissez les retraits à activer dans les différentes zones de texte. Cliquez sur OK pour valider.

Utilisation des taquets de tabulation

Lorsque vous utilisiez une machine à écrire, il y a fort à parier que la création de colonnes ou de tableaux a dû vous poser de sérieux problèmes. En effet, dans ces temps reculés de la machine à écrire, vous deviez utiliser la touche de tabulation. Celle-ci avait pour fonction de décaler l'emplacement de la boule ou du chariot afin de déplacer la frappe suivante d'un cran vers la droite. Or cette procédure était à la fois longue et fastidieuse, et il fallait être un virtuose du clavier pour créer des colonnes et des tableaux dignes de ce nom. Il n'en va plus de même avec les traitements de texte : un appui sur une touche et c'est fini !

Apprenez pour commencer à utiliser la touche de tabulation. Il suffit de cliquer au début de la ligne puis d'appuyer sur la touche [Tab] autant de fois que nécessaire de façon à placer votre curseur au bon endroit. Vous n'avez plus qu'à saisir le texte.

Si vous avez déjà saisi le texte et que vous souhaitiez le décaler de plusieurs tabulations, il suffit de placer votre curseur devant le texte puis d'appuyer sur la touche [Tab] autant de fois que nécessaire.

Si les tabulations proposées par défaut ne vous conviennent pas, vous pouvez parfaitement en ajouter puis les adapter à votre convenance.

Pour ajouter une tabulation :

1. Cliquez dans la ligne qui doit contenir la tabulation puis sur la règle à la mesure de votre choix. Un taquet de tabulation apparaît, symbolisé par deux segments à 90°.
2. Pour que le texte s'aligne sur cette tabulation, cliquez au début du texte puis appuyez sur la touche [Tab]. Le texte se cale sur le taquet de tabulation que vous avez ajouté.

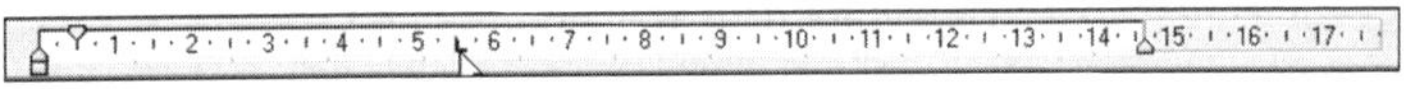

▲ Fig. 8.7 : *Ajout d'une tabulation*

Pour déplacer un taquet de tabulation, cliquez dessus dans la règle puis faites-le glisser à la mesure de votre choix.

Pour supprimer un taquet de tabulation, cliquez dessus dans la règle puis faites-le glisser en dehors de celle-ci.

Création d'une liste pointée

Pour en terminer avec la mise en forme des paragraphes, voici une solution pour mettre en valeur une liste, une énumération, etc. : la création de liste pointée. Ce type de mise en forme permet d'afficher une puce (élément graphique) en regard de chaque item d'une liste ou d'une énumération. C'est une façon fiable de signaler une énumération et d'en assurer une bonne lisibilité.

Vous avez le choix entre deux procédures pour réaliser cette mise en forme : créer la liste à puces au fur et à mesure de la saisie ou la créer après avoir rédigé le texte.

Pour transformer plusieurs paragraphes en liste à puces :

1. Sélectionnez les différents paragraphes concernés.
2. Dans la barre d'outils, cliquez sur le bouton **Puces**. En regard des deux items de la liste, un petit rond noir apparaît.

Pour créer une liste à puces au fur et à mesure de la saisie :

1. Dans la barre d'outils, cliquez sur le bouton **Puces**. Une puce apparaît.
2. Saisissez le texte du premier item. Appuyez sur la touche [Entrée] pour créer un nouvel item. Une seconde puce apparaît.
3. Saisissez le texte du second item puis poursuivez selon la même logique.
4. Pour terminer la liste, cliquez sur le bouton **Puces** pour le désactiver.

Mise en page

La mise en page consiste à définir les marges d'un document, son orientation ainsi que le format de la page. C'est une fonction qui permet de paramétrer exactement l'apparence d'une page une fois qu'elle sera imprimée.

Pour réaliser la mise en page :

1. Sélectionnez **Mise en page** dans le menu **Fichier**.
2. La boîte de dialogue **Mise en page** apparaît. Pour choisir le format du papier, cliquez sur le bouton fléché de l'option *Taille* puis cliquez sur un format sachant que le format standard est le format **A4 (21 × 29,7)**.
3. Dans la zone *Orientation*, cliquez sur l'orientation à activer, sachant que :

- *Portrait* correspond à l'orientation classique ; le texte s'inscrit sur la page placée à la verticale.
- *Paysage* correspond à une orientation dite à l'italienne ; le texte s'inscrit sur la page placée à l'horizontale.

4. Dans la zone *Marges*, indiquez la valeur des marges en millimètres dans les différentes options, sachant que la valeur standard est **25 mm (2,5 cm)**.

5. Cliquez sur le bouton OK pour valider.

RENVOI

Reportez-vous au chapitre *Les dossiers et les fichiers* pour voir comment imprimer un document.

Fermeture de WordPad

Pour fermer WordPad, cliquez sur le bouton système **Fermer** dans la barre de titre.

8.3 Dessins avec Paint

Maintenant que vous savez saisir du texte, le mettre en forme et l'imprimer, que vous êtes à même de réaliser toutes sortes de calculs, il est temps de voir comment dessiner et retoucher des images dans Paint. Comme vous allez le voir, un logiciel de dessin est bien plus qu'un substitut à une planche à dessin. Grâce à ce type de programme, non seulement mémoriser, corriger, mettre en forme un dessin sont d'une simplicité enfantine mais, de plus, vous pouvez retoucher des images que vous aurez scannées, transférées à partir d'un appareil photo numérique ou simplement récupérées sur le Web.

Notez que, bien que très facile d'utilisation et très fiable, Paint n'en reste pas moins incapable de supporter certaines mises en forme et autres effets esthétiques. D'autres logiciels sont bien plus performants, parmi lesquels notez PaintShopPro et Photoshop. PaintShopPro est un bon outil créé par les éditions WSKA. Pour obtenir sa version 6, disponible en français, il vous en coûtera 138 euros sur le site www.wska.com/new-france.html.

Photoshop, qui est de loin le meilleur outil, est vendu par Adobe ; il n'en existe pas de version de démonstration, il est donc nécessaire de l'acheter.

Les formats d'images retouchables

Tous les ordinateurs affichent les graphiques soit au format vectoriel, soit au format bitmap. Paint utilise le format bitmap. Sachez qu'une image bitmap correspond à une mosaïque de points, appelés pixels. Ceux-ci sont organisés et coloriés de manière à former un motif. Si vous agrandissez une image bitmap, vous voyez apparaître des petits carrés : ce sont les pixels. Chaque pixel ayant sa propre couleur, vous pouvez créer différents effets en modifiant celle-ci ou encore en l'ombrant, en l'intensifiant, etc. Une image bitmap étant composée d'un ensemble organisé de pixels, vous ne pouvez manipuler séparément ces différents éléments. Bien que les images bitmap offrent une plus grande subtilité que les images vectorielles (autre format d'image), elles consomment beaucoup de mémoire et sont donc moins rapides à manipuler et à imprimer.

En utilisant les procédures de cette section, vous pouvez retoucher une image qui ne vous semble pas en tous points parfaite. Notez que Paint, en plus du format *.bmp*, permet de charger et de modifier des images stockées au format *.jpg*, *.tiff*, *.png*, *.ico* et *.gif*.

Lancement et découverte de Paint

Pour lancer Paint, cliquez sur le bouton **démarrer** puis sélectionnez successivement **Tous les programmes/Accessoires/Paint**. Paint est lancé. Une nouvelle image est active.

La plupart des éléments tels que la barre d'outils, la barre des menus, etc. sont communs à tous les logiciels. Nous les avons décrits précisément au cours du chapitre *Prise en main et personnalisation de Windows*.

La zone de dessin correspond à la feuille de dessin en elle-même. C'est dans cette zone que vous dessinez. Par défaut, le pointeur s'est transformé en crayon. Il symbolise le point d'insertion du dessin lorsque l'outil **Pinceau** est actif. Lorsque vous dessinez dans la zone de dessin, le crayon se déplace au fur et à mesure. Notez que, en fonction de l'outil sélectionné, le pointeur se modifie. Le long du bord gauche de la fenêtre se trouve la boîte à outils, dont les boutons permettent d'activer directement des fonctions de dessin. La palette de couleurs, située dans le bas de la fenêtre, permet de sélectionner des couleurs de dessin.

Si l'un des éléments décrits dans le premier chapitre ne s'est pas affiché, cliquez sur l'élément manquant dans le menu **Affichage** pour l'afficher.

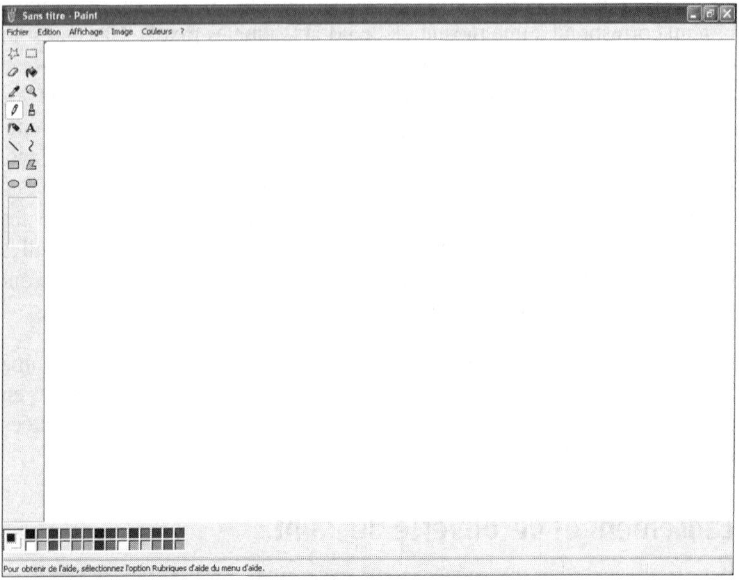

▲ Fig. 8.8 : *Interface de Paint*

Définition des dimensions de la zone de dessin

Dans la vie courante, selon que vous souhaitiez dessiner un petit chat ou le plan intégral de votre maison, il va sans dire que vous ne prendrez pas la même feuille de dessin. Dans Paint, c'est du pareil au même, vous pouvez choisir la dimension de votre feuille de dessin. Pour ce faire :

1. Sélectionnez **Attributs** dans le menu **Image**.
2. La boîte de dialogue **Attributs** apparaît. Par défaut, c'est en pixels que se définit la taille de la feuille de dessin. Si cette mesure n'est guère

évocatrice pour vous, activez la case à cocher de l'option *Cm* dans la rubrique *Unités*.

3. Sélectionnez la dimension active dans l'option *Largeur* puis saisissez la taille de celle à activer. Reprenez cette procédure dans l'option *Hauteur*.
4. Cliquez sur le bouton OK pour valider.

Dessins divers et variés

Voici maintenant comment dessiner. Vous allez voir que vous pouvez soit vous aider à l'aide de formes automatiques, soit dessiner à main levée.

Utilisation de formes automatiques

Quatre outils sont mis à votre disposition pour dessiner des formes prédéfinies. Utilisez ces outils si vous n'êtes guère habile avec la souris et que vous souhaitiez dessiner des carrés, des ronds, des rectangles, des ovales...

REMARQUE

Couleur par défaut

Par défaut, c'est la couleur noire qui est active pour tous les outils de dessin. Pour modifier ce paramètre avant de commencer le dessin, avant ou après avoir activé l'outil de dessin, cliquez sur le pavé de la couleur à utiliser dans la palette de couleurs.

Voici la liste des outils pour dessiner des formes automatiques :

-  **Rectangle** pour dessiner des carrés et des rectangles ;
-  **Polygone** pour dessiner des polygones ;
-  **Ellipse** pour dessiner des cercles et des ellipses ;

- **Rectangle arrondi** pour dessiner des carrés et des rectangles aux coins arrondis.

Pour utiliser un outil, il suffit de cliquer dessus dans la boîte à outils puis de cliquer dans la zone de dessin tout en maintenant le bouton de la souris et de faire glisser afin de dessiner la forme. Relâchez le bouton de la souris lorsque vous avez terminé.

ASTUCE

Dessiner un carré parfait

Pour ce faire, maintenez la touche Shift enfoncée lorsque vous faites glisser avec l'outil **Rectangle.**

ASTUCE

Dessiner un cercle parfait

Pour ce faire, maintenez la touche Shift enfoncée lorsque vous faites glisser avec l'outil **Ellipse.**

Dessins à main levée

Cinq outils sont mis à votre disposition pour réaliser des dessins à main levée. Ils sont très pratiques pour dessiner de petits dessins ou encore retoucher des petites zones. Voici la liste des outils pour dessiner à main levée :

- **Ligne** pour tirer des traits ;
- **Courbe** pour tracer des lignes courbes ;
- **Pinceau** pour dessiner des traits semblables à ceux d'un pinceau ;
- **Brosse** pour dessiner des traits semblables à ceux d'un pinceau brosse ;
- **Aérographe** pour dessiner des traits semblables à ceux pulsés par un aérographe.

ASTUCE

Tracer des lignes droites

Pour ce faire, maintenez la touche [Shift] enfoncée lorsque vous faites glisser avec l'outil **Ligne**.

ASTUCE

Personnaliser les outils

Certains outils peuvent être personnalisés. Pour ce faire, utilisez les options qui apparaissent dans le bas de la boîte à outils après avoir sélectionné l'outil concerné.

Modifications après dessin

Une fois le dessin réalisé, il y a fort à parier que vous ne serez pas satisfait du premier coup ! Vous devez donc être à même de gommer une partie du dessin, d'ajouter de la couleur, etc.

Adaptation de l'affichage à la retouche

Recourez à la loupe dès lors que vous devez retoucher les dessins ou les images sur une portion petite de celui-ci. Pour ce faire :

1. Cliquez sur l'outil **Loupe** dans la boîte à outils. Le pointeur se transforme en loupe accompagnée d'un rectangle qui permet de cibler parfaitement la partie du dessin que vous souhaitez agrandir.
2.  Cliquez sur la partie dessin à afficher en plus gros.

Par défaut, l'agrandissement de la loupe est fixé à 400 %. Pour personnaliser ce paramètre, sélectionnez **Zoom/Personnalisé** dans le menu **Affichage**. Dans la boîte de dialogue **Zoom personnalisé** qui s'affiche, activez la case à cocher de l'option du zoom à activer. Cliquez sur le bouton OK pour valider.

Effacement d'un "pâté"

Dans la réalité, lorsque vous avez fait un pâté sur votre dessin ou que votre crayon a dérapé, vous gommez, n'est-ce pas ? Eh bien, dans Paint, c'est pareil ! Voici comment procéder :

1.  Cliquez sur l'outil **Gomme** dans la boîte à outils.
2. Cliquez sur l'épaisseur de la gomme à activer dans le bas de la boîte à outils.
3. Positionnez le pointeur de la souris à l'endroit où vous souhaitez gommer puis, tout en maintenant le bouton gauche de la souris enfoncé, faites glisser la gomme sur le dessin. Paint efface la partie de dessin sur laquelle vous avez fait glisser la gomme.

Inversion des couleurs par défaut

Par défaut, vous dessinez en noir sur un fond blanc. Vous pouvez inverser ces couleurs de façon à dessiner en blanc sur un fond noir. Pour ce faire, sélectionnez **Inverser les couleurs** dans le menu **Image**.

Mise en couleur d'un tracé

Voyez maintenant comment mettre en couleur les différents tracés. Cette procédure est valable aussi bien pour les lignes que pour les contours de figures. Pour colorier :

1. Cliquez sur le pavé de la couleur à activer dans la palette de couleurs.
2. Cliquez ensuite sur l'outil **Remplissage** dans la boîte à outils. Le pointeur se transforme en pot de peinture qui se déverse.
3.  Cliquez sur le tracé à colorier.

Mise en couleur d'une surface

La surface des formes que vous dessinez ainsi que l'arrière-plan sont toujours blancs. Vous pouvez modifier ce paramètre en les mettant en couleur. Notez que vous pouvez, en suivant les étapes de la procédure ci-après, mettre l'arrière-plan de la feuille de dessin en couleur. Pour ce faire :

1. Cliquez sur le pavé de la couleur voulue dans la palette de couleurs.
2. Cliquez sur le bouton de l'outil **Remplissage**. Le pointeur se transforme en pot de peinture qui se déverse.
3. Cliquez sur la surface à colorier.

Forme mal "fermée"

Si la surface est ouverte, le remplissage sera catastrophique. La couleur s'échappera de la figure et remplira l'ensemble des pixels de couleur blanche.

Utilisation de la grille pour dessiner avec précision

Dans la vie quotidienne, si vous souhaitez réaliser des dessins très précis, au millimètre près, vous devez utiliser du papier millimétré. Les concepteurs de Paint s'en sont souvenus ! Pour vous aider à dessiner des formes précises et à les positionner avec exactitude, ils ont créé la grille, qui permet de quadriller l'intégralité de la zone de dessin. On n'arrête pas le progrès !

Pour activer la grille, sélectionnez **Zoom/Afficher la grille** dans le menu **Affichage**. Dès lors, la feuille de dessin affiche un quadrillage qui aide au positionnement de formes et de tracés.

Sélection de dessin

Il arrivera que vous deviez manipuler une portion du dessin. Dans ce cas de figure, vous devez être à même de sélectionner la partie à retoucher. Voici donc les différentes procédures de sélection dans Paint.

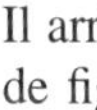

La première procédure consiste à utiliser l'outil **Sélection libre**, qui permet de dessiner la sélection à main levée.

La seconde possibilité est le recours à l'outil **Sélection**, qui permet de dessiner un cadre de sélection.

Pour annuler une sélection, cliquez en dehors de celle-ci. Pour la déplacer, il suffit de la faire glisser à l'aide de la souris.

Transformation d'un dessin

Un certain nombre de commandes sont mises à votre disposition pour transformer un dessin ou une image en les faisant pivoter, en les étirant, etc. Pour ce faire :

1. Sélectionnez le dessin que vous souhaitez modifier comme indiqué précédemment.
2. Dans le menu **Image**, sélectionnez la transformation voulue, sachant que :
   - **Retourner/Faire pivoter** ouvre une boîte de dialogue qui permet de définir le type de retournement ou la valeur en degré de l'angle de pivotement.
   - **Etirer/Incliner** ouvre une boîte de dialogue qui permet de définir le type et le pourcentage d'étirement ou le type et le pourcentage d'inclinaison.

Insertion de texte dans un dessin

Très souvent, vous devez annoter vos dessins ou leur ajouter du texte. Avec l'outil **Texte**, cette opération est très facile. Pour insérer du texte :

1. 

Cliquez sur l'outil **Texte** dans la boîte à outils.
2. Dans la palette de couleurs, cliquez sur le pavé de couleur de votre choix pour définir la couleur du texte.
3. Cliquez à l'endroit où vous souhaitez placer le début du texte puis, tout en maintenant le bouton de la souris enfoncé, faites glisser la souris afin de dessiner la zone de texte.

4. Relâchez le bouton gauche de la souris.

5. Définissez les attributs de la police dans la barre d'outils *Polices* qui s'est affichée. Saisissez le texte.

6. Cliquez à l'extérieur du rectangle de texte.

Mise en page

La mise en page consiste à définir les marges d'un dessin, son orientation ainsi que le format de la feuille de dessin. C'est une fonction qui permet de paramétrer exactement l'apparence d'un dessin une fois qu'il sera imprimé. Pour réaliser la mise en page :

1. Sélectionnez **Mise en page** dans le menu **Fichier**.

2. La boîte de dialogue **Mise en page** apparaît. Pour choisir le format du papier, cliquez sur le bouton fléché de l'option *Taille* puis sur un format, sachant que le format standard est le format **A4 (21 × 29,7)**.

3. Dans la rubrique *Orientation*, cliquez sur l'orientation à activer, sachant que :

   - *Portrait* correspond à l'orientation classique ; le texte s'inscrit sur la page placée à la verticale.
   - *Paysage* correspond à une orientation dite à l'italienne ; le texte s'inscrit sur la page placée à l'horizontale.

4. Dans la rubrique *Marges*, indiquez la valeur des marges en millimètres dans les différentes options, sachant que la valeur standard est **25 mm (2,5 cm)**.

5. La rubrique *Centrage* permet de définir l'emplacement du dessin dans la feuille tandis que la rubrique *Mise à l'échelle* permet de redimensionner le dessin ou de l'ajuster à la feuille. Définissez ceux voulus puis cliquez sur le bouton OK pour valider.

RENVOI

Reportez-vous au chapitre *Les dossiers et les fichiers* pour voir comment imprimer une image.

8.4 Transfert de photographies et d'images sur l'ordinateur

Pour enrichir vos documents, vos courriers ou encore votre site web, vous devez être à même d'acquérir des images. Bien évidemment, vous pouvez acheter des fichiers d'images ou encore utiliser des graphismes libres de droit, mais ne croyez-vous pas qu'il serait préférable d'utiliser vos propres photographies ?

Si vous avez acquis un appareil photo numérique et que celui-ci soit "plein" de superbes photographies, le moment est donc venu de les transférer sur votre ordinateur. Si, *a contrario*, vous n'avez en votre possession que des versions papier de vos photographies, vous devez savoir comment les numériser, par vous-même ou à l'aide d'un professionnel.

Toutes ces méthodes et autres manipulations sont décrites dans cette section.

Transfert de photographies numériques

Plusieurs procédures sont possibles pour transférer les photographies contenues dans l'appareil photo numérique sur l'ordinateur. Plus précisément, il existe trois solutions, la première tendant à disparaître :

- transférer *via* un port USB (connexion directe) ;
- transférer à partir d'un câble IEEE (connexion directe) ;

REMARQUE

Autre nom du câble IEEE

Le port qui permet de brancher un câble IEEE est aussi nommé I3E ou encore FireWire.

- transférer à partir d'un lecteur de cartes mémoire (connexion indirecte).

REMARQUE

Visualisation des photographies sur un téléviseur

Certains appareils photo numériques possèdent une sortie V 1394HS ou SVHS qui permet de les raccorder directement à un téléviseur afin de visualiser les photographies sur un écran TV. Reportez-vous à la notice du fabricant pour savoir comment procéder si votre appareil photo numérique vous offre cette possibilité (vous devrez tout de même, par la suite, les transférer sur l'ordinateur).

Installation du logiciel de transfert

Pour autoriser le transfert de photographies sur l'ordinateur à partir d'une connexion directe (port série, port USB ou câble IEEE), il est impératif que vous utilisiez le logiciel de transfert de votre appareil photo numérique. Bien évidemment, ce logiciel est fourni avec ce dernier. Pour procéder à cette installation, munissez-vous du CD-Rom du logiciel puis suivez les procédures indiquées dans le chapitre *Les programmes*.

Transfert des photographies à partir d'un port USB

L'interface USB (*Universal Serial Bus*) est une interface instantanée qui permet un branchement rapide de tous les périphériques ou presque. La plupart des ordinateurs récents sont dotés de deux ou trois connecteurs USB. C'est fort peu si l'on considère le nombre de périphériques qui peuvent être branchés. Comme les ports USB sont généralement en nombre insuffisant et qu'ils sont la plupart du temps placés à l'arrière de l'ordinateur (ce qui n'est pas pratique pour réaliser les branchements), nous vous conseillons d'acquérir un hub USB. C'est un genre de rack multiprise. Cela dit, les ordinateurs récents proposent leurs ports USB dans la partie frontale de l'ordinateur, pour offrir plus de confort. De ce fait, avant d'acheter un hub USB, assurez-vous de l'endroit où vous devez brancher vos câbles.

L'USB est extrêmement pratique et permet un transfert rapide des photographies et autres données de poids. C'est donc une méthode de connexion directe idéale si vous ne possédez pas de port FireWire (IEEE).

En cas d'absence de port USB

Si votre ordinateur ne propose pas de port USB (ce qui est improbable, à moins que votre machine ne date des temps anciens), la solution est d'acquérir une carte d'extension USB et de l'insérer sur le bus PCI. Pour ce faire, ouvrez l'unité centrale et procédez à l'installation de la carte d'extension. Si vous êtes inquiet à la perspective d'ouvrir le ventre de la "bête", rendez-vous chez un assembleur quelconque (magasin proposant la création d'ordinateur personnalisé) ou à l'endroit où vous avez acheté votre machine.

Matériel requis

Pour réaliser un transfert à partir d'un port USB, vous devez posséder un câble USB que vous brancherez à l'appareil photo numérique et au port USB disponible sur votre ordinateur.

Réalisation du transfert

Voyons maintenant comment procéder au transfert à partir d'un port USB :

1. Commencez par réaliser les branchements. Pour ce faire, insérez la prise dans l'appareil photo numérique et sur le port USB de l'ordinateur.
2. Lancez le logiciel de transfert pour garantir qu'il sera opérationnel.
3. Allumez l'appareil photo numérique, puis activez sur votre appareil photo le mode **Transfert** (souvent symbolisé par un T) ; puis, éventuellement, appuyez sur le bouton **Transfert**. Le transfert s'opère. Les photographies apparaissent une par une dans le logiciel de transfert.

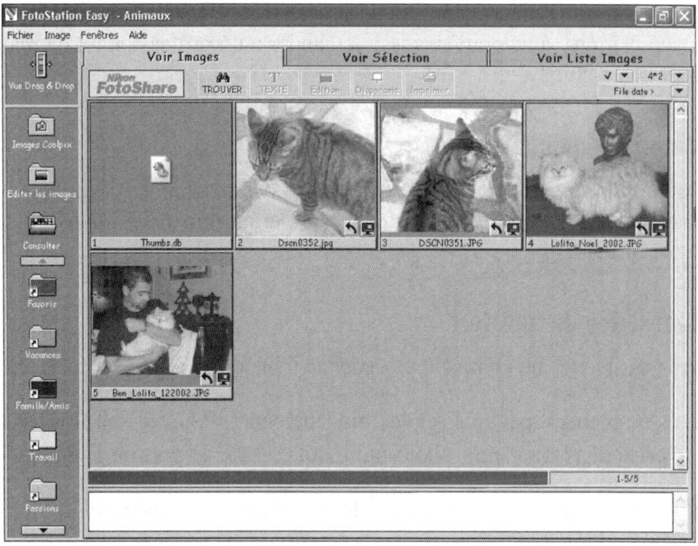

▲ Fig. 8.9 : *Les photographies sont transférées dans le logiciel*

4. Une fois le transfert réalisé, cliquez du bouton droit sur le bouton **Appareil photo numérique** à droite dans la barre des tâches, puis sélectionnez **Retirer le périphérique en toute sécurité**. Dès lors, vous pouvez débrancher l'appareil photo numérique puis l'éteindre.

Transfert des photographies à partir d'un câble IEEE

L'interface FireWire ou IEEE 1394 permet, comme l'interface USB, le branchement de multiples périphériques. Son atout par rapport à l'USB est qu'elle permet un transfert extrêmement rapide. Elle a été initialement créée pour la capture de vidéos numériques, qui ont la réputation d'être consommatrices d'octets. Il est désormais possible de l'utiliser pour transférer des photographies.

En cas d'absence de port IEEE

Si votre ordinateur ne propose pas de port IEEE (ce qui est courant sur les ordinateurs de plus de deux ans), la solution est d'acquérir une carte d'acquisition FireWire et de l'insérer sur la carte mère. Pour ce faire, vous devez ouvrir l'unité centrale et procéder à l'installation de la carte d'acquisition. Vous pouvez aussi demander à un professionnel de réaliser cette installation.

Matériel requis

Pour réaliser ce transfert, vous devez posséder un câble FireWire que vous brancherez à l'appareil photo numérique et au port IEEE disponible sur votre ordinateur.

Réalisation du transfert

Voyons maintenant comment procéder au transfert à partir d'un câble IEEE :

1. Commencez par réaliser les branchements. Pour ce faire, insérez la prise dans l'appareil photo numérique et sur le port de l'ordinateur.
2. Ensuite, lancez le logiciel de transfert pour garantir qu'il sera opérationnel.
3. Allumez l'appareil photo numérique, puis activez sur votre appareil photo le mode **Transfert** (souvent symbolisé par un T) ; puis, éventuellement, appuyez sur le bouton **Transfert**. Le transfert s'opère. Les photographies apparaissent une par une dans le logiciel de transfert.
4. Une fois le transfert réalisé, cliquez du bouton droit sur le bouton **Appareil photo numérique** à droite dans la barre des tâches, puis sélectionnez **Retirer le périphérique en toute sécurité**. Dès lors, vous pouvez débrancher l'appareil photo numérique puis l'éteindre.

Transfert des photographies à partir d'un lecteur de cartes mémoire

Le transfert de photographies à partir d'une connexion indirecte relève d'un principe simple : comme les photographies sont mémorisées dans la carte mémoire de votre appareil photo numérique, vous pouvez extraire cette carte mémoire de son logement puis l'utiliser pour transférer les clichés sur votre ordinateur ! Ce type de connexion permet de se passer du logiciel de transfert de l'appareil photo numérique. Or, parfois, le logiciel en question montre quelques défaillances et, par là même, rend le transfert complexe. Dans ce cas, opérer à partir de la carte mémoire est la solution idéale.

ASTUCE

Économiser la carte mémoire

Si la mémoire de votre appareil photo numérique commence à saturer et que vous souhaitiez tout de même réaliser encore des photographies, réduisez la taille de celles-ci.

Tout sur les cartes mémoire

Vous devez formater la carte mémoire avant de pouvoir l'utiliser pour stocker les photographies que vous réalisez. Pour ce faire, introduisez la carte mémoire dans son logement puis, en vous aidant du menu de votre appareil photo numérique, choisissez l'option *Formater*. Ce formatage réalisé, la carte mémoire est opérationnelle et peut contenir vos photographies.

Vous avez le choix entre différentes capacités de mémoire et différentes marques. Certains appareils photo numériques ont des "exigences" quant à la carte mémoire utilisée : elle doit être de la même marque que l'appareil photo numérique (c'est le cas, par exemple, de l'appareil photo numérique CoolPix de Canon). Si vous ne respectez pas cet impératif, vous ne pouvez pas formater la carte mémoire !

Voici la liste des différents types de cartes mémoire :

- type Secure Digital ;
- type CompactFlash ;
- type Memory Stick ;
- type MultiMedia ;
- type Microdrive ;
- type SmartMedia ;
- type xD-Picture ;
- type Compact Disk.

◄ Fig. 8.10 : *Carte CompactFlash © Dane-Elec*

Voici la liste des principales marques :

- Dane-Elec ;
- Fujifilm ;
- Infineon ;
- Kingston ;
- Kodak ;
- Memorex ;
- Panasonic ;
- Olympus ;
- PNY ;
- Sandisk ;
- Sony ;
- Toshiba ;
- Verbatim.

Chaque modèle de carte mémoire propose différentes capacités de stockage qui varient de 8 Mo à 512 Mo. Vous devez acquérir une carte mémoire dont la capacité est en rapport avec le nombre de photographies que vous souhaitez réaliser. Ainsi, si vous vous rendez dans une soirée près de chez vous, une carte mémoire de petite capacité (16 Mo ou 32 Mo) suffit. En revanche, si vous partez en voyage pour plusieurs semaines, munissez-vous de plusieurs cartes mémoire de grande capacité (192 Mo, 256 Mo, voire 512 Mo). Le prix des cartes mémoire varie en fonction du nombre de mégaoctets (de 10 euros à 350 euros).

Les différents types de lecteurs de cartes mémoire

Pour lire le contenu de la carte mémoire, il faut… un lecteur de cartes mémoire ! Il en existe plusieurs types :

- Lecteur standard de carte mémoire. Ce type de lecteur est constitué d'un petit boîtier en plastique et se raccorde sur le port USB de l'ordinateur. Plusieurs modèles sont proposés : un modèle qui lit uniquement une marque de carte mémoire précise et un modèle qui lit plusieurs marques. Préférez ce dernier modèle.
- Lecteur de disquettes. Le lecteur de disquettes de votre ordinateur peut être utilisé pour le transfert de photographies de certaines cartes mémoire (SmartMedia, Memory Stick…). Il suffit de placer la carte mémoire dans un adaptateur.
- Lecteur de carte mémoire intégré à l'ordinateur. Depuis le début 2003, de nouveaux ordinateurs arrivent sur le marché avec un lecteur de cartes mémoire intégré, dans lequel il suffit de glisser la carte mémoire pour transférer les photographies.
- Adaptateur pour carte PCMIA (uniquement sur les portables). Les ordinateurs portables possèdent un slot d'extension PCMIA. Après avoir installé la carte mémoire dans un adaptateur PCMIA, il suffit de glisser l'adaptateur dans cette extension pour transférer les photographies sur votre ordinateur.

Réalisation du transfert à partir d'un lecteur de cartes mémoire

Voyons maintenant comment procéder pour réaliser le transfert :

1. Si vous utilisez un lecteur de cartes mémoire standard, commencez par brancher ledit lecteur sur l'un des ports USB de votre ordinateur ou dans le hub USB.
2. Cliquez du bouton droit sur le bouton **démarrer** puis sélectionnez **Explorer**.
3. L'explorateur s'affiche. Dans le volet gauche, cliquez sur le lecteur correspondant à votre lecteur de cartes mémoire.
4. Dans le volet droit, les différentes photographies sont listées. Cliquez sur la première photographie puis, tout en maintenant le bouton de la

souris enfoncé, faites-la glisser sur le dossier de votre disque dur dans lequel vous souhaitez la placer. Relâchez le bouton de la souris.

5. Procédez ainsi pour chaque photographie que vous souhaitez transférer sur l'ordinateur.

Réalisation du transfert à partir d'un adaptateur

Voyons maintenant comment procéder pour réaliser le transfert à partir d'un adaptateur :

1. Glissez la carte mémoire dans votre adaptateur.
2. Cliquez avec le bouton droit sur le bouton **démarrer** puis sélectionnez **Explorer**.
3. L'explorateur s'affiche. Dans le volet gauche, cliquez sur le lecteur de disquettes.
4. Dans le volet droit, les différentes photographies sont listées. Cliquez sur la première photographie puis, tout en maintenant le bouton de la souris enfoncé, faites-la glisser sur le dossier de votre disque dur dans lequel vous souhaitez la placer. Relâchez le bouton de la souris.
5. Procédez ainsi pour chaque photographie que vous souhaitez transférer sur l'ordinateur.

REMARQUE

Transfert à partir d'un ordinateur portable

La procédure est identique, excepté que vous glissez l'adaptateur dans le slot d'extension PCMIA.

Numérisation de photographies papier

Si vous souhaitez placer sur votre ordinateur des photographies réalisées avec un appareil argentique, vous avez deux solutions à votre disposition pour les numériser : utiliser un scanner ou bien les déposer chez un photographe professionnel qui se chargera de leur numérisation. Sachez que numériser une photographie, un négatif ou une diapositive consiste à transformer l'énergie lumineuse provenant de l'épreuve papier, du négatif ou de la diapositive en données numériques exploitables par ordinateur.

Scannérisation d'une photographie

D'excellents scanners à plat sont disponibles pour moins de 150 euros. Il est donc préférable de vous en procurer un si vous avez l'intention de numériser beaucoup de photographies réalisées avec un argentique.

Les différents types de scanners

Il existe bon nombre de scanners. Nous n'allons pas tous les citer ici car certains sont réservés à des professionnels et d'autres, si onéreux qu'ils n'ont pas leur place dans cet ouvrage. Voici donc les différents types de scanners accessibles à tous :

- Scanner à plat. C'est le plus répandu. Il est composé d'une vitre sur laquelle le document ou la photographie est posé et d'un capot qui sert à maintenir le document au moment de la numérisation et qui protège, par la même occasion, l'utilisateur d'un éventuel éblouissement dû à la source lumineuse dégagée au moment de l'opération. Il ressemble en fait à un petit photocopieur. Le format le plus courant est A4, qui correspond au format classique 21×29,7. Le système de numérisation est soit un capteur CIS (*Contact Image Sensor*), soit un capteur CCD (*Coupled Cage Device*). Il importe peu de savoir comment la numérisation fonctionne. Sachez simplement que les capteurs CIS sont proposés principalement sur les scanners d'entrée de gamme et qu'ils offrent une faible définition de la numérisation.
- Scanner pour transparents. Ce type de scanner permet de numériser des films transparents (négatifs, diapositives…). C'est en fait un scanner classique qui comprend différents adaptateurs destinés à la numérisation des divers types de transparents. En installant l'un de ces adaptateurs, vous pouvez réaliser la numérisation voulue.
- Scanner de films. Ce type de scanner permet uniquement de numériser des films, contrairement au type précédent. Il est relativement imposant et permet la numérisation de diapositives, de négatifs, etc.

Paramétrage d'un scanner

Voyons comment procéder pour paramétrer un scanner. Les procédures indiquées ici correspondent à un scanner précis. Sachez que votre scanner, bien que sûrement différent, propose les mêmes options. Pour paramétrer un scanner, procédez comme suit :

1. Lancez le logiciel du scanner.

2. Définissez l'objet que vous allez numériser (photographie). Ensuite, précisez que c'est un mode couleur puis lancez la prénumérisation.

3. Une fois celle-ci réalisée, vous voyez apparaître la photographie. Vous pouvez procéder aux autres réglages. Pour modifier la taille du sélecteur (cadre en pointillés), saisissez les nouvelles dimensions dans les options *Largeur* et *Hauteur*. Pour modifier la taille de "sortie" du fichier de numérisation, utilisez l'option *Échelle*. Définissez ensuite la résolution ainsi que la luminosité, le contraste, etc. Lancez la numérisation.

Scannérisation d'une photographie

Voici maintenant comment procéder à la numérisation d'une photographie à partir d'un scanner à plat, ce qui est le cas le plus courant. Les procédures correspondent à un scanner précis ; elles peuvent différer quelque peu selon les appareils, mais le principe reste le même.

1. Lancez le logiciel de numérisation fourni avec le scanner en cliquant sur le bouton **démarrer** puis en sélectionnant **Tous les programmes/ Nom du logiciel**.

2. Placez la photographie, face contre la vitre du scanner, puis refermez le capot.

3. Définissez la scannérisation en utilisant les différentes options proposées : le mode, le type de photographie, etc.

4. Cliquez sur le bouton **Prénumériser**.

5. Au bout de quelques secondes, le scanner a réalisé une reconnaissance de la photographie à scannériser. Cliquez alors sur le bouton **Numériser**.

▲ Fig. 8.11 : *Définissez la numérisation avant de la lancer*

6. La numérisation commence. Comptez entre quelques secondes et deux ou trois minutes, selon le modèle de scanner ou la photographie.

7. Ensuite, nommez la photographie puis définissez son emplacement de stockage sur l'ordinateur. C'est fini !

Numérisation chez un photographe

Si vous n'avez pas de scanner ou si vous souhaitez numériser des diapositives, vous pouvez porter lesdites photographies chez un photographe professionnel qui, contre quelques euros, réalisera un CD-Rom de vos photographies. Vous n'aurez plus ensuite qu'à insérer le CD-Rom en question dans le lecteur adéquat, puis à transférer les photographies dans un dossier de votre ordinateur.

8.5 Les jeux de Windows

Vous allez faire connaissance avec les différents jeux que Windows inclut dans son système. Comme vous le verrez, ce sont principalement des jeux de cartes et de stratégie. Dès que vous serez un peu fatigué et que vous aurez envie de vous délasser, pourquoi ne pas jouer avec Windows ?

Les différents jeux de Windows

L'éventail des jeux mis à votre disposition dans Windows vous empêchera de vous ennuyer devant votre ordinateur. Vous pouvez bien sûr installer d'autres programmes de jeu. Les jeux de cartes et de stratégie représentent un moyen idéal de détente et de divertissement.

Windows propose, par défaut, onze jeux dont vous allez trouver un récapitulatif ci-dessous :

- Atout pique sur Internet. Jeu de cartes. Après vous être connecté à Internet, vous pouvez disputer des parties d'atout pique avec des joueurs eux aussi connectés. Pour commencer une partie, il suffit de suivre les indications.
- Backgammon sur Internet. Jeu de cartes. Après vous être connecté à Internet, vous pouvez disputer des parties de backgammon avec des joueurs eux aussi connectés. Pour commencer une partie, il suffit de suivre les indications.
- Dame de pique. Jeu de cartes. Le but est d'avoir le plus petit score à la fin de la partie et de ne pas avoir en main la dame de pique. Vous vous identifiez par un pseudo à l'ouverture du jeu puis vous jouez contre trois autres participants. Vous disposez d'un menu pour définir des options de jeu, de son et connaître votre score (voir fig. 8.12).
- Dame de pique sur Internet. Jeu de cartes identique au précédent excepté que, après vous être connecté à Internet, vous pouvez disputer des parties de dame de pique avec des joueurs eux aussi connectés.
- Démineur. Jeu de stratégie. Le but est de localiser les mines le plus vite possible sans jamais cliquer sur l'une d'elles. Vous disposez d'un menu pour lancer une nouvelle partie, définir votre niveau, connaître votre score, etc. Si l'une des cases affiche un chiffre, ce dernier indique combien de cases adjacentes dissimulent une mine.

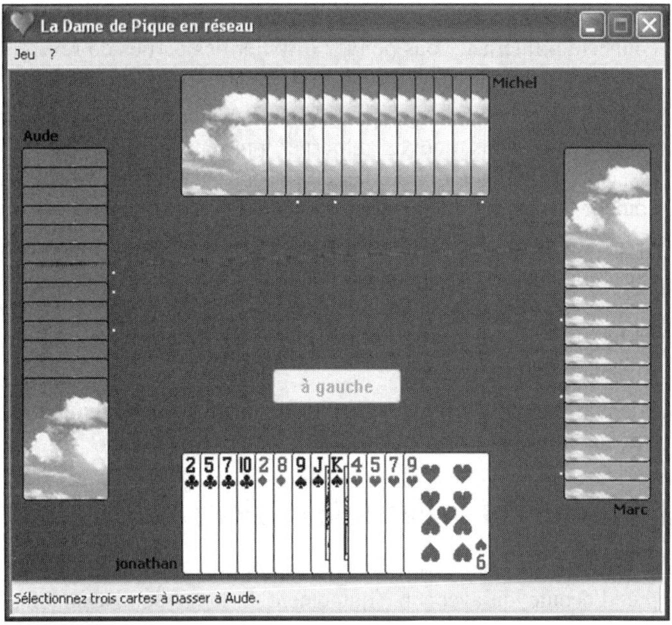

▲ Fig. 8.12 : *La Dame de pique*

- Freecell. Jeu de cartes de type "réussite". Vous devez réaliser toutes les suites de l'as au roi, et ce dans les quatre couleurs. Dans la partie supérieure gauche, vous placez les cartes qui vous encombrent. Dans la partie centrale, vous devez réaliser des suites de cartes, en ordre décroissant. Vous disposez d'un menu pour lancer une partie, définir des options et connaître votre score.
- Jeu de dames sur Internet. Jeu de stratégie. Après vous être connecté à Internet, vous pouvez disputer des parties de jeu de dames avec des joueurs eux aussi connectés.
- Pinball. Jeu de flipper. Vous disposez d'un menu pour démarrer une partie, lancer la bille, suspendre/reprendre la partie, connaître les meilleurs scores. Par défaut, vous appuyez sur la [Barre] [d'espace] pour lancer la bille, sur la touche [A] pour activer le flipper gauche et sur la touche [P] pour activer le flipper droit.

- Reversi sur Internet. Appelé jeu Othello en France. Après vous être connecté à Internet, vous pouvez disputer des parties de reversi avec des joueurs eux aussi connectés.
- Solitaire. Jeu de cartes de type "réussite". Même principe que Freecell excepté que vous pouvez retourner plusieurs fois le talon. Vous disposez d'un menu qui permet de relancer une donne, de changer la couleur du jeu, de définir des options, etc.
- Spider solitaire. Jeu de cartes de type "réussite" identique au précédent excepté que vous choisissez un niveau de difficulté au lancement de la partie. Vous disposez d'un menu qui permet de lancer une nouvelle partie, de recommencer la même partie, de distribuer la rangée suivante, etc.

Pour lancer un jeu de Windows, cliquez sur le bouton **démarrer** puis cliquez sur **Tous les programmes/Jeux/Nom du jeu**.

8.6 Écouter et copier de la musique

Vous devez savoir que vous n'obtiendrez pas avec un ordinateur la même qualité d'écoute qu'avec un équipement hi-fi stéréo. Néanmoins, les ordinateurs sont tous équipés d'une carte son et permettent d'en auditionner dans des conditions tout à fait acceptables. La carte son est un composant interne à l'ordinateur sur lequel il est possible de connecter des haut-parleurs.

C'est à partir du Lecteur Windows Media que vous pouvez auditionner des fichiers son et aussi les copier sur votre disque dur. L'avantage considérable qu'apporte Windows en matière d'audition de son est que, étant multitâche, il autorise dans le même temps que vous travailliez dans un ou plusieurs autres logiciels. Ainsi, vous pouvez rédiger une lettre, faire vos comptes tout en écoutant de la musique. Après les fameux sept nains qui sifflaient en travaillant, vous voici écoutant de la musique en travaillant. Tout un programme !

Notez que l'audition de CD audio implique naturellement que votre ordinateur soit équipé à cet effet. À cette fin, il doit être doté d'une carte son et d'un lecteur de CD-Rom, ce qui est pratiquement toujours le cas des ordinateurs récents. En outre, il faut que les haut-parleurs soient connectés correctement à la carte son et allumés, s'ils contiennent un amplificateur intégré.

Utilisation du Lecteur Windows Media

Programme fourni avec Windows, cet outil est idéal pour écouter de la musique et visualiser de la vidéo comme indiqué plus loin dans ce chapitre. Voici comment utiliser le Lecteur Windows Media afin d'écouter de la musique sur l'ordinateur. Pour ce faire :

1. Commencez par insérer le CD-Rom audio dans le lecteur adéquat.
2. Après quelques secondes, la boîte de dialogue **Audio CD** apparaît. Cliquez sur **Lire un CD audio Utilise Lecteur Windows Media** puis cliquez sur le bouton OK.
3. Le Lecteur Windows Media apparaît. Utilisez les commandes de lecture et de personnalisation sachant que :
   - Pour naviguer de piste en piste, double-cliquez sur la piste de votre choix ou cliquez sur le bouton **Précédent** ou **Suivant**.
   - Pour naviguer sur la piste en cours d'audition, faites glisser le curseur du bouton **Recherche**.
   - Pour régler le volume, faites glisser le curseur du bouton **Volume**.
   - Pour faire une pause, cliquez sur le bouton **Suspendre**.
   - Pour stopper l'écoute, cliquez sur le bouton **Arrêter**.

ASTUCE

Utiliser le menu Lecture

Vous pouvez aussi utiliser le menu **Lecture** pour accéder à toutes les commandes de lecture.

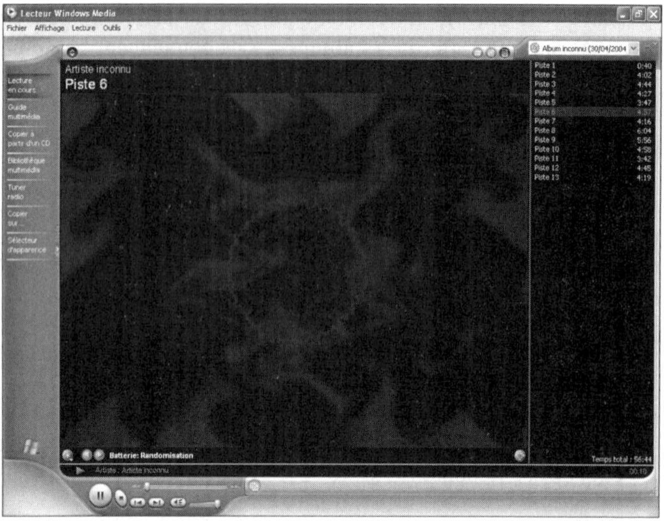

▲ Fig. 8.13 : *Le Lecteur Windows Media*

Pour ouvrir le Lecteur Windows Media sans utiliser la boîte de dialogue, cliquez sur le bouton **démarrer** puis sélectionnez **Tous les programmes/ Accessoires/Divertissements/Lecteur Windows Media**.

Copie de musique sur l'ordinateur

Apprenez maintenant à copier une ou plusieurs pistes audio sur votre ordinateur :

1. Commencez par insérer le CD-Rom audio dans le lecteur adéquat.

2. Après quelques secondes, la boîte de dialogue **Audio CD** apparaît. Cliquez sur **Lire un CD audio Utilise Lecteur Windows Media** puis cliquez sur le bouton OK.

3. Dans la barre des tâches du Lecteur, cliquez sur **Copier à partir d'un CD**. Si celle-ci n'est pas affichée, cliquez sur la petite flèche, sur le bord gauche du lecteur.

4. Dans la liste des pistes du CD, cliquez sur les cases d'option des pistes que vous souhaitez copier.

5. Cliquez sur le bouton **Copier la musique**. L'état d'avancement de la copie est symbolisé par une progression de pourcentage en couleur. La copie est placée dans la bibliothèque multimédia.

▲ Fig. 8.14 : *Copie de pistes audio sur l'ordinateur*

Une fois la copie réalisée, vous n'avez plus besoin du CD audio pour écouter vos morceaux de musique préférés.

1. Ouvrez le Lecteur Windows Media comme indiqué précédemment.

2. Cliquez sur le bouton **Bibliothèque multimédia** dans la barre des tâches.

3. Dans le dossier *Audio*, double-cliquez sur le fichier que vous souhaitez écouter.

Pour supprimer un fichier audio dans la bibliothèque multimédia, cliquez du bouton droit dessus puis sélectionnez **Supprimer de la bibliothèque** dans le menu contextuel.

ASTUCE

Fichier MP3

Depuis quelques années, le format *.mp3* a été mis au point. Ce format permet de réduire notablement le poids des fichiers audio. De plus, des milliers de fichiers de ce type sont disponibles sur le Web. Vous pouvez les télécharger à loisir et les écouter sur votre ordinateur dès lors que vous n'en ferez pas d'utilisation commerciale.

Personnalisation du Lecteur Windows Media

Comme vous allez le voir, vous pouvez à votre convenance personnaliser le Lecteur Windows Media de façon qu'il corresponde en tous points à vos desiderata. Pour modifier la visualisation de la musique de la partie centrale :

1. Cliquez sur le bouton **Sélectionner une visualisation...**

2. Dans le menu qui se déroule, cliquez sur la vue à activer.

Par défaut, c'est le mode d'affichage **Complet** qui est actif. Ce mode présente l'inconvénient, si vous travaillez en même temps dans un autre programme, de masquer une bonne partie de l'écran. Vous pouvez bien sûr réduire la fenêtre comme nous vous l'avons enseigné au chapitre *Prise en main et personnalisation de Windows*. Voici une autre solution, beaucoup plus "fun" !

Pour passer en mode **Apparence**, sélectionnez **Mode apparence** dans le menu **Affichage**. Le Lecteur Windows Media se réduit à l'état d'une console. Tous les boutons de lecture sont placés dans le bas de la console. Si l'aspect de la console ne vous satisfait pas, vous pouvez la modifier. Pour ce faire :

1. Cliquez dans la partie centrale de l'icône *Lecteur*, qui s'est placée sur le bureau, puis cliquez sur **Sélectionner une nouvelle apparence** dans le menu qui se déroule.

2. Dans la liste qui apparaît, cliquez sur les différentes apparences : l'apparence sélectionnée s'affiche dans le volet droit. Lorsque vous avez trouvé l'apparence qui vous convient, double-cliquez dessus.

Pour revenir au mode **Complet**, cliquez dans la partie centrale de l'icône *Lecteur* puis, dans le menu qui se déroule, cliquez sur **Basculer en mode complet**.

8.7 Visualisation de vidéos

À partir du Lecteur Windows Media, vous pouvez aussi visualiser des fichiers vidéo. Le Lecteur Windows Media possède des fonctions qui permettent de lire directement ce type de fichier. Alors que le son est restitué par l'intermédiaire de la carte son, les séquences vidéo sont affichées directement sur l'écran au travers d'une carte vidéo. Les fonctions de lecture des fichiers vidéo transforment ainsi votre ordinateur en véritable "cinéma à domicile". Si l'ordinateur est suffisamment rapide et si les cartes adéquates sont installées, vous pouvez visualiser les vidéos en plein écran et auditionner la bande sonore.

Pour visualiser une vidéo, lancez le Lecteur Windows Media comme indiqué précédemment puis ouvrez le fichier vidéo ou insérez le CD-Rom dans le lecteur. Le logiciel charge le fichier et commence sa lecture. Les boutons situés dans la partie inférieure de la fenêtre permettent de piloter la lecture, exactement comme dans le cas des CD audio. De plus, vous pouvez modifier les dimensions de l'image à partir du menu **Affichage**.

8.8 Connexion à Internet

Par les temps qui courent, il est impossible que vous n'ayez pas entendu parler d'Internet ! Néanmoins, en connaître l'existence est une chose, savoir l'utiliser en est une autre. Dans cette section, vous allez découvrir tout ce qu'il est nécessaire de connaître avant de faire le grand saut dans la communication du 3e millénaire. Vous apprendrez aussi à naviguer sur le Web, à envoyer des messages électroniques, à participer à des groupes de discussion et à converser dans la messagerie instantanée.

Principes

Littéralement, Internet est une contraction d'*International Network* que l'on traduit par "réseaux interconnectés". Comme vous le savez déjà, Internet est le réseau des réseaux, c'est-à-dire qu'il permet à des ordinateurs du monde entier de communiquer. Pour être tout à la fois clairs et concis, notons que, afin que les informations circulent entre les ordinateurs du monde entier, les données sont découpées en paquets additionnés de renseignements de service tels que l'identité du destinataire, de l'émetteur, etc. Des routeurs récupèrent ces informations et les acheminent à destination. Pour que la circulation se fasse sans encombre entre les ordinateurs, un protocole commun à tous les ordinateurs connectés a été créé, qui permet ainsi de réglementer la circulation. En ce qui concerne Internet, c'est le protocole TCP/IP qui est en vigueur.

Néanmoins, pour que cette communication fonctionne, il est indispensable de posséder et de mettre en place un certain nombre d'éléments.

Création de la connexion

Deux éléments sont indispensables pour la connexion à Internet, en plus d'un ordinateur, bien évidemment :

- une carte modem ou un modem branché sur le PC, chacun relié à la ligne téléphonique, ou une carte RNIS, ou encore un boîtier ADSL ;
- un abonnement auprès d'un fournisseur d'accès à Internet.

Une fois en possession de ces éléments, vous devez configurer votre ordinateur afin qu'il établisse la connexion. Pour bien comprendre le pourquoi du comment, il est nécessaire de créer cette connexion ; nous allons vous expliquer brièvement ce qu'il en est. Afin d'être le plus clair possible, nous allons comparer la connexion à Internet avec la connexion d'une télévision à une chaîne satellite. Pour y avoir accès, vous devez contracter un abonnement (correspondant à celui que vous prenez auprès du FAI), installer une antenne de réception (correspondant au modem), posséder un décodeur (correspondant au navigateur) et une télévision (correspondant à l'ordinateur). Le satellite bascule les informations à l'antenne, celle-ci les envoie sur le décodeur, qui retranscrit le langage et l'affiche sur votre télévision.

De la même façon, Internet envoie les informations au FAI, qui les envoie sur votre ordinateur par l'intermédiaire du modem. Les informations sont transcrites en images, texte, son, etc. par le navigateur. Voilà, le principe est on ne peut plus simple !

Pour accéder à Internet, vous devez donc souscrire un abonnement auprès d'un FAI qui, une fois le contrat défini dans le cas d'un provider payant, va ensuite vous indiquer son numéro d'appel, les réglages à réaliser sur votre machine, votre mot de passe, etc. Une fois en possession de ces éléments, vous pourrez vous connecter au réseau de votre FAI et, enfin, accéder à Internet.

Différents types d'abonnements sont proposés ; à vous de choisir celui qui correspond le mieux à vos besoins.

Si vous avez choisi un abonnement ADSL, le FAI vous fera parvenir, en même temps que le boîtier et après avoir testé votre ligne téléphonique, les instructions à suivre pour configurer la connexion.

Si vous avez choisi un abonnement classique, vous recevrez un CD-Rom qui constitue un kit de connexion. Pour l'installer, vous devez suivre les étapes ci-après, sachant que celles-ci varient quelque peu en fonction du FAI :

1. Insérez le CD-Rom dans votre lecteur. S'il ne s'exécute pas automatiquement, vous devrez l'aider à se lancer en cliquant sur l'icône *Poste de travail* puis sur celle de votre lecteur de CD.

2. Cliquez ensuite sur le bouton **Installation du kit de connexion** et confirmez votre décision.

3. Après avoir installé le navigateur et procédé au redémarrage de votre ordinateur (pour que celui-ci prenne en compte les nouveaux fichiers), le programme vous demandera vos coordonnées personnelles sommaires.

4. Cliquez sur le bouton OK pour valider vos entrées et pouvoir accéder à la deuxième étape.

5. Dans la seconde étape, vous devrez généralement indiquer :

- le numéro de série ;
- vos coordonnées personnelles, cette fois de façon détaillée ;
- les caractéristiques techniques de votre machine ;
- vos coordonnées bancaires.

6. La dernière étape vous proposera de lancer votre première connexion.

Connexion

Après avoir créé la connexion, il faut la lancer pour accéder à Internet. Dans la plupart des cas, une icône de raccourci pointant vers la connexion a été installée sur le bureau. Pour vous connecter, il suffit de double-cliquer sur cette icône puis de cliquer sur **Connecter** ou **Se connecter** ou encore **Connexion**.

Si vous ne voyez pas apparaître d'icône de raccourci, cliquez sur le bouton **démarrer** puis sélectionnez **Connexion/Nom de la connexion**.

Vous pouvez maintenant naviguer sur le Web, envoyer des messages électroniques, en recevoir, participer à une conversation, etc.

◄ Fig. 8.15 : *Connexion à Internet*

RENVOI

Reportez-vous au chapitre *Astuces diverses et variées* pour voir comment configurer le pare-feu afin de protéger vos connexions à Internet.

Déconnexion

Une fois que vous avez fini de naviguer sur le Web, d'envoyer vos messages, etc., vous devez vous déconnecter. Cette procédure est très simple.

Pour ce faire, il suffit de cliquer sur **Déconnecter** ou **Se déconnecter** ou encore **Déconnexion** dans la boîte de dialogue de la connexion.

8.9 Messagerie électronique avec Outlook Express

Il est important de comprendre comment fonctionne la messagerie électronique avant de l'utiliser. Vous saisirez beaucoup plus vite les procédures une fois que vous aurez compris les principes de fonctionnement. Tout comme pour le courrier postal, lorsque vous voulez envoyer un message vous devez d'abord rédiger celui-ci, indiquer l'adresse électronique du destinataire, préciser un objet, puis envoyer le message. Ensuite, c'est le service de poste qui intervient. Dans la messagerie électronique, c'est votre fournisseur d'accès qui fait office de facteur : il réceptionne le message sur un serveur de courrier, puis il l'envoie au fournisseur d'accès de votre correspondant. Le transfert du courrier est fait sous le protocole SMTP (*Simple Mail Transport Protocol*). Lorsque le message arrive chez le fournisseur d'accès à Internet de votre destinataire, il est stocké dans une boîte postale temporaire appelée POP (*Post Office Protocol*) ou IMAP. Dès que votre destinataire se connecte au réseau de son fournisseur d'accès à Internet par l'intermédiaire de son logiciel de messagerie, les messages stockés lui sont immédiatement envoyés.

Pour envoyer des messages électroniques ou en recevoir, vous devez disposer d'une adresse électronique. Elle vous sera fournie par le FAI au moment de la prise de votre abonnement. Notez qu'une adresse électronique est l'équivalent d'une adresse postale : elle permet d'identifier le destinataire de votre message.

Lancement d'Outlook Express et configuration du compte de messagerie

Pour lancer Outlook Express, il suffit de cliquer sur le bouton **démarrer** puis de sélectionner **Tous les programmes/Outlook Express**.

Pour recevoir votre courrier postal, vous disposez d'une boîte aux lettres. La boîte aux lettres de la messagerie électronique est appelée compte de messagerie. Afin de pouvoir recevoir et envoyer du courrier, il faut donc configurer un compte de messagerie. En effet, votre correspondant doit indiquer votre adresse électronique puis envoyer son message à votre FAI, lequel va rechercher votre adresse, puis envoyer le message sur votre ordinateur par l'intermédiaire du modem.

Si vous n'avez pas créé de compte de messagerie, le message se dirige vers votre ordinateur mais, ne trouvant pas de "boîte aux lettres", il repart vers son expéditeur d'origine. Notez que les informations à saisir dans l'Assistant d'un compte de messagerie sont fournies par votre FAI. Ayez ces informations à portée de main lorsque vous créez votre compte de messagerie. Pour créer un compte de messagerie :

1. Cliquez sur **Comptes** dans le menu **Outils**.
2. Dans la boîte de dialogue qui s'affiche, cliquez sur le bouton **Ajouter** et sélectionnez **Courrier**.
3. Dans la première boîte de l'Assistant de connexion Internet, saisissez un nom (votre prénom, votre nom, etc.). Cliquez sur le bouton **Suivant**.
4. Saisissez votre adresse de messagerie. Cliquez sur le bouton **Suivant**.
5. Dans l'option *Serveur de courrier entrant...*, saisissez l'information nécessaire.
6. Dans l'option *Serveur de courrier sortant...*, saisissez également l'information nécessaire. Cliquez sur le bouton **Suivant**.
7. Dans la nouvelle boîte de l'Assistant, saisissez éventuellement un nouveau nom pour le compte, puis votre mot de passe. Au fur et à

mesure que vous saisissez le mot de passe, vous voyez apparaître des étoiles. Cliquez sur le bouton **Suivant** puis sur **Terminer**.

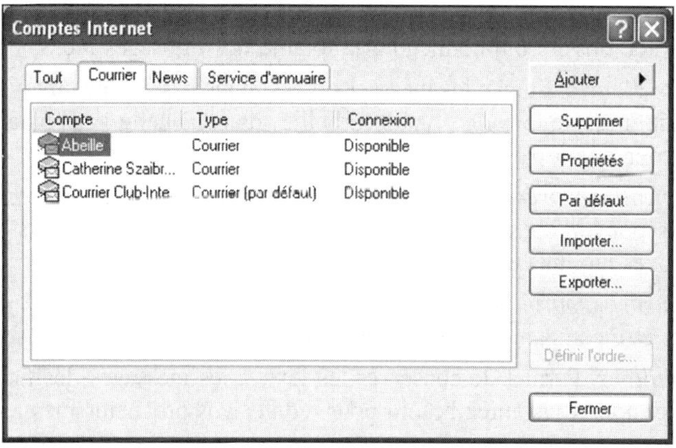

▲ Fig. 8.16 : *Création de comptes de messagerie*

8. Le compte que vous venez de créer apparaît dans la boîte de dialogue **Comptes Internet**, onglet **Courrier**. Cliquez sur le bouton **Fermer**.

Pour supprimer un compte de messagerie, sélectionnez, dans la boîte de dialogue **Compte Internet**, le compte puis cliquez sur le bouton **Supprimer**. Confirmez la suppression.

Pour modifier les propriétés d'un compte de messagerie, cliquez, dans la boîte de dialogue **Comptes Internet**, sur le compte à rectifier pour le sélectionner puis cliquez sur le bouton **Propriétés**. Cette boîte de dialogue propose plusieurs onglets qui permettent de définir les propriétés du compte, du serveur, de la connexion, des options de sécurité, des délais d'attente du serveur, de la scission des messages de gros volume, etc. Définissez vos modifications dans les différents onglets, cliquez sur le bouton OK pour valider.

Les dossiers d'Outlook Express

Lorsque vous ouvrez Outlook Express, vous apercevez un certain nombre de dossiers. Ces dossiers correspondent à des tiroirs qui permettent de ranger votre courrier électronique, tout comme vous classez chez vous vos lettres et paquets transmis par la poste. Voici la description des dossiers proposés dans Outlook Express :

- *Boîte de réception*. L'équivalent électronique de la boîte aux lettres. C'est ce dossier qui contiendra la totalité des messages reçus.
- *Boîte d'envoi*. Stocke les messages créés, mais pas encore envoyés. Il s'agit en quelque sorte d'une "corbeille" dans laquelle vous placez le courrier prêt à partir.
- *Éléments envoyés*. Renferme les messages que vous avez envoyés. Vous pouvez consulter à tout moment les messages que vous avez envoyés aux uns et aux autres.
- *Éléments supprimés*. Contient tous les éléments que vous avez jetés. Peut être comparé à la corbeille de Windows.
- *Brouillons*. Permet de conserver les textes, les messages, les fichier-s, etc. dont vous aurez besoin pour rédiger vos prochains messages.

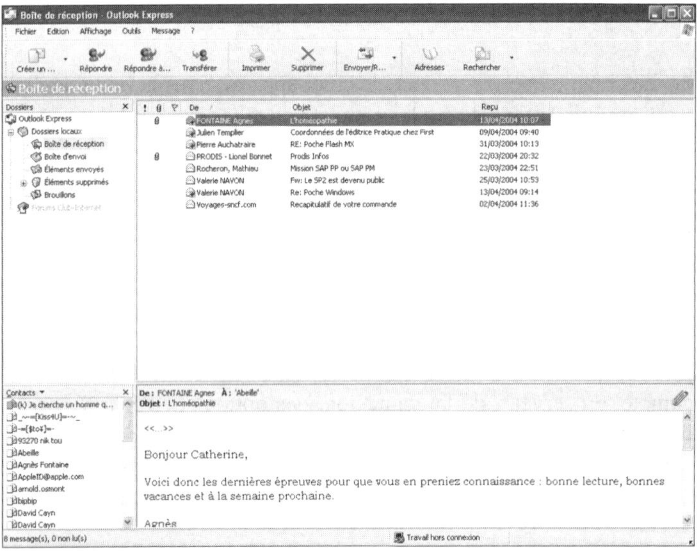

▲ Fig. 8.17 : *Interface d'Outlook Express*

Création et gestion du carnet d'adresses

Le carnet d'adresses est votre répertoire électronique. Vous pouvez y placer les coordonnées téléphoniques, l'adresse électronique et l'adresse postale des membres de votre famille, de vos amis et de vos fournisseurs, appelés ici des *contacts*. Pour créer un nouveau contact :

1. Cliquez sur le bouton **Adresses** dans la barre d'outils.
2. Le carnet d'adresses s'ouvre. Dans celui-ci, cliquez sur le bouton **Créer** et sélectionnez **Nouveau contact**.
3. La boîte de dialogue **Propriétés** s'affiche. Remplissez les options de votre choix dans les différents onglets proposés. N'oubliez pas d'indiquer l'adresse électronique de votre contact. Cliquez sur le bouton OK pour valider.
4. Le contact que vous venez de créer s'affiche dans la liste du carnet d'adresses. Cliquez sur le bouton système **Fermer** dans la barre de titre. Le contenu de votre carnet d'adresses électronique apparaît dans le dossier *Contacts*.

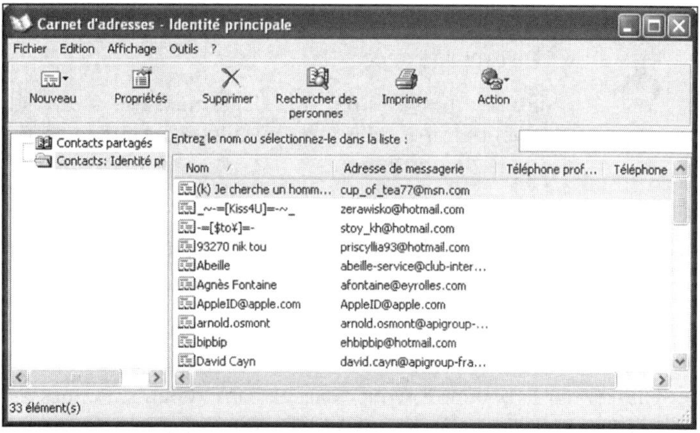

▲ Fig. 8.18 : *Création d'un carnet d'adresses*

Pour créer plus rapidement votre carnet d'adresses, vous pouvez, dès qu'un message vous est adressé, cliquer du bouton droit dessus et sélectionner **Ajouter l'expéditeur au Carnet d'adresses**.

Pour supprimer un contact, cliquez dessus du bouton droit puis sélectionnez **Supprimer** et confirmez la suppression.

Rédaction et envoi de message

Voici maintenant la procédure de rédaction de messages électroniques. Vous pouvez composer votre courrier en étant connecté ou en ne l'étant pas. Pour rédiger un message :

1. Cliquez sur le bouton **Créer un message** dans la barre d'outils de n'importe quel dossier.
2. La boîte de composition du message s'affiche. Dans la zone de texte de l'option *A*, saisissez l'adresse électronique de votre destinataire. Pour l'envoyer à plusieurs correspondants, saisissez les différentes adresses électroniques de vos destinataires en les séparant par un point-virgule.

ASTUCE

Envoyer une copie

Pour envoyer une copie du message à un autre destinataire, indiquez son adresse dans la zone de texte de l'option *Cc*.

3. Cliquez dans la zone de texte de l'option *Objet* et saisissez un bref descriptif du contenu de votre message ou, plus simplement, son titre.
4. Cliquez dans le volet inférieur, puis saisissez votre message.
5. Cliquez sur le bouton **Envoyer** dans la barre d'outils. Le message est envoyé. Si vous n'êtes pas connecté, ce message sera stocké dans le dossier *Boîte d'envoi*. Il sera envoyé dès que vous vous connecterez à Internet.

◄ Fig. 8.19 : *Création d'un message*

ASTUCE

Important ou non, le message ?

Pour définir la priorité d'un message, cliquez, dans la boîte de rédaction de celui-ci, sur **Priorité/Niveau à activer**.

Association d'un fichier à un message

Lorsque vous envoyez des messages, vous pouvez joindre un fichier contenant, par exemple, un document ou encore une photographie, un tableau, etc. Pour joindre un fichier à un message :

1. Dans la boîte de rédaction du message, sélectionnez **Joindre** dans le menu **Insertion** ou cliquez sur le bouton **Joindre** dans la barre d'outils.

2. Parcourez votre disque dur afin d'afficher le dossier puis le fichier à insérer.

3. Double-cliquez sur le fichier. Celui-ci s'insère dans le message.

4. Dans la boîte de rédaction du message, l'option *Joindre* apparaît. Le nom du fichier joint s'y affiche.

5. Cliquez sur le bouton **Envoyer** dans la barre d'outils. Le message est envoyé. Si vous n'êtes pas connecté, ce message sera stocké dans le dossier *Boîte d'envoi*. Il sera envoyé dès que vous vous connecterez à Internet.

▲ Fig. 8.20 : *Joindre un fichier à un message*

Notez que les messages contenant un fichier joint affichent en leur regard un trombone.

Embellissement et mise en forme d'un message

Lorsque vous créez un message, la police utilisée par défaut est Arial, en taille 10 et avec alignement à gauche. Il est possible de modifier ces paramètres *via* la barre d'outils *Mise en forme*, qui s'active dès que vous cliquez dans le volet de rédaction du message.

Si la barre d'outils *Mise en forme* n'apparaît pas, cliquez sur **Texte enrichi (HTML)** dans le menu **Format** pour l'afficher. Pour réaliser les mises en forme, sachez les précisions suivantes :

- Pour modifier la police, sélectionnez le texte concerné puis cliquez sur le bouton fléché de l'option *Police* et sélectionnez celle voulue.
- Pour modifier la taille de police, sélectionnez le texte concerné puis cliquez sur le bouton fléché de l'option *Taille de police* et sélectionnez celle voulue.
- Pour aligner les paragraphes, sélectionnez le texte concerné puis cliquez sur l'alignement à activer dans la barre d'outils.
- Pour appliquer un attribut, sélectionnez le texte concerné puis cliquez sur l'attribut voulu dans la barre d'outils.
- Pour modifier la couleur du texte, sélectionnez le texte concerné puis cliquez sur le bouton fléché de l'option *Couleur de police* et sélectionnez celle voulue.
- Pour gérer les paragraphes en ajoutant des puces, des numéros, etc., sélectionnez le texte concerné puis cliquez sur la mise en forme à activer dans la barre d'outils.
- Pour créer une couleur d'arrière-plan, sélectionnez **Arrière-plan/Couleur** dans le menu **Format** puis cliquez sur la couleur à activer.
- Pour afficher une image en arrière-plan, sélectionnez **Arrière-plan/Image** dans le menu **Format**. Dans la boîte de dialogue qui apparaît, cliquez sur le bouton **Parcourir** puis naviguez sur votre disque dur afin de rechercher le fichier de l'image. Double-cliquez dessus pour le sélectionner.
- Pour choisir un papier à lettres, sélectionnez **Appliquer le papier à lettres/Nom du papier à lettres** dans le menu **Format**.

REMARQUE

Supprimer un papier à lettres

Pour supprimer le papier à lettres, double-cliquez sur le message à modifier puis, dans le menu **Format**, sélectionnez **Appliquer le papier à lettres/Pas de papier à lettres.**

Réception de messages

Tout comme avec le courrier postal, vous devez ouvrir votre boîte aux lettres pour vérifier si vous avez reçu du courrier. Voici comment faire :

1. Connectez-vous à Internet comme indiqué plus avant.
2. Lancez Outlook Express.
3. Dans la barre d'outils, cliquez sur le bouton **Envoyer/Recevoir**. Dès lors, votre FAI va vérifier votre courrier et vous l'envoyer dans votre messagerie, dans le dossier *Boîte de réception*.

Lecture des messages reçus

Une fois que vous avez relevé le courrier, vous devez le lire ! Pour lire un message :

1. Dans le dossier *Boîte de réception*, double-cliquez sur le message que vous souhaitez lire.
2. Le contenu du message s'affiche dans une boîte. Lorsque vous avez terminé de lire votre message, cliquez sur le bouton **Fermer** dans la barre de titre de la boîte.

Pour lire le contenu d'un message sans l'ouvrir, dans le menu **Affichage** sélectionnez **Disposition**. Dans la boîte de dialogue qui s'affiche, activez la case à cocher de l'option *Afficher le volet de visualisation* puis précisez à quel endroit ce volet doit apparaître. Cliquez sur le bouton OK pour valider.

ASTUCE

Suppression des messages lus

Afin de ne pas encombrer inutilement votre messagerie de messages déjà lus, supprimez-les au fur et à mesure que vous les avez lus. Pour ce faire, cliquez dessus puis appuyez sur la touche Suppr. Le message est désormais stocké dans le dossier *Eléments supprimés*, qui est l'équivalent de la corbeille de Windows.

Réponse à un message

Vous venez de recevoir un message auquel vous devez impérativement répondre ? Vous allez voir que quelques clics suffisent. Pour répondre à un message :

1. 

Cliquez sur le message auquel vous souhaitez répondre, puis sur le bouton **Répondre** dans la barre d'outils.

2. Une boîte de message s'affiche : le destinataire est automatiquement spécifié, et l'option *Objet* affiche le suffixe *Re* (réponse), suivi de l'objet initial du message. Par ailleurs, le contenu du message original s'affiche dans la partie inférieure du volet de saisie. Spécifiez éventuellement le destinataire en copie, saisissez le libellé de votre message, puis cliquez sur le bouton **Envoyer**.

Pour répondre à tous les destinataires d'un message, reprenez la procédure ci-avant excepté que vous cliquez sur le bouton **Répondre à tous**.

Gestion des messages

Faites maintenant connaissance avec quelques "trucs" pour gérer au mieux le courrier dans votre messagerie électronique.

Impression d'un message

Pour conserver une trace écrite de vos messages, imprimez-les. Pour ce faire, il suffit, après avoir cliqué sur le message dans la liste, de cliquer sur le bouton **Imprimer** ; puis suivez les procédures habituelles.

Mémorisation des pièces jointes

Lorsque vous recevez des pièces jointes, mieux vaut les enregistrer sur votre disque dur. En effet, si vous ne prenez pas cette précaution, vous risquez de les jeter lorsque vous supprimerez vos messages. Pour enregistrer une pièce jointe :

1. Cliquez sur le message qui contient la pièce jointe, puis sur le bouton symbolisé par un trombone dans le volet de visualisation. Dans le menu qui se déroule, sélectionnez **Enregistrer les pièces jointes**.

2. Dans le menu qui se déroule, cliquez sur le bouton **Enregistrer** puis, dans la boîte de dialogue qui s'affiche, sélectionnez le dossier qui devra contenir les pièces jointes.

Récupération d'un message supprimé

Si vous avez, par mégarde, jeté un message qui devait être conservé, réalisez la procédure suivante : cliquez sur le dossier *Eléments supprimés* puis sur le message à restaurer. Ensuite, tout en maintenant le bouton de la souris enfoncé, faites-le glisser sur le dossier *Boîte de réception*. Relâchez le bouton de la souris.

Filtrage de la messagerie

Vous pouvez créer un certain nombre de règles pour filtrer votre courrier et ne plus être dérangé par les importuns. Pour créer un filtre de courrier :

1. Sélectionnez **Règles de message/Courrier** dans le menu **Outils**.

2. Dans la boîte de dialogue **Nouvelle règle de courrier** qui apparaît, cliquez sur la condition de votre choix dans la zone 1.

3. Dans la zone 2, activez l'action à affecter à la règle. Dans la zone 3, cliquez sur le lien hypertexte puis sélectionnez les expéditeurs à partir du carnet d'adresses dans la boîte de dialogue qui apparaît.

4. Cliquez sur le bouton OK pour valider.

5. Dans la zone 4, nommez la règle et cliquez sur le bouton OK.

Pour bloquer un expéditeur :

1. Sélectionnez **Règles de message/Liste des expéditeurs bloqués** dans le menu **Outils**.

2. La boîte de dialogue **Règles de messages** apparaît. Cliquez sur le bouton **Ajouter**.

3. La boîte de dialogue **Ajouter l'expéditeur** apparaît. Saisissez l'adresse de l'expéditeur à bloquer.

4. Activez la case à cocher de l'option *Messages de courrier*. Cliquez sur le bouton OK.

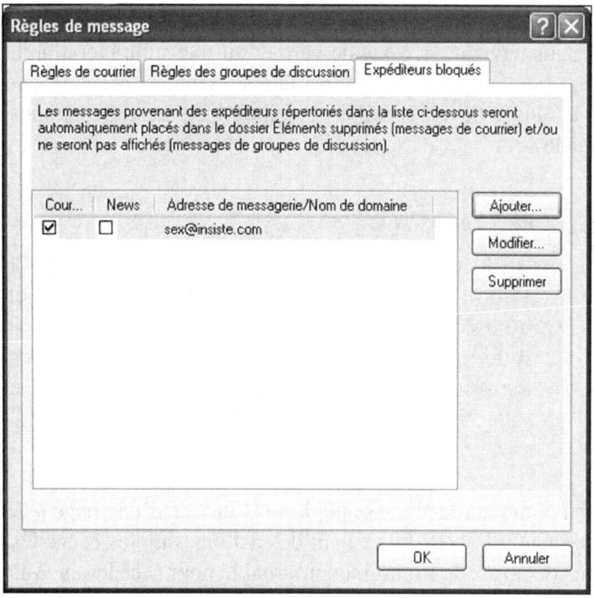

▲ Fig. 8.21 : *Blocage d'un expéditeur*

Définition des options d'Outlook Express

Vous pouvez, à loisir, paramétrer les options de votre messagerie. Par exemple, demandez à Outlook de vider automatiquement le dossier *Eléments supprimés* chaque fois que vous quittez le programme ou encore précisez-lui, par défaut, la police des messages, etc. Tous ces paramètres sont définis à partir de la boîte de dialogue **Options**.

Pour paramétrer Outlook, sélectionnez **Options** dans le menu **Outils**. Naviguez dans les différents onglets afin de définir vos préférences. Validez en cliquant sur le bouton OK lorsque vous avez terminé.

8.10 Navigation sur le Web avec Internet Explorer

Les sites et les pages du Web sont écrits dans un langage appelé HTML. Spécifique au Web, le HTML est le langage commun aux créateurs de sites du monde entier. Il est important de comprendre que c'est le navigateur qui traduit le code HTML et affiche sur votre écran les pages en bonne et due forme. Sans navigateur, vous ne verriez qu'une suite incompréhensible de codes ! Le navigateur est comparable à un magnétoscope : sans lui, même avec la plus belle télévision et la meilleure des cassettes, impossible de visualiser le film !

REMARQUE

Site et pages web

Sur le Web, un site est un ensemble de pages qui traitent du même thème. Une page est bel et bien l'une des pages d'un site, mais elle peut aussi constituer un site à elle toute seule. En fait, un site est un contenant et les pages, son contenu. Dans un site, vous naviguez en utilisant les liens hypertexte.

De ce fait, naviguer sur le Web, se déplacer d'un clic d'une page à l'autre ou d'un continent à l'autre deviennent des actions simples et faciles, dès lors que vous disposez de l'outil incontournable pour accéder au Web : un navigateur. Le navigateur est un programme informatique utilisé pour explorer le Web et surfer dans les meilleures conditions possibles. Ce n'est ni plus ni moins qu'un logiciel capable d'envoyer une requête à un serveur et de décoder le langage HTML afin que les données reçues en retour soient lisibles à l'écran.

Le lien hypertexte est LE moyen simple et efficace de naviguer à l'intérieur d'un site ou à travers plusieurs sites pour accéder à des informations complémentaires. Il est en général symbolisé par un mot ou une phrase qui apparaît en souligné et dans une couleur différente de celle du texte (très souvent le bleu). Il peut aussi être intégré à une image, à un dessin, à un pictogramme, à une icône ou tout autre élément graphique. Pour repérer rapidement un lien hypertexte, quel que soit l'élément qui le constitue, pointez dessus : votre souris se transforme en main. Si vous cliquez dessus, la page vers laquelle le lien hypertexte pointe s'affiche.

Comme nous venons de vous le préciser, le navigateur de Windows — et donc de Microsoft — est Internet Explorer. Windows XP comprend la version 6 d'Internet Explorer, qui a été grandement améliorée par rapport aux versions précédentes. Grâce à cet outil, surfer sur le Web est d'une simplicité enfantine !

Plusieurs procédures sont à votre disposition pour démarrer Internet Explorer :

- Cliquez sur le bouton **démarrer** puis sélectionnez **Tous les programmes/Accessoires/Internet Explorer**.
- Cliquez sur le bouton **Démarrer Internet Explorer** dans la barre de lancement rapide (dans la barre des tâches).

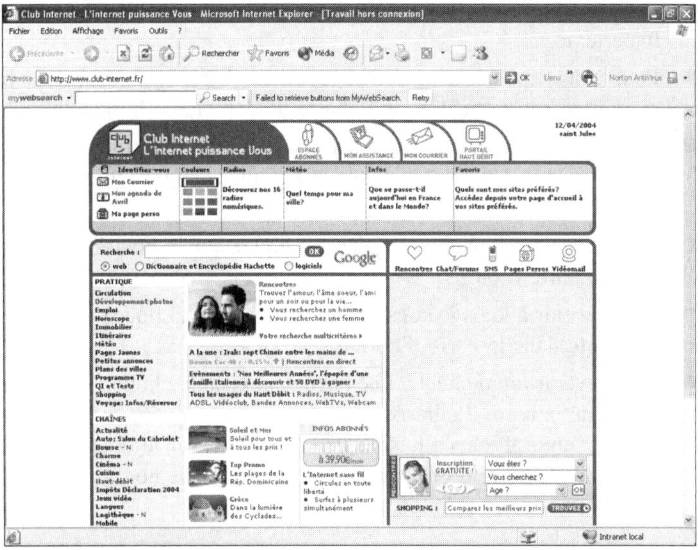

▲ Fig. 8.22 : *Interface d'Internet Explorer*

Surfs divers et variés

Maintenant que vous savez comment lancer Internet Explorer, voyez comment y naviguer comme vous l'entendez. Nous vous rappelons que, pour naviguer sur le Web, vous devez non seulement lancer le navigateur mais aussi vous connecter comme indiqué précédemment.

Une fois ces procédures réalisées, suivez les indications listées ci-après pour naviguer :

- Pour accéder à un site précis, sachant que tout site web a une adresse, vous devez saisir l'adresse du site dans la zone d'adresse du navigateur puis appuyer sur la touche [Entrée].

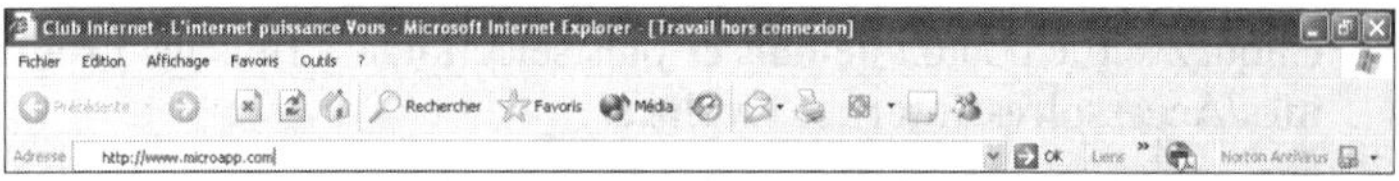

▲ Fig. 8.23 : *Indiquez l'adresse du site dans lequel vous souhaitez vous rendre*

- Pour visualiser une autre page du site, cliquez sur les différents liens hypertexte.
- Pour vous déplacer dans une page, faites glisser le curseur de la barre de défilement vertical et de la barre de défilement horizontal.
- Pour revenir à la page de démarrage d'Internet Explorer (en général celle de votre FAI), cliquez sur le bouton **Démarrage** dans la barre d'outils.
- Pour revenir à la page précédente, cliquez sur le bouton **Précédente** dans la barre d'outils.
- Pour revenir à la page consultée précédemment, cliquez sur le bouton **Suivante** dans la barre d'outils.
- Pour revenir rapidement à une page déjà visitée, cliquez sur le bouton fléché de la barre d'adresses puis sélectionnez l'adresse voulue. Vous pouvez aussi afficher l'historique en cliquant sur le bouton du même nom dans la barre d'outils puis en cliquant sur le nom du site dans la liste qui s'affiche alors dans le volet gauche.

RENVOI

Reportez-vous à la rubrique *Sécurité avec Internet Explorer* du chapitre *Astuces diverses et variées* pour voir comment sécuriser au maximum vos navigations.

Téléchargement de fichiers

Certaines pages web contiennent des fichiers, des programmes, etc. que vous pouvez télécharger afin d'en disposer sur votre disque dur.

La procédure de téléchargement, quel que soit le type de fichier à télécharger, est très simple. Dans la plupart des cas, un lien hypertexte propose le téléchargement ; cliquez dessus. Dans la boîte de dialogue qui s'affiche alors, activez l'option *Enregistrer ce programme sur le disque* puis cliquez sur le bouton OK pour valider. Choisissez le dossier dans lequel vous souhaitez placer le fichier ou le programme et modifiez éventuellement le nom du fichier, dans la boîte de dialogue **Enregistrer sous** qui s'est affichée. Pour finir, cliquez sur le bouton **Enregistrer**. Internet Explorer lance le téléchargement du fichier. Selon la taille de ce dernier, l'opération peut durer assez longtemps. Au cours de celle-ci, la fenêtre d'état vous informe de la progression du téléchargement.

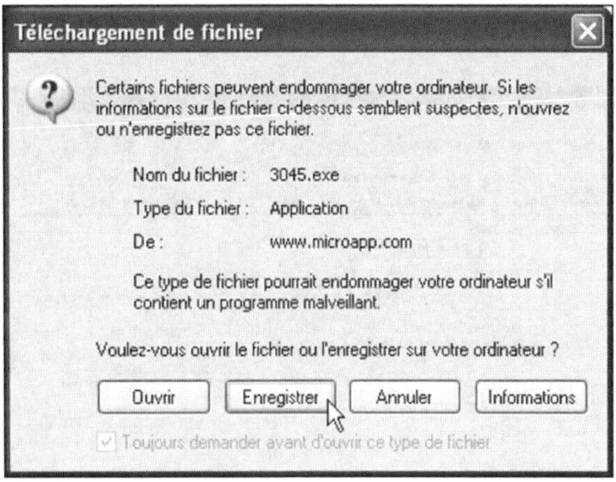

Fig. 8.24 : *Téléchargement d'un fichier*

Recherche sur le Web

Le Web, vous le savez, est un terrain de chasse idéal pour les amateurs d'insolite : c'est un cabinet de curiosités à portée de main et ouvert toute l'année. Néanmoins, le trop est l'ennemi du bien et, à moins de connaître une adresse exacte, vous risquez de vous égarer souvent, de perdre du temps et, pire, de tourner en rond. Heureusement, des outils de recherche sont à votre disposition et vous apportent une aide précieuse.

Les moteurs de recherche

Un peu à la manière du bon vieux 3611 de notre Minitel national, il existe des programmes et des sites web dédiés à la recherche d'adresses capables de retrouver les coordonnées d'un site ou d'une page à partir de renseignements souvent très imprécis : ce sont les moteurs de recherche.

Un moteur de recherche est une application programmée pour dénicher la réponse la plus pertinente concordant à votre demande. En bref, un moteur de recherche indexe le Web ! Un robot logiciel parcourt infatigablement et sans cesse le réseau. Il entre dans chaque site par la page d'accueil, puis dans les pages internes par les liens hypertexte qu'il y trouve. Il fouille dans les moindres recoins pour indexer le contenu complet du site et vous renvoie enfin les adresses des pages qui contiennent les données correspondant à votre requête. Les plus connus sont :

- www.google.fr ;
- www.altavista.fr ;
- www.lycos.fr.

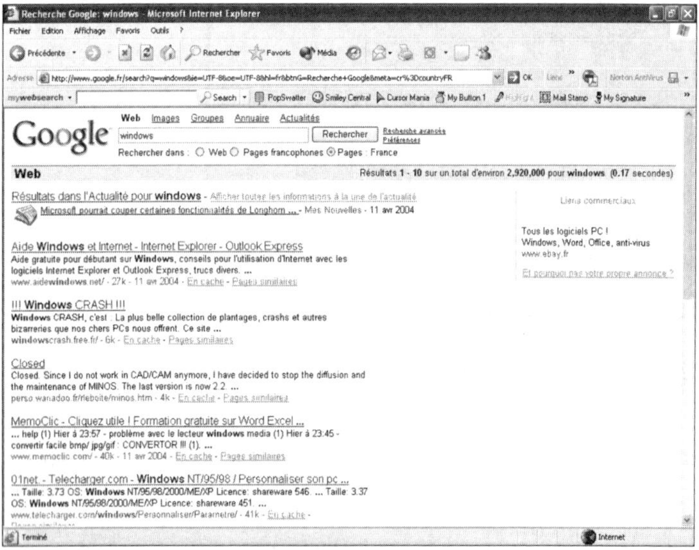

▲ Fig. 8.25 : *Résultat d'une recherche sur le mot Windows dans Google*

Les annuaires de recherche

Les annuaires, généralistes ou spécialisés, fonctionnent un peu comme leurs cousins de papier. À partir d'un formulaire regroupant certaines informations que vous aurez soin de remplir le plus complètement possible, les annuaires vous conduiront directement vers les sites les plus pertinents par rapport à votre requête. C'est dans leur domaine plus que nulle part ailleurs que prévaut l'adage suivant : ne trouve que celui qui sait ce qu'il cherche. Par définition, un annuaire de recherche présente un ensemble de sites organisés en catégories, elles-mêmes hiérarchisées. Chaque site répertorié est décrit en quelques lignes. Les plus connus sont :

- www.yahoo.fr ;
- www.nomade.fr ;
- www.voila.fr ;
- www.francite.com.

Règles de base pour une bonne recherche

Malgré le potentiel des outils de recherche traditionnels, malgré l'apparition et le développement des portails, combien de surfeurs émérites se sont retrouvés navigateurs au long cours, sans jamais arriver à bon port ni trouver la bonne page ? Bien sûr, à force d'interminables tâtonnements, vous finirez toujours par trouver un renseignement qui se rapproche plus ou moins de l'objet de votre recherche, selon la méthode utilisée.

Pour devenir un pro de la recherche, vous devez observer certaines règles fondamentales :

- Évitez les requêtes trop précises qui risquent de déboucher sur une absence de pages correspondantes.
- Évitez les requêtes trop vagues qui fournissent des centaines, voire des milliers d'adresses, en relation parfois très lointaine avec le sujet demandé.
- Formulez votre requête en utilisant plusieurs mots clés, peu courants de préférence.
- Affinez votre recherche en passant par la page **Recherche avancée** du moteur.

8.11 Conversation dans Windows Messenger

Windows Messenger est un logiciel qui permet, lorsque vous êtes connecté à Internet, de converser en direct avec d'autres personnes connectées dès lors que vous avez inséré leur adresse Messenger dans votre carnet d'adresses.

Non, ce n'est pas compliqué du tout ! Suivez le guide...

Acquisition d'une adresse

Tout comme vous devez bénéficier d'une adresse électronique pour recevoir et envoyer du courrier électronique avec Outlook Express, vous devez, pour pouvoir participer à une conversation sur Windows Messenger, avoir créé un compte et acquis une adresse net.passeport. Pour ce faire :

1. Connectez-vous à Internet.
2. Ensuite, cliquez sur le bouton **démarrer** puis sélectionnez **Tous les programmes/Windows Messenger**.
3. Messenger s'affiche. Cliquez sur **Pour se connecter utiliser un compte différent**.
4. Dans la boîte de dialogue qui s'affiche, cliquez sur **Obtenez un passeport**.
5. L'Assistant s'affiche ; cliquez sur le bouton **Suivant**.
6. Nous vous conseillons ensuite d'activer le bouton radio de l'option *Non...* car cette procédure est plus rapide ; et cliquez sur le bouton **Suivant**.
7. Cliquez à nouveau sur le bouton **Suivant**, vous arrivez sur la page web de création d'une adresse Messenger. Remplissez le formulaire de vos coordonnées. Ensuite, choisissez une adresse de messagerie Hotmail et répondez aux questions. Pour finir, cliquez sur le bouton **J'accepte**. Si vous avez choisi une adresse de messagerie déjà existante, il vous en est proposé d'autres. Validez celle souhaitée.

8. Quand le processus est terminé, cliquez sur le bouton **Continuer** puis fermez la fenêtre. Notez qu'une session est automatiquement ouverte ; fermez-la pour l'instant.

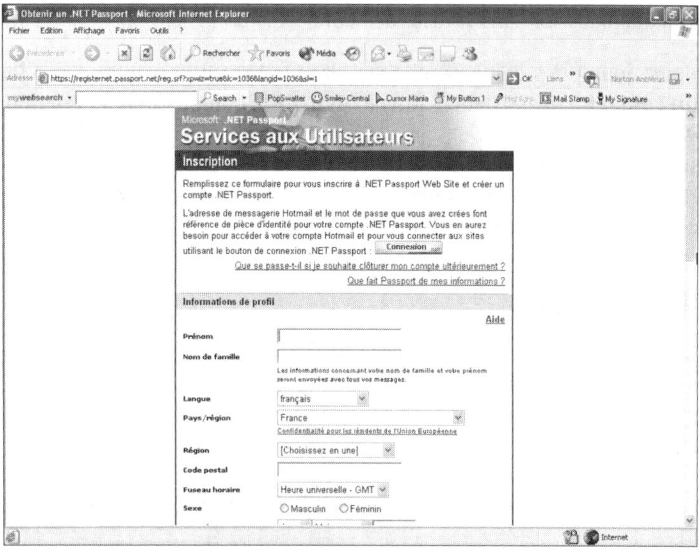

▲ Fig. 8.26 : *Obtenez un net.passeport*

Ouverture d'une session

Voici maintenant comment ouvrir une session afin de pouvoir bavarder avec vos amis. Notez que, si vous n'avez pas donné votre adresse à vos amis, ils ne pourront pas vous parler car personne ne peut obtenir votre adresse sans votre accord. De plus, vous serez informé dès que quelqu'un voudra insérer votre adresse dans sa liste de contacts, et il vous sera demandé d'accepter ou non. Pour ouvrir une session :

1. Connectez-vous à Internet.

2.  Dans la barre des tâches, double-cliquez sur l'icône de Messenger.

3. Messenger est lancé, cliquez sur **Cliquez ici pour ouvrir une session**. La session est ouverte.

Ajout de contacts

Tant que vous n'aurez pas ajouté de contacts dans votre liste, aucune personne ne viendra vous parler, et vous ne verrez pas les personnes que vous connaissez dans la liste des connectés de la session.

Pour ajouter des contacts, cliquez, dans le bas de la fenêtre, sur **Ajouter un contact**. Un assistant s'affiche. Activez le bouton radio de l'option *Par adresse de messagerie...* puis cliquez sur le bouton **Suivant**. Ensuite, saisissez l'adresse et cliquez sur le bouton **Suivant**. L'ajout est confirmé. Pour ajouter d'autres contacts, cliquez sur le bouton **Suivant** ; sinon cliquez sur le bouton **Terminer**.

Bavardages...

Maintenant que vous avez ajouté des contacts, les personnes en rapport avec ces adresses s'affichent dans la liste. S'ils sont connectés, ils s'affichent avec un bonhomme vert ; s'ils ne le sont pas, le bonhomme est rouge.

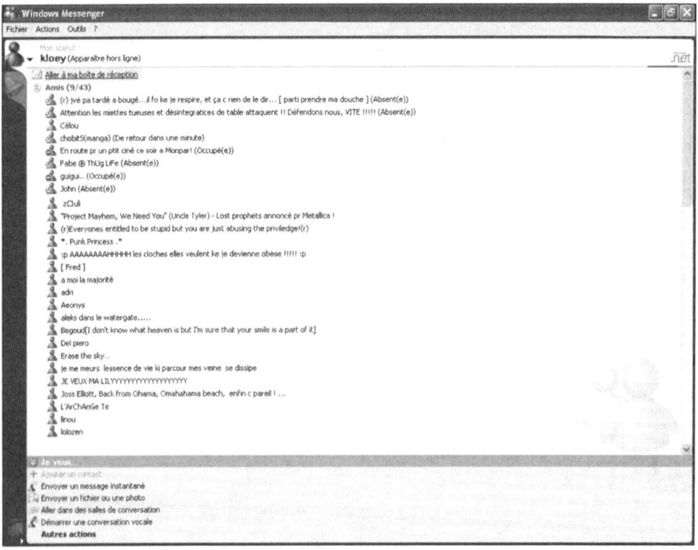

▲ Fig. 8.27 : *Liste de vos contacts*

Pour parler à l'un de vos amis, double-cliquez sur son nom dans la liste. Une boîte de rédaction s'affiche ; saisissez ce que vous souhaitez lui dire dans le bas de la boîte puis cliquez sur le bouton **Envoyer**.

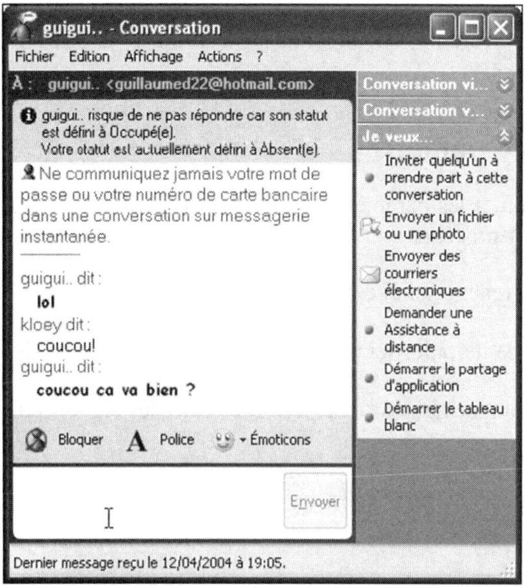

▲ Fig. 8.28 : *Et ils bavardent...*

Notez que, dès lors que l'un de vos contacts se connecte, une fenêtre apparaît vous en informant. Cliquez dessus pour lui parler rapidement.

◄ Fig. 8.29 : *Votre ami(e) se connecte !*

Définition de votre statut

Tant que vous souhaitez bavarder à bâtons rompus avec vos amis, pas de problème. En revanche, dès lors que vous devrez travailler un peu et que, dans le même temps, vous resterez connecté, voici comment procéder pour que vos amis ne vous dérangent pas sans arrêt : vous devez modifier votre statut. Pour ce faire :

1. Dans le haut de la fenêtre, cliquez sur votre adresse.
2. Dans le menu qui se déroule, sélectionnez le statut à activer (**Absent**, **Occupé**, **Parti manger**...).

Modification des paramètres

Si vous souhaitez modifier les paramètres, par exemple vous assigner un pseudo, voici comment procéder :

1. Dans le haut de la fenêtre, cliquez sur votre adresse.
2. Dans le menu qui se déroule, sélectionnez **Paramètres personnels**.
3. Dans la boîte de dialogue qui s'affiche, naviguez entre les onglets pour modifier les paramètres.
4. Cliquez sur le bouton OK pour valider.

Envoi d'un fichier

Pour envoyer un fichier à une personne avec qui vous êtes en train de bavarder, double-cliquez sur la personne concernée puis cliquez sur **Envoyer un fichier ou une photo** dans le volet droit. La boîte de dialogue qui s'affiche permet de naviguer sur le disque dur afin de rechercher le fichier à envoyer. Double-cliquez dessus une fois que vous l'avez localisé. Votre ami doit accepter la réception du fichier ; dès lors, vous voyez l'évolution du transfert dans une barre de graduation.

Autres fonctions

L'utilisation de Messenger étant d'une simplicité enfantine, nous ne nous étendrons pas plus sur ses fonctionnalités. Reste que vous devez savoir :

- engager une conversation vocale si vous et votre ami bénéficiez d'un micro branché sur l'ordinateur ;

- converser en vidéo si vous et votre ami bénéficiez d'une Webcam ;
- gérer les contacts...

Fermeture d'une session

Il suffit de fermer Messenger et de vous déconnecter, après avoir dit "au revoir" à vos amis, bien sûr !

chapitre 9

Astuces diverses et variées

Dans ce dernier chapitre, nous avons choisi de vous proposer quelques trucs et astuces pour travailler plus vite, entretenir votre ordinateur, réparer Windows et résoudre les éventuels problèmes qui pourraient se présenter à vous. Ne vous inquiétez pas, nous n'allons pas vous abreuver de termes techniques et autres procédures complexes ; simplement, nous allons vous indiquer quelques stratagèmes pour utiliser votre ordinateur sans sueurs froides ni angoisse.

9.1 Installation de Windows

Si votre ordinateur a planté et que vous ayez dû formater le disque dur, vous devez installer à nouveau Windows. Dans cette rubrique, nous allons vous indiquer comment procéder. Pour ce faire :

1. Allumez l'ordinateur puis insérez la disquette de démarrage dans le lecteur de disquettes et le CD-Rom d'installation de Windows dans le lecteur de CD-Rom.

2. L'ordinateur boote sur la disquette. Saisissez `D:\` ou `E:\` puis appuyez sur la touche [Entrée] pour vous positionner sur le lecteur de CD-Rom.

3. Ensuite, saisissez `Dir` puis appuyez sur la touche [Entrée].

4. Saisissez `Winnt.exe` puis appuyez sur la touche [Entrée]. Le processus d'installation démarre ; suivez les étapes indiquées.

RENVOI

Reportez-vous à la rubrique **L'ordinateur refuse de démarrer !** de ce chapitre pour voir comment créer une disquette de démarrage si vous n'en avez pas en votre possession.

Mise à jour de Windows

Pour réaliser la mise à jour de Windows, ce qui revient à installer la version XP sur une version antérieure, il suffit d'insérer le CD-Rom que vous avez acquis dans le lecteur de CD-Rom puis de suivre les étapes proposées.

9.2 L'ordinateur refuse de démarrer !

Voici quelques cas de figure bien connus des utilisateurs d'ordinateur et la résolution pour y remédier. Notez que, si vous avez de toute évidence "attrapé" un virus, vous devez vous reporter à la rubrique suivante.

Si, au démarrage de l'ordinateur, il ne se passe rien du tout, il est fort probable que vous ayez un problème de connectique. Pour résoudre ce problème, vérifiez que :

- tous les connecteurs (prises, fiches, etc.) sont insérés correctement ;
- l'écran est allumé ;
- la prise que vous utilisez délivre vraiment du courant électrique.

Si l'ordinateur affiche le message "Keyboard Error, Press <F1> Key", vérifiez que :

- le clavier est bien branché ;
- aucun objet n'est placé sur le clavier ;
- aucune touche n'est enfoncée.

Si l'ordinateur affiche le message "Non-System disk or disk error", retirez la disquette que vous avez laissée dans le lecteur !

Si votre ordinateur fait "l'abruti" et refuse d'ouvrir correctement Windows, arrêtez-le sans attendre en l'éteignant. Ensuite, relancez-le tout en maintenant la touche F8 enfoncée, puis choisissez le mode **Sans échec**. Windows est lancé. Arrêtez à nouveau l'ordinateur de façon classique et redémarrez-le. Normalement, vous devriez retrouver un Windows en bonne et due forme !

Si votre ordinateur refuse de "booter", c'est-à-dire s'il n'arrive pas à amorcer son démarrage, la seule solution consiste à utiliser une disquette de démarrage. Grâce à cette disquette, vous pourrez démarrer votre ordinateur puis régler les problèmes. Pour commencer, voyez comment créer une disquette de démarrage. Si vous n'avez pas encore créé de disquette de démarrage, vous devez utiliser l'ordinateur d'un ami car... il est trop tard !

Pour créer une disquette de démarrage :

1. Insérez une disquette vierge et formatez le lecteur de disquettes.

2. Cliquez du bouton droit sur le bouton **démarrer** puis sélectionnez **Explorer**.

3. Cliquez du bouton droit sur **Disquette $3^{1/2}$(A:)** puis sélectionnez **Formater**.

4. Dans la boîte de dialogue qui s'affiche, cliquez sur l'option *Créer une disquette de démarrage MS-DOS* puis cliquez sur le bouton **démarrer**.

Fig. 9.1 : *Création d'une disquette de démarrage*

5. Lorsque l'opération est terminée, cliquez sur le bouton **Fermer**.

Ensuite, pour démarrer votre ordinateur à partir d'une disquette de démarrage :

1. Insérez la disquette dans le lecteur de disquettes.

2. Allumez l'ordinateur.

3. Suivez les instructions qui apparaissent à l'écran.

Pour finir, il se peut que vous n'ayez pas activé Windows. En effet, soucieuse de réguler les installations illégales, la société Microsoft impose désormais aux utilisateurs de Windows de s'enregistrer. C'est le principe de l'activation. En fait, l'activation permet à Microsoft de brider le système d'exploitation afin qu'il soit impossible d'installer celui-ci sur plusieurs machines sans avoir payé au préalable une licence d'exploitation multiposte.

Pour voir comment activer Windows, reportez-vous au chapitre *Prise en main et personnalisation de Windows*.

9.3 Destruction d'un virus avant l'installation d'un antivirus

N'ayons pas peur de le dire : dans la plupart des cas, les utilisateurs achètent un antivirus alors qu'ils sont déjà infectés ou soupçonnent la présence d'un virus. Si vous êtes dans ce cas de figure, il est possible que vous ayez des problèmes au moment du lancement de votre Windows ou au cours de votre travail. Plusieurs possibilités s'offrent à vous selon ce que le virus a déjà effectué comme dégâts.

Tout d'abord, le cas le plus facile : le virus n'a pas encore fait de trop gros dégâts, vous pouvez encore démarrer l'ordinateur et accéder au bureau. Il suffit alors, après avoir installé l'antivirus, de lancer une analyse du disque puis de procéder à la réparation et à la mise en quarantaine des fichiers infectés.

Ensuite, le cas plus embêtant où vous n'accédez plus au bureau ou à l'installation de programme, mais où le lecteur de CD-Rom fonctionne encore. Dans ce cas de figure, vous devez insérer le CD-Rom de l'antivirus comme disque d'urgence. Vous lancez l'ordinateur à partir de ce CD-Rom ; dès lors, le programme d'urgence analyse l'ordinateur et supprime les virus.

Pour finir, le cas de figure le plus ardu, voire le plus délicat : vous n'accédez plus à rien et le lecteur de CD-Rom ne fonctionne plus ! La seule solution est alors d'aller "squatter" l'ordinateur d'un ami à partir duquel vous pourrez accéder à Internet. Ensuite, rendez-vous sur le site du fabricant de votre antivirus puis procédez au téléchargement du fichier permettant de restaurer Windows (pour exemple, celui de Norton Internet Security est `Ned_2001.exe`) puis suivez les instructions afin de créer les disquettes d'urgence. Une fois en possession de ces disquettes, rentrez chez vous puis démarrez l'ordinateur. Insérez la première disquette d'urgence afin de booter sur celle-ci. Suivez les procédures indiquées. Le programme d'urgence lance alors l'analyse puis détruit le ou les virus !

9.4 Préparation de Windows à la restauration du système

Vous pouvez préciser à Windows comment vous souhaitez qu'il se comporte en cas de défaillance du système. Notez que, pour préciser ces paramètres, vous devez être connecté en tant qu'administrateur de l'ordinateur pour effectuer cette procédure. Pour ce faire :

1. Cliquez sur le bouton **démarrer** puis sélectionnez **Panneau de configuration**.
2. Dans celui-ci, cliquez sur **Performances et maintenance** puis sur **Système** dans la nouvelle fenêtre qui s'affiche.
3. Dans la boîte de dialogue **Propriétés système** qui apparaît alors, cliquez sur l'onglet **Avancé** puis sur le bouton **Paramètres** dans la rubrique *Démarrage et récupération* (vior fig. 9.2).
4. La boîte de dialogue **Démarrage et récupération** s'affiche. Activez les options dans la rubrique *Défaillance du système*, qui permet de définir les actions à réaliser si Windows rencontre un problème sachant que :
   - *Écrire un événement...* permet d'enregistrer les informations d'événement dans le journal système ;
   - *Envoyer une alerte administrative* permet d'avertir l'administrateur système ;
   - *Redémarrer automatiquement* permet de demander à Windows de redémarrer automatiquement l'ordinateur.

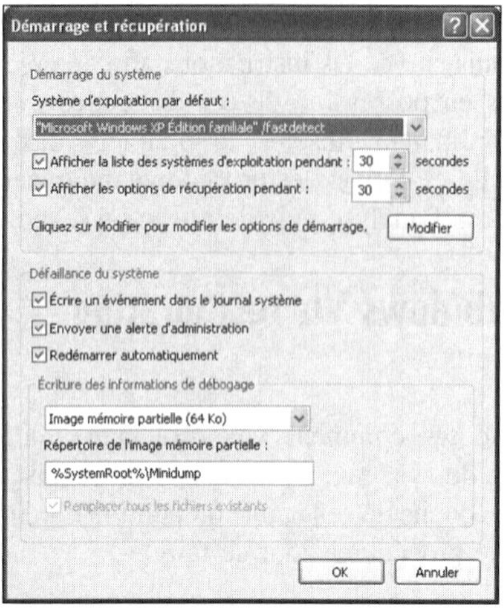

▲ Fig. 9.2 : *Définissez les fonctions de restauration*

5. Cliquez sur le bouton fléché de l'option *Écriture des informations de débogage* puis choisissez celle à activer sachant que :

   - *Image mémoire partielle* permet d'enregistrer la plus petite quantité d'informations qui vous aidera à résoudre le problème sur un fichier spécifique qui sera ensuite stocké dans le dossier *Répertoire de l'image mémoire partielle*.
   - *Image mémoire du noyau* permet d'enregistrer la mémoire du noyau, afin d'accélérer l'enregistrement d'informations dans un fichier journal stocké dans le dossier *Fichier de l'image mémoire*.
   - *Image mémoire complète* permet d'enregistrer la totalité de la mémoire système lorsque le système s'arrête de façon inattendue et stocke le fichier dans le dossier *Fichier de l'image mémoire*.

6. Cliquez sur le bouton OK pour valider et fermer les différentes fenêtres.

Restauration du système

Si, par la suite, vous rencontrez le moindre problème, il vous suffit de cliquer successivement sur le bouton **démarrer** puis sur **Tous les**

programmes/Accessoires/Outils système/Restauration du système et de suivre les procédures proposées par l'assistant.

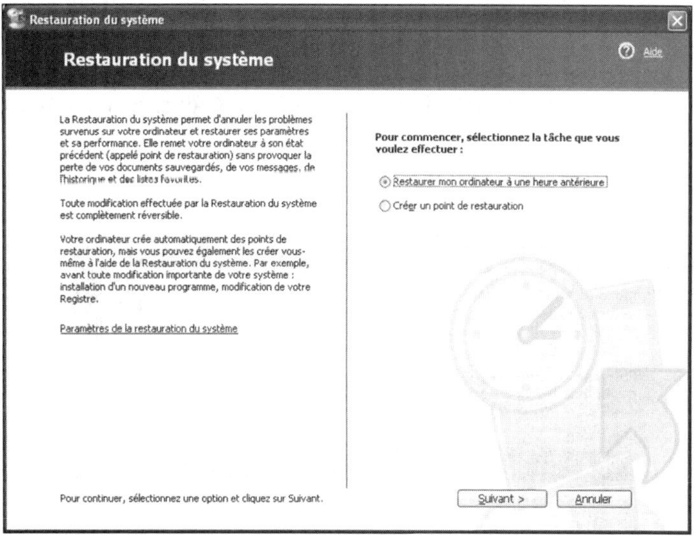

▲ Fig. 9.3 : *Utilisation de l'assistant restauration*

9.5 Installation de composants Windows supplémentaires

Si, lorsque vous avez acheté votre ordinateur, le revendeur vous a fourni le CD-Rom de Windows, il vous sera possible d'installer des composants supplémentaires de Windows. En effet, bien que l'installation par défaut de Windows permette de travailler tout à fait correctement, vous ne pourrez pas utiliser certaines fonctions. Ainsi, lorsque vous souhaitez utiliser une fonction particulière, il se peut qu'une boîte de dialogue vous indique que ce composant n'est pas installé. Vous devez alors procéder à cette installation.

Pour installer un composant Windows supplémentaire sur votre ordinateur :

1. Insérez le CD-Rom de Windows dans votre lecteur de CD-Rom. Au bout de quelques secondes, la fenêtre d'accueil apparaît.

2. Cliquez sur **Installer les composants Windows optionnels**. Au bout de quelques secondes, l'Assistant d'installation apparaît. Les différents composants sont listés.

3. Cliquez sur le type de composant à installer puis sur le bouton **Détails**.

4. Les composants du type sélectionné sont listés. Activez les options que vous souhaitez installer.

5. Cliquez sur le bouton OK pour valider.

▲ Fig. 9.4 : *Ajout de composants dans Windows*

6. Dans l'Assistant, cliquez sur le bouton **Suivant**. Windows installe les composants choisis. Il ne vous reste plus qu'à patienter.

9.6 Le programme est bloqué !

Si, à un moment donné, vous ne parvenez plus ni à sauvegarder un fichier ni à vous déplacer dans un document et encore moins à travailler, il y a fort à parier que le programme en cours est bloqué. Surtout, dans un geste rageur, n'éteignez pas sauvagement Windows, il vous en cuirait !

La solution est de recourir au Gestionnaire de tâches. Vous l'avez déjà étudié dans le chapitre *Amélioration des performances du système* ; voyez maintenant comment y recourir pour fermer un programme bloqué :

1. Appuyez sur les touches Ctrl+Alt+Suppr.

2. Dans la boîte de dialogue **Gestionnaire de tâches** qui s'affiche, cliquez au besoin sur l'onglet **Applications**.

3. Repérez le programme dans la liste. Dans la colonne *État*, le comportement actuel du programme est décrit. Dans le cas de figure qui nous occupe, il y a fort à parier que soit notifié *Pas de réponse*. Pour fermer le programme sans dommage, cliquez dessus puis sur le bouton **Fin de tâche**. Au bout de quelques secondes, le programme est fermé. Si vous utilisez un programme de Microsoft, sans doute une boîte de dialogue s'affichera-t-elle vous demandant si vous souhaitez envoyer le rapport d'erreurs ; nous vous conseillons de cliquer sur le bouton **Ne pas envoyer**.

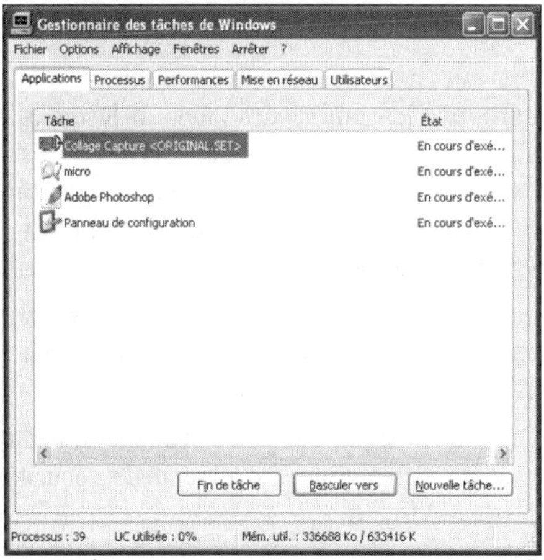

▲ Fig. 9.5 : *Le Gestionnaire de tâches*

Notez que, par la suite, il est possible que lors de l'ouverture du programme auparavant déficient le fichier en cours au moment du blocage s'affiche automatiquement et qu'il vous soit demandé de le sauvegarder.

9.7 Sécurisation d'Internet Explorer

Conscients qu'Internet est une zone de liberté quasi totale où l'on trouve le meilleur comme le pire, les concepteurs de Microsoft ont pensé à proposer des options pour sécuriser de manière optimale l'ensemble de vos navigations. En effet, il serait dangereux, voire irresponsable, de naviguer sans avoir pris un maximum de protections. Ces protections ne sont pas vraiment en rapport avec un antivirus car les fonctions qu'elles permettent les renforcent plus qu'elles ne s'y substituent.

Le principe de la sécurisation avec Internet Explorer est souple et facile à paramétrer : ce sont les zones de sécurité. Le fonctionnement des zones de sécurité est simple : vous pouvez classer chaque site web dans l'une des zones de sécurité proposées puis définir un grand nombre d'options pour chacune de celles-ci. Par la suite, lorsque vous affichez une page web, Internet Explorer vérifie à quelle zone de sécurité cette page appartient.

Tout d'abord, sachez qu'il existe plusieurs degrés de sécurité :

- **Intranet**. Niveau de sécurité moyen qui contient toutes les adresses auxquelles votre ordinateur peut accéder localement (serveur web ou intranet de votre société).
- **Sites de confiance**. Regroupe l'ensemble des sites en lesquels vous avez confiance, c'est-à-dire les sites à partir desquels vous estimez pouvoir télécharger ou exécuter des fichiers sans risque d'endommager votre ordinateur ou vos données. Ce niveau de sécurité est donc **Bas** tant que vous n'avez indiqué aucun paramètre de sécurité.
- **Sites sensibles**. Le niveau de sécurité par défaut des sites sensibles est **Haut**. Il permet de lister toutes les adresses de pages web dont vous pensez qu'elles présentent un danger pour votre PC.
- **Internet**. Contient tout ce qui n'est pas sur votre ordinateur, l'intranet de votre société ou sur toute autre zone. Le niveau de sécurité par défaut de la zone Internet est **Moyen**.

Pour personnaliser la sécurité d'Internet Explorer :

1. Dans le menu **Outils**, sélectionnez **Options Internet**.
2. Dans la boîte de dialogue qui s'affiche, cliquez sur l'onglet **Sécurité**.

3. Ensuite, cliquez sur la zone que vous souhaitez personnaliser puis sur le bouton **Personnaliser le niveau**.

4. Choisissez les options de sécurité dans la boîte de dialogue qui s'affiche. Cliquez sur le bouton OK pour valider.

▲ Fig. 9.6 : *Sécurisation d'Internet Explorer*

Pour lister des adresses dans une zone de sécurité :

1. Dans le menu **Outils**, sélectionnez **Options Internet**.

2. Dans la boîte de dialogue qui s'affiche, cliquez sur l'onglet **Sécurité**.

3. Cliquez sur la zone de sécurité pour la sélectionner puis sur le bouton **Sites**.

4. Dans la rubrique *Ajouter ce site Web à la zone*, saisissez l'adresse du site à inclure puis cliquez sur le bouton **Ajouter**.
5. Reprenez cette procédure pour chacune des adresses puis cliquez sur OK.
6. Reprenez éventuellement cette procédure pour chacune des zones.
7. Cliquez sur le bouton OK pour valider.

Pour définir le niveau de protection d'une zone de sécurité :

1. Dans le menu **Outils**, sélectionnez **Options Internet**.
2. Dans la boîte de dialogue qui s'affiche, cliquez sur l'onglet **Sécurité**.
3. Cliquez sur la zone de sécurité pour la sélectionner puis sur le bouton **Personnaliser le niveau**.
4. Cliquez sur le bouton fléché de l'option *Rétablir* puis sélectionnez un niveau de sécurité.
5. Activez/désactivez les options dans la liste puis validez en cliquant sur le bouton OK.

9.8 Mise à jour de Windows avec Windows Update

Grâce à Windows Update, vous êtes informé dès que Microsoft a mis au point des mises à jour pour le système. Nous vous conseillons de ne pas hésiter à télécharger celles-ci car elles proposent dans la plupart des cas des nouvelles fonctionnalités de sécurité qu'il serait dommage de négliger.

Pour télécharger les mises à jour :

1. Connectez-vous à Internet.
2. Lancez Internet Explorer.
3. Dans la barre d'adresses, saisissez `www.microsoft.com/france` puis appuyez sur la touche [Entrée].

4. Dans la page d'accueil de Microsoft, cliquez sur **Windows** dans la rubrique *Produits et services.*

5. Dans la nouvelle fenêtre, pointez sur **Produits Windows** dans la colonne de gauche puis sélectionnez votre version Windows dans la liste qui se déroule.

6. Une nouvelle fenêtre apparaît. Cliquez sur **Windows Update**. Au bout de quelques secondes, cliquez sur **Rechercher des mises à jour**.

7. Après quelques secondes, cliquez sur **Examiner les mises à jour et les installer**. Les mises à jour en rapport avec votre système sont listées. Pour supprimer celles que vous ne souhaitez pas télécharger, cliquez sur le bouton **Supprimer**.

8. Une fois que vous avez terminé vos sélections de mise à jour et de services packs à télécharger, cliquez sur le bouton **Installer maintenant**. Ensuite, les quelques étapes restantes sont simples.

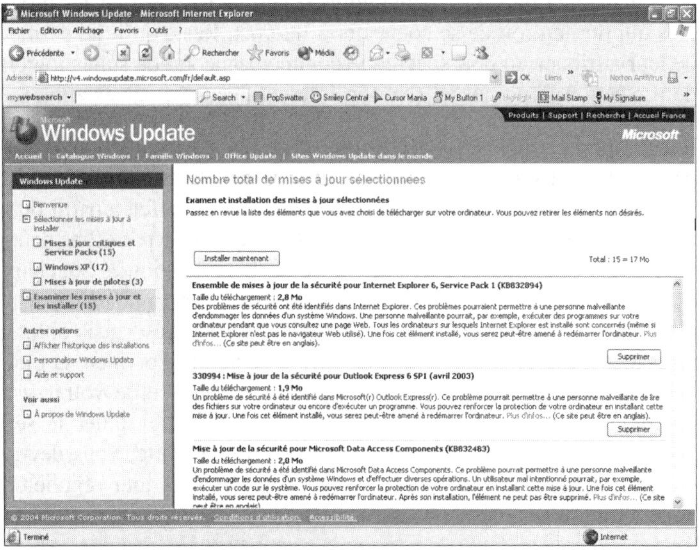

▲ Fig. 9.7 : *Mise à jour de Windows*

Une fois les services et les mises à jour téléchargés, redémarrez votre ordinateur pour que le système procède aux différentes installations et autres mises à jour de la base de registre.

9.9 Nouvelles protections avec le service pack 2 ? Incontournables !

Le service pack 2 qui est proposé depuis par Microsoft propose de nombreux changements en matière de sécurité. En effet, avec cette mise à jour, le *firewall* intégré est devenu très efficace. Un *firewall* (traduit par pare-feu), est un utilitaire de sécurité qui agit comme un bouclier entre votre ordinateur et le réseau Internet afin de protéger votre PC des intrusions intempestives venues du réseau et de tous les autres désagréments que la connexion à Internet peut engendrer.

Une fois que vous aurez installé le service pack 2 comme indiqué un peu plus loin dans ce chapitre, le pare-feu sera actif par défaut dès que vous lancerez la machine et ce, dès sa phase de démarrage. De plus, il est désormais bien plus aisé à configurer et permet de spécifier les programmes qui ont le droit de se connecter à Internet. Reste qu'il ne permet pas de leur attribuer un port spécifique comme beaucoup de suites logicielles de protection le proposent (Norton Internet Security, par exemple).

Il est important que vous sachiez que, désormais, l'installation du service pack 2 est indispensable si vous souhaitez bénéficier régulièrement des mises à jour Windows avec le Windows Update. En effet, à partir du mois d'avril 2005, quiconque n'aurait pas installé le service pack 2 ne peut plus télécharger les nouvelles mises à jour. L'explication ? Soucieux de s'assurer que leur système d'exploitation est bien implémenté à partir d'une licence en bonne et due forme, Microsoft va désormais obliger les utilisateurs à télécharger le service pack 2 ce qui leur permet, au moment dudit téléchargement, de vérifier les droits de licence de votre système d'exploitation ! Moralité : même si vous rebutez à installer le service pack 2 pour les quelques inconvénients qu'il comporte, vous devrez en « passer » par là si vous souhaitez pouvoir mettre à jour régulièrement votre Windows.

REMARQUE

Port

Un port est un canal de transmission qui divise le flux des données en différents itinéraires, traités chacun par des applications différentes. Chaque application destinée à Internet et exécutée sur un ordinateur est à l'écoute d'un ou de plusieurs ports et accepte de recevoir les informations que lesdits ports lui font parvenir.

En ce qui concerne Internet Explorer, ce service pack permet de bloquer les pop-up (fenêtres publicitaires qui s'affichent intempestivement lors de vos navigations) et de vous avertir en cas de tentative d'installation de plug-in ou d'applets.

Pour ce qui est d'Outlook Express, la gestion des messages électroniques vérolés est plus affinée.

Pour finir, le système en lui-même a vu certains de ses composants recompilés avec de nouveaux outils chargés de supprimer les risques de dépassement de mémoire tampon.

ATTENTION

Ralentissement du système

Ce service pack a tout de même quelques inconvénients. Tout d'abord, il occupe bien plus de ressource système ce qui implique le plantage de certains logiciels et autres plug-in. Ensuite, il bloque certains antivirus sachant qu'il fait lui-même office, par défaut, de système antivirus. Pour finir, s'il est exact qu'il protège efficacement le système, il n'est pas très facile à désinstaller par la suite si vous ne souhaitez plus l'utiliser.

Téléchargement du service pack 2

Voici, pour commencer, comment acquérir le service pack 2 sachant d'une part que ce service est gratuit et que d'autre part, vous pouvez fort bien procéder à son installation en omettant l'utilisation d'Internet. Pour ce faire, il suffira que vous commandiez le CD-Rom adéquat auprès de Microsoft France. Mais, ne brûlons pas les étapes. Voici, pour commencer, les deux principales méthodes pour télécharger le service pack 2. Notez que selon votre mode de connexion à l'Internet, le temps de téléchargement peut varier de 15 à 30 mn.

Utilisation de Windows Update

La première procédure que nous allons vous indiquer consiste à réaliser le téléchargement en utilisant Windows Update. Pour ce faire :

1. Connectez-vous à l'Internet puis lancez Internet Explorer (les autres navigateurs ne permettent pas de télécharger le service pack 2).
2. Dans la zone d'adresses du navigateur, saisisez `www.microsoft.com/france`.
3. Dans la colonne de gauche, cliquez sur le lien hypertexte *Windows* puis, dans la nouvelle page, cliquez sur le lien hypertexte *Service Pack2 pour Windows XP...* **(voir fig. 9.8).**
4. Dans la nouvelle page qui s'affiche, cliquez sur le lien hypertexte *Téléchargement via le site Windows Update.*
5. Une nouvelle fenêtre apparaît qui correspond au Windows Update. Cliquez sur le lien hypertexte *Installation rapide...*
6. Windows Update vérifie sur votre ordinateur les mises à jour qui ont été installées puis, au bout de quelques secondes, liste les nouvelles mises à jour disponibles. Deux cas de figure se présentent alors à vous : soit vous avez régulièrement utilisé Windows Update et seul le service pack 2 sera proposé, soit vous n'avez pas procédé aux mises à jour et celles antérieurs au service pack 2 seront proposées. Dans le premier cas de figure, il suffit de cliquer sur le lien hypertexte permettant de télécharger le service pack 2 puis de patienter. Dans le second, vous devrez procéder à l'installation des mises à jour antérieures puis à recommancer la procédure indiquée dans cette rubrique.

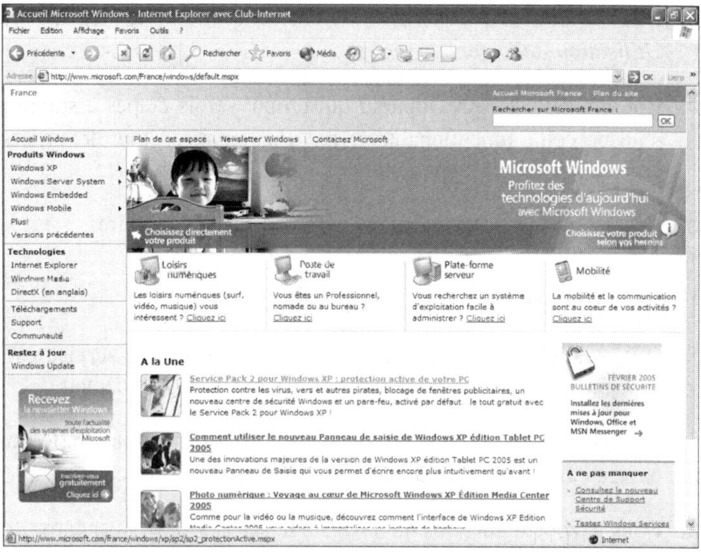

▲ Fig. 9.8 : *Accédez aux procédures de téléchargement du service pack 2*

7. Lorsque le téléchargement est terminé, redémarrez votre ordinateur afin que tous les fichiers et autre base de registre soient mis à jour.

Utilisation de la fonctionnalité des mises à jour automatiques...

Voici maintenant comment préciser à votre ordinateur qu'il doit automatiquement télécharger toutes les mises à jour proposées pour Windows par Microsoft et ce, dès qu'elles sont disponibles.

1. Connectez-vous à l'Internet puis lancez Internet Explorer (les autres navigateurs ne permettent pas de télécharger le service pack 2).

2. Dans la zone d'adresses du navigateur, saisisez `www.microsoft.com/france`.

3. Dans la colonne de gauche, cliquez sur le lien hypertexte *Windows* puis, dans la nouvelle page, cliquez sur le lien hypertexte *Service Pack2 pour Windows XP....*

4. Dans la nouvelle page qui s'affiche, cliquez sur le lien hypertexte *Utilisation de la fonctionnalité...*

5. Une nouvelle fenêtre apparaît qui propose trois étapes à suivre pour réaliser cette fonctionnalité. Afin d'automatiser tout le processus, cliquez sur le lien hypertexte *Outil en ligne rapide*.

6. Ensuite, suivez les procédures indiquées et laissez faire...

Utilisation du CD-Rom d'installation

Si vous ne souhaitez pas procéder au téléchargement du service pack 2, voici comment procéder pour commander le CD-Rom adéquat.

1. Connectez-vous à l'Internet puis lancez Internet Explorer (les autres navigateurs ne permettent pas de télécharger le service pack 2).

2. Dans la zone d'adresses du navigateur, saisisez `www.microsoft.com/france`.

3. Dans la colonne de gauche, cliquez sur le lien hypertexte *Windows* puis, dans la nouvelle page, cliquez sur le lien hypertexte *Service Pack2 pour Windows XP...*.

4. Dans la nouvelle page qui s'affiche, cliquez sur le lien hypertexte *Commande du CD-Rom*.

5. Dans la nouvelle fenêtre, cliquez sur le bouton fléché de l'option *Pays/Région* puis sélectionnez *France*.

6. Ensuite, cliquez sur le bouton fléché de l'option *Langue CD* puis sélectionnez *CD Windows XP SP2-Français*.

7. Pour finir, cliquez sur le bouton **Commander maintenant.**

8. Dans le formulaire de commande qui apparaît, renseignez les différentes zones puis envoyez-le.

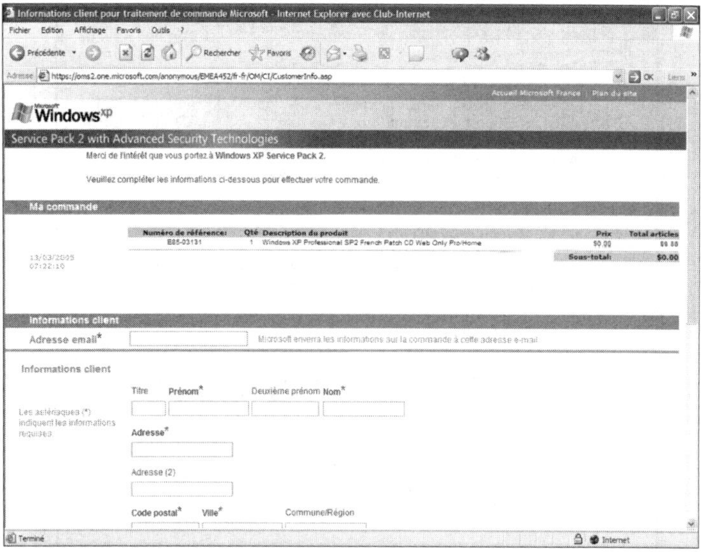

▲ Fig. 9.9 : *Vous pouvez commander le CD-Rom d'installation du service pack 2*

Activation du pare-feu de connexion à Internet

Nous vous rappelons qu'un pare-feu est une méthode efficace de protection de l'ordinateur. En effet, il empêche les hackers les virus de pénétrer dans votre ordinateur au travers de la connexion à l'Internet. Nous allons maintenant vous indiquer comment accéder au pare-feu et à ses options de sécurisation. Pour ce faire :

1. Cliquez sur le bouton **démarrer** puis sélectionnez **Connexions/ Afficher toutes les connexions**.
2. Dans la fenêtre **Connexions réseau**, cliquez du bouton droit sur l'icône de connexion à Internet puis sélectionnez **Propriétés**.
3. Dans la boîte de dialogue **Propriétés de Nom du F.A.I.**, cliquez sur l'onglet **Avancé**.
4. Cliquez sur le bouton **Paramètres** puis activez l'option *Activé*.

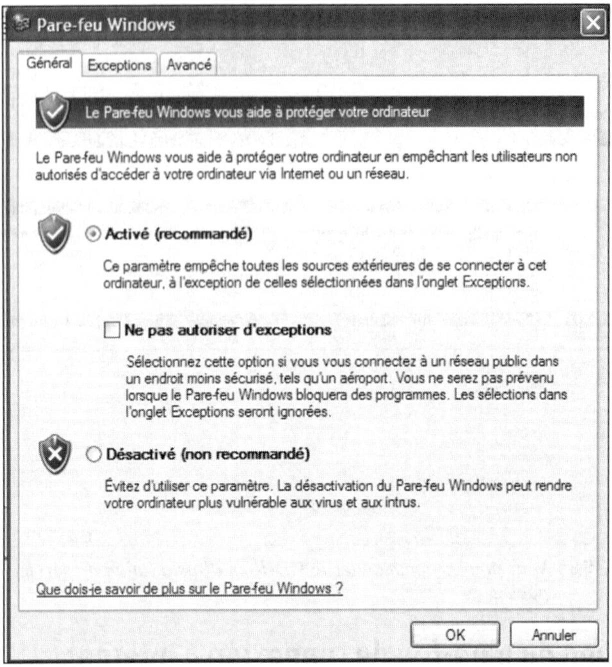

▲ Fig. 9.10 : *Activation du pare-feu*

6. Validez en cliquant sur le bouton OK dans les différentes boîtes de dialogue puis fermez la fenêtre **Connexions réseau**.

Définition des programmes Internet à utiliser

Étant donné que le pare-feu est principalement utile pour protéger les navigations ainsi que l'utilisation de certains logiciels en rapport avec l'Internet, il va sans dire qu'il est important que vous puissez définir les programmes que vous souhaitez utiliser.

Tout d'abord, sachez que l'option *Microsoft* propose les logiciels suivants :

- Internet Explorer pour les navigations sur le Web,
- Outlook Express pour la messagerie électronique,
- Windows Media Player pour le lecteur multimédia,

- Windows Messenger pour la messagerie instantanée,
- Machine virtuelle Microsoft (application Java).

Ensuite, l'option *Non-Microsoft*, propose l'utilisation des logiciels que vous avez déjà installés sur votre ordinateur et qui ne dépendent pas de Microsoft.

Pour procéder à une personnalisation de ces différents logiciels et ce afin d'utiliser uniquement les logiciels souhaités pour les différentes activités concernées, suivez ces étapes :

1. Cliquez sur le bouton **démarrer** puis sélectionnez *Configurer les programmes par défaut*.
2. Dans la fenêtre qui s'affiche, activez l'option *Personnalisée*.
3. Ensuite, cliquez sur le double flèche en regard de cette option : une liste de choix s'affiche.

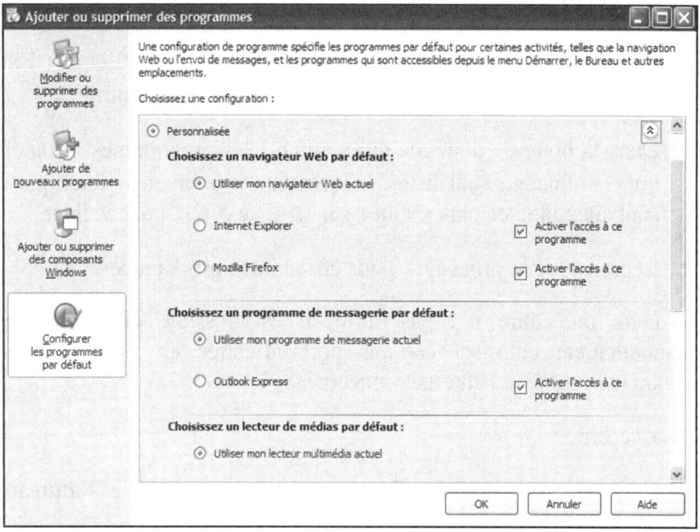

▲ Fig. 9.11 : *Définition des programmes Internet à utiliser*

4. Optez pour vos différents choix (navigateur Web, logiciel de messagerie, lecteur média…).

5. Cliquez sur le bouton OK pour valider.

Limitation du pare-feu ou comment faire fonctionner les logiciels problématiques

Si certains logiciels destinés à l'Internet ou les services installés sur votre ordinateur posent des problèmes depuis que vous avez installé le service pack 2, voici comment limiter le pare-feu pour qu'ils fonctionnent à nouveau comme avant l'installation de ce pack.

1. Cliquez sur le bouton **démarrer** puis sélectionnez **Panneau de configuration**.

2. Dans la fenêtre **Panneau de configuration**, double-cliquez sur **Pare-feu Windows**.

3. Dans la boîte de dialogue qui s'affiche, cliquez sur l'onglet **Exceptions** puis cliquez sur le bouton **Ajouter un programme…**

4. Dans la boîte de dialogue qui s'affiche, les programmes installés sur votre ordinateur sont listés. Cliquez sur le premier logiciel que vous souhaitez ajouter puis cliquez sur le bouton OK pour valider.

5. Reprenez cette procédure pour chacun des programmes.

Si cette procédure n'a pas suffit, il est possible que vous deviez manuellement autoriser certains ports d'entrée en rapport avec les logiciels destinés à l'Internet concernés.

Pour ce faire :

1. Cliquez sur le bouton **Démarrer** puis sélectionnez **Panneau de configuration**.

2. Dans la fenêtre **Panneau de configuration**, double-cliquez sur **Pare-feu Windows**.

3. Dans la boîte de dialogue qui s'affiche, cliquez sur l'onglet **Exceptions** puis cliquez sur le bouton **Ajouter un port...**
4. Ensuite, indiquez les ports utilisés par les logiciels qui posent problème.
5. Validez les différentes boîtes de dialogue.

Pour finir, voici comment connaître les ports d'entrée des applications problématiques :

1. Lancez l'application concernée.
2. Cliquez sur le bouton **Démarrer** puis sélectionnez **Exécuter**.
3. Dans la boîte de dialogue **Exécuter** qui s'affiche, saisissez `CMD` puis cliquez sur le bouton OK.
4. Ensuite, dans la fenêtre de commandes DOS qui s'affiche, saisissez `netstat` puis tapez sur la touche [Entrée]. Dès lors, les ports actifs s'affichent (4 chiffres affichés en regard de l'application concernée).
5. Fermez la fenêtre.

Découverte du centre de sécurité

Peut-être que vous ne l'avez pas encore remarqué mais, dès lors que vous avez installé le service pack 2, une nouvelle icône est apparue dans la barre des tâches, à côté de l'horloge. Elle permet un accès rapide au centre de sécurité.

Celui-ci permet d'accéder rapidement aux différentes fonctions du centre de sécurité qui sont la gestion du pare-feu, la gestion des mises à jour automatiques et la protection antivirus.

Pour accéder au centre de sécurité, deux procédures sont proposées :

-  Cliquez sur le bouton **Démarrer** puis sélectionnez **Panneau de configuration**. Dans celui-ci, double-cliquez sur **Centre de sécurité**. Ou,

- Double-cliquez sur l'icône **Centre de sécurité**.

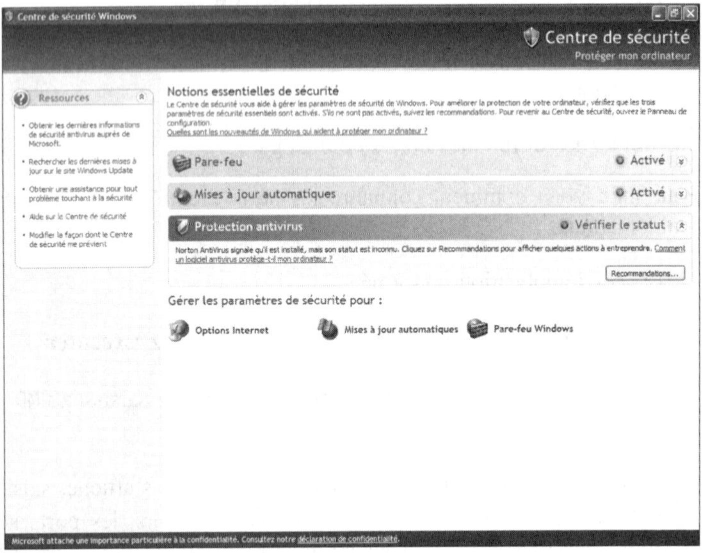

▲ Fig. 9.12 : *Le centre de sécurité installé par le service pack 2*

Dans le centre de sécurité, l'activation, ou non, du pare-feu est affiché ainsi que celle des mises à jour automatiques. L'état de votre antivirus apparaît aussi.

Pour accéder au pare-feu à partir du centre de sécurité, il suffit de cliquer sur son icône dans la rubrique **Gérer les paramètres de sécurité pour**.

Pour accéder à la fonction de mises à jour automatiques, il suffit de cliquer sur son icône dans la rubrique **Gérer les paramètres de sécurité pour**. Ensuite, procédez à la définition des options de mise à jour dans la boîte de dialogue qui s'est affichée.

Pour définir les options Internet (zones et autres), il suffit de cliquer sur **Options internet** dans la rubrique **Gérer les paramètres de sécurité pour**. Ensuite, procédez à la définition des options de mise à jour dans la boîte de dialogue qui s'est affichée.

Définition des modalités d'avertissement

Si vous souhaitez modifier la façon dont Windows vous prévient lors de la survenue d'un problème ou encore d'une mise à jour disponible :

1. Cliquez sur le lien hypertexte *Modifier la façon...* dans la partie gauche du centre de sécurité.
2. Dans la boîte de dialogue qui s'affiche, activez/désactivez les options voulues.
3. Cliquez sur le bouton OK pour valider.

Comment se faire aider en cas de problème ?

Si vous rencontrez un problème quelconque de sécurité telle que l'intrusion d'un indésirable malgré le pare-feu, précipitez-vous sur le site qui peut vous aider. Pour ce faire :

1. Dans le centre de sécurité, cliquez sur le lien hypertexte *Obtenir une assistance...*

Accès au service Windows Update

Pour accéder rapidement à Windows Update en cas de besoin, vous pouvez le faire à partir du centre de sécurité. Pour cela, après vous être connecté à l'Internet :

1. Double-cliquez sur l'icône **Centre de sécurité**.
2. Dans la fenêtre qui s'affiche, cliquez sur le lien hypertexte *Rechercher les dernières mises à jour ...*

9.10 Pistage des importuns avec Norton Internet Security

Norton Internet Security procède régulièrement, et dans l'ombre, au blocage de virus, à l'arrêt de tentative d'intrusion, à l'éradication de vers, etc. Il est intéressant de vérifier de temps en temps ce qui a été arrêté et détruit par le logiciel. Vous pouvez aussi voir qui vous a attaqué et éventuellement le pister de façon à savoir d'où est partie l'attaque. Cette fiche vous explique comment procéder.

Pistage du dernier attaquant

Pour commencer, voyez comment faire pour savoir qui vous a attaqué récemment. Pour ce faire :

1. Connectez-vous à Internet puis lancez Norton Internet Security. Dans celui-ci, à partir du volet gauche, cliquez sur **Statistiques**.
2. Dans le volet central, la dernière attaque est décrite. Pour en savoir plus sur l'attaquant, cliquez sur le bouton **Détails de l'attaquant**.
3. Au bout de quelques secondes, la fenêtre du logiciel **Visual Tracking** s'affiche. Ce programme, hôte de Norton Internet Security, permet de visualiser le monde entier et de vous préciser l'endroit d'où est partie l'attaque. Dans notre cas, nous avons appris que l'attaquant est américain (encore !) et habite Santa Clara, en Californie. Si vous êtes vraiment fâché, vous pouvez éventuellement le lui faire savoir !

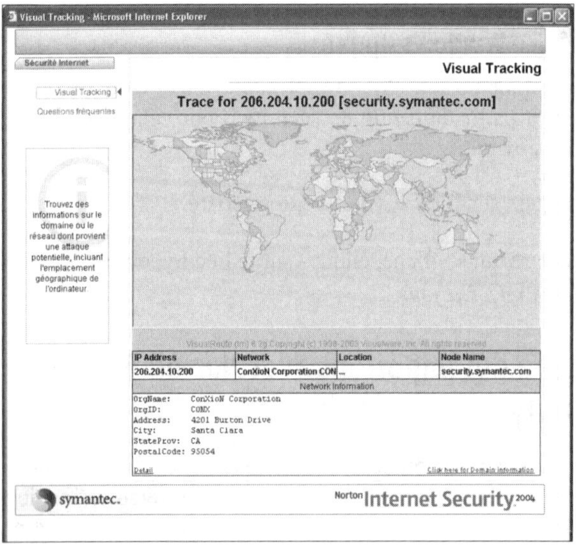

▲ Fig. 9.13 : *Traquez l'importun*

Visualisation des attaques récentes, des menaces...

Maintenant, voyez comment savoir qui a été récemment stoppé par Norton Internet Security. Pour ce faire :

1. Lancez Norton Internet Security. Dans celui-ci, à partir du volet gauche, cliquez sur **Statistiques**.
2. Dans le volet central, cliquez sur le bouton **Afficher le journal**.
3. La fenêtre **Visionneuse du journal** s'affiche. Dans le volet gauche, cliquez sur les rubriques voulues, sachant que :
   - *Alertes concernant les menaces* vous indique les menaces récentes et ce qu'il en est advenu.
   - *Détection d'intrusion* permet de visualiser toutes les tentatives d'intrusion bloquées.
4. Pour obtenir de plus amples renseignements sur une menace ou une tentative d'intrusion, cliquez sur le lien hypertexte figurant dans le descriptif de la menace.

9.11 La souris est aux abonnés absents !

Il va sans dire que si la souris, périphérique indispensable, refuse de vous obéir, vous aurez beaucoup de mal à travailler correctement ! Voici quelques trucs pour la dompter en un temps record.

Si le pointeur de la souris n'apparaît pas à l'écran, vérifiez que :

- la souris est correctement branchée sur l'ordinateur ;
- la boule de la souris n'est pas sale (voir fig. 9.14).

Si, lorsque vous cliquez du bouton droit de la souris, aucun menu contextuel n'apparaît à l'écran, il semble évident que votre souris est activée pour un gaucher. Pour remédier au problème, reportez-vous à la procédure de la rubrique *Domptage de la souris* dans le chapitre *Prise en main et personnalisation de Windows*.

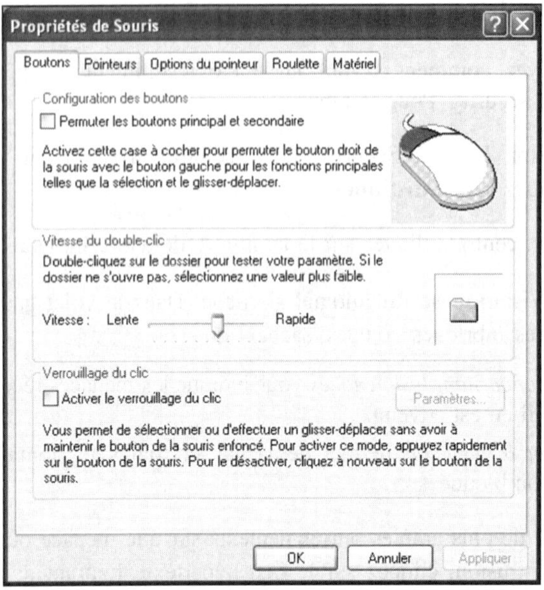

▲ Fig. 9.14 : *Domptage de la souris*

Si la souris est beaucoup trop rapide pour vous et que vous passiez votre temps à chercher à l'écran où peut bien se trouver le pointeur, réduisez la vitesse de celui-ci en suivant la procédure de la rubrique *Domptage de la souris* dans le chapitre *Prise en main et personnalisation de Windows*.

9.12 La disquette refuse d'enregistrer les données...

Si, lorsque vous essayez d'enregistrer un fichier sur une disquette, vous êtes dans l'impossibilité de le faire et qu'une boîte de dialogue s'affiche vous informant que celle-ci est protégée contre l'écriture, sortez la disquette du lecteur et faites glisser la languette de protection en écriture.

9.13 Sauvegarde de vos données

Étant donné que nul n'est à l'abri d'une erreur, d'une mauvaise manipulation ou encore de l'attaque d'un virus, il est indispensable de procéder régulièrement à la sauvegarde du contenu de votre disque dur. Vous réaliserez cette sauvegarde sur des disquettes ou des CD-Rom depuis lesquels il suffira ensuite de copier les fichiers pour récupérer les données éventuellement perdues. Nous vous conseillons de sauvegarder l'ensemble de vos données tous les trois mois.

Pour réaliser une sauvegarde de vos données, insérez une disquette formatée dans votre lecteur de disquettes ou un CD-Rom dans le lecteur adéquat puis basculez les fichiers dessus ou gravez-les comme indiqué dans cet ouvrage.

chapitre 10

Annexe

Vous voici arrivé au terme de cet ouvrage. Afin de vous accompagner encore quelque peu dans la découverte et la prise en main de Windows, nous vous proposons maintenant de découvrir la signification des termes en rapport avec Windows, Internet et les micro-ordinateurs que vous avez lus tout au long de cet ouvrage. Ensuite, vous trouverez la liste des extensions de fichiers utilisées sous Windows ainsi que les raccourcis clavier utilisés dans Windows et dans ses programmes hôtes. Pour finir, une liste d'adresses web en rapport avec Windows vous est proposée ; ces adresses mènent vers des pages de FAQ, de trucs et astuces ou encore de téléchargement d'utilitaires de compression, d'optimisation, de gestion des fichiers, etc.

10.1 Glossaire

Voici la description des termes qui vous sont peut-être inconnus et qui ont été utilisés tout au long de cet ouvrage :

- **Administrateur**. Personne responsable de la configuration et de la gestion des contrôleurs de domaine ou des ordinateurs locaux et de leurs différents comptes d'utilisateurs. Elle attribue les mots de passe et les autorisations.
- **Adresse électronique**. Code au moyen duquel Internet identifie un utilisateur et lui permet de recevoir du courrier électronique. L'adresse est généralement composée du nom de l'utilisateur, de l'arobase, du nom du FAI et du domaine correspondant au pays. Exemple : kty@worldnet.fr.
- **Adresse web** (URL). Code au moyen duquel Internet identifie un site et permet de s'y rendre. Par exemple, `www.microapp.com` est l'adresse web du site de Micro Application.
- **Affichage à cristaux liquides**. Écran LCD. Affichage qui utilise deux feuilles de matériau polarisant séparées par une solution de cristal liquide. Le courant électrique qui passe dans le liquide provoque l'alignement des cristaux afin qu'ils bloquent le passage de la lumière. De ce fait, chaque cristal agit comme un volet qui, alternativement, bloque ou permet le passage de la lumière.
- **Agrandir**. Consiste à afficher une fenêtre à sa taille maximale en cliquant sur le bouton du même nom (symbolisé par un carré plein).

- **Annuaire**. Site du Web qui permet de rechercher rapidement un site en sélectionnant des thèmes, des catégories, des sous-catégories, etc.
- **Antivirus**. Logiciel installé sur un ordinateur qui permet de déceler, voire de traquer, les virus, puis de les neutraliser. Entre autres, Norton Antivirus, VirusScan, F-prot, Mcafee…
- **Appareil photo numérique**. Appareil qui permet de réaliser des photographies sans utiliser de pellicule puis d'importer lesdites photographies sur l'ordinateur, sous forme de fichier JPG dans la plupart des cas.
- **Application**. Voir **Programme**.
- **Assembleur**. Professionnel qui assemble un PC en fonction de vos indications.
- **Autorisation**. Règle associée à un objet afin de déterminer les utilisateurs qui peuvent accéder à l'objet et ce qu'ils peuvent faire avec.
- **Balance de blanc**. Réglage destiné à obtenir un blanc immaculé.
- **Bande passante**. Différence entre les fréquences les plus hautes et les plus basses au sein d'une plage donnée.
- **Barre de titre**. Située dans la partie supérieure d'une fenêtre, elle contient le nom du logiciel actif ainsi que celui du fichier.
- **Barre des tâches**. Située dans la partie inférieure du bureau, elle contient le bouton **démarrer** ainsi que des icônes d'accès à d'autres programmes (horloge, Internet Explorer, antivirus installé...).
- **Barre d'outils**. Barre proposée dans les programmes et qui regroupe, sous forme de boutons, les commandes utilisées le plus souvent dans celui-ci.
- **Base de registre**. Base de données qui contient des informations auxquelles le système d'exploitation se réfère pour configurer l'ordinateur (profil, programmes installés, ports utilisés...).
- **Basic**. Langage de programmation.
- **BIOS**. Acronyme de *Basic input/output system*. Ensemble des routines logicielles qui testent le matériel au démarrage, lancent le système d'exploitation et prennent en charge le transfert des données entre les périphériques. Il est stocké dans la mémoire morte.

- **Bit**. Unité d'information gérée par un ordinateur et qui correspond à un nombre binaire 1 ou 0, ou encore la condition logique *True* ou *False*. Un octet est constitué de 8 bits.
- **Bits par seconde**. Nombre de bits transmis par seconde. Mesure la vitesse à laquelle un périphérique tel qu'un modem ou un boîtier ADSL peut transférer des données.
- **Boîte de dialogue**. Fenêtre qui propose des options afin que l'utilisateur puisse définir des choix.
- **Bureau**. Zone de travail dans laquelle apparaissent les fenêtres, les icônes, les menus et les boîtes de dialogue.
- **Bus**. Ligne de communication utilisée pour le transfert de données entre les composants d'un ordinateur.
- **Capteur CCD**. L'image filmée se forme sur un ou plusieurs capteurs CCD puis est convertie en données numériques.
- **Carnet d'adresses**. Outil de Windows dans lequel vous stockez les coordonnées de vos correspondants (nom, prénom, adresse, adresse électronique, etc.).
- **Carte audio**. Carte d'extension qui permet d'enregistrer et d'auditionner du son.
- **Carte d'acquisition**. Carte installée dans le PC et chargée de convertir un signal provenant d'une source extérieure en données exploitables par le PC.
- **Carte mère**. Carte à circuits imprimés d'un micro-ordinateur. Elle contient les connecteurs qui permettent le raccordement des autres cartes.
- **Carte réseau**. Périphérique qui connecte votre ordinateur à un réseau.
- **Carte son**. Matériel inséré dans l'ordinateur qui permet d'écouter des fichiers audio.
- **Carte vidéo**. Carte d'extension qui s'enfiche dans un ordinateur personnel afin de permettre de multiples affichages.
- **CD-R**. Disque compact enregistrable. Notez que les données peuvent être copiées plusieurs fois sur le CD mais ne peuvent pas être supprimées.
- **CD-RW**. Disque compact réinscriptible. Notez que les données peuvent être copiées plusieurs fois sur le CD et/ou supprimées.

- **Certificat**. Document numérique utilisé pour authentifier et sécuriser les échanges d'informations sur Internet ou les intranets.
- **Clé**. Dans la base de registre, dossier qui apparaît dans le panneau gauche de la fenêtre. Peut contenir des sous-clés ainsi que des valeurs.
- **Client**. Ordinateur ou programme qui se connecte à un autre ordinateur ou programme et/ou qui sollicite des services de celui-ci.
- **Cliquer**. Pointer un objet puis cliquer dessus du bouton droit de la souris.
- **Cliquer du bouton droit**. Pointer un objet puis cliquer dessus du bouton droit de la souris. Permet d'ouvrir le menu contextuel de l'objet cliqué.
- **Clones**. PC fabriqués par une autre entreprise qu'IBM mais qui en possèdent toutes les caractéristiques.
- **Codec**. Contraction de codeur/décodeur ou de compresser/décompresser. Composant matériel ou logiciel qui compresse ou décompresse un contenu audio ou vidéo. Lorsque vous choisissez un codec au moment de l'exportation, vous choisissez un mode de compression.
- **Commande**. Instruction donnée à l'ordinateur.
- **Compression**. Action de coder des données afin de réduire la taille d'un fichier ou la vitesse de transmission d'un flux. Voir aussi **Codec**.
- **Compte de groupe**. Ensemble de comptes d'utilisateurs.
- **Compte d'utilisateur**. Enregistrement de toutes les informations définissant un utilisateur pour Windows (mot de passe, nom d'utilisateur, personnalisation...).
- **Connexion d'accès à distance**. Connexion au réseau téléphonique.
- **Consommable**. Toutes les fournitures nécessaires à l'utilisation d'un périphérique : toner, cartouche d'encre, papier...
- **Corbeille**. Emplacement dans lequel Windows stocke les objets et fichiers supprimés.
- **Cryptage**. Masquage d'un message de données afin d'assurer qu'il sera illisible par les personnes n'ayant pas les données de cryptage.
- **Cyberespace**. Monde virtuel ou cybernétique dans lequel on pénètre en se connectant à Internet.

- **Défragmentation**. Processus de réécriture de parties d'un fichier dans des secteurs contigus d'un disque dur afin d'augmenter la vitesse d'accès et de récupération des données.
- **Désinstaller**. Action consistant à supprimer un programme d'un disque dur.
- **Diaphragme**. Mécanisme optique comparable à l'iris de l'œil. On le règle en tournant sa bague.
- **Disque dur**. Les programmes et les documents sont enregistrés de manière permanente sur le disque dur qui se trouve dans l'ordinateur (également désigné par le terme mémoire de masse).
- **Disquette**. Support de stockage magnétique réutilisable.
- **Domaine**. Groupe d'ordinateurs faisant partie d'un réseau et partageant une même base de données d'annuaire.
- **DOS** (*Disk Operating System*). Premier système d'exploitation de Microsoft.
- **Dossier**. Conteneur de fichiers.
- **Double amorçage** (*multiboot*). Configuration d'ordinateur capable de démarrer deux systèmes d'exploitation différents.
- **Droits de l'utilisateur**. Tâches qu'un utilisateur est autorisé à effectuer sur un ordinateur ou un domaine.
- **Écran de veille**. Lorsqu'on n'utilise pas son ordinateur pendant une durée fixée à l'avance et s'il est allumé, bien évidemment, l'économiseur d'écran fait apparaître un fond d'écran, ce qui évite de faire chauffer l'écran.
- **Emoticons** (*smileys*). Groupes de caractères qui, lorsqu'on les regarde en penchant la tête vers la droite, représentent un visage. Ils sont très utilisés pour ajouter du style et du sentiment au cours d'échanges électroniques (message ou discussion).
- **Explorateur**. Outil de Windows qui permet de visualiser le contenu du disque dur.
- **Extension de fichier**. L'extension de fichier est composée d'un point et de trois lettres. Elle suit le nom du fichier afin de désigner son logiciel de création. Par exemple, un fichier *.doc* est un fichier qui a été créé dans Word.
- **Extraire**. Consiste à décompresser un fichier compressé.

- **FAI**. Acronyme de *Fournisseur d'accès à Internet*. Appelé aussi *provider*. Entreprise commerciale qui dispose d'une connexion directe à Internet et met cette connexion à disposition, contre rémunération ou non, des personnes qui souhaitent se raccorder à Internet par l'intermédiaire d'une ligne téléphonique.
- **Faire glisser**. Consiste à cliquer sur un objet avec le bouton de la souris puis de le déplacer à l'endroit voulu puis à relâcher le bouton de la souris.
- **FAQ**. Acronyme de *Frequently Asked Question*. Liste des questions posées couramment au sujet d'un logiciel ou d'un système d'exploitation ainsi que les réponses auxdites questions.
- **FAT**. Voir **Table d'allocation des fichiers**.
- **FAT32**. Variante du système de fichiers FAT, prend en charge des tailles de cluster moins importantes et des volumes plus grands que FAT.
- **Fenêtre**. Portion de l'écran dans laquelle les programmes et les processus peuvent être exécutés.
- **Fichier**. Correspond à tous les types de documents, de dessins, de sons, etc. stockés sur le disque dur d'un ordinateur, sur un CD ou sur une disquette. Comparable à un conteneur de données, lui-même contenu dans un dossier. Il peut être mémorisé, imprimé, modifié…
- **FireWire**. Protocole de transmission de données en série développé par Apple et également utilisé sur PC.
- **Formater**. Action qui consiste à supprimer toutes les données d'une disquette ou d'un disque dur.
- **Fragmentation**. Dispersion des différentes parties d'un fichier dans plusieurs zones du disque dur.
- **Freeware**. Voir **Gratuiciel**.
- **FTP**. Acronyme de *File Transfer Protocol*. Protocole utilisé pour le transfert de fichiers.
- **Gestionnaire de périphériques**. Outil d'administration qui permet de gérer les périphériques de votre ordinateur.
- **Gestionnaire de tâches**. Utilitaire qui fournit des informations sur les programmes et les processus en cours d'exécution sur l'ordinateur.
- **Gigaoctet** (Go). Correspond à 1 milliard d'octets environ.

- **Gratuiciel** (*Freeware*). Logiciel que son concepteur a choisi de distribuer gratuitement sur Internet.
- **Groupes de discussion**. Groupes de discussion spécialisés sur certains sujets sur Internet.
- **HTML**. Acronyme de *HyperText Markup Language*. Code à balises utilisé pour créer les pages web. Ce code est ensuite déchiffré par le navigateur, qui affiche les pages et les met en forme en fonction des balises du code.
- **Icône**. Petite image qui symbolise un outil, un élément, un fichier, etc.
- **IEEE**. Norme établie par l'Institute of Electrical and Electronics Engineers portant sur un bus en série de vitesse élevée qui fournit une connectique PC améliorée pour une large gamme de périphériques (Caméscopes, appareil photo, etc.).
- **IEEE 1394**. Norme relative aux périphériques série haute vitesse (appareil de copie audio numérique, appareil de copie vidéo numérique, etc.).
- **Info-bulles**. Beaucoup de programmes font apparaître des info-bulles quand le pointeur de la souris est positionné sur un élément tel qu'un bouton. Ce sont des rubriques d'aide succinctes mises à votre disposition pour vous aider ou vous renseigner.
- **Installation**. Consiste à placer un programme sur le disque dur de l'ordinateur.
- **Interface**. Illustre la façon dont l'ordinateur demande des informations à l'utilisateur et lui en fournit en les affichant. Windows possède par exemple une interface graphique constituée d'icônes et de fenêtres.
- **Internaute**. Utilisateur d'Internet.
- **Internet Explorer**. Navigateur fourni avec Windows.
- **Intranet**. Réseau d'entreprise qui utilise des protocoles et des technologies Internet, mais qui est accessible uniquement aux employés de la société.
- **IRC**. Acronyme d'*Internet Relay Chat*. Traduisible par "relais de bavardages sur Internet". Protocole qui permet la conversation en temps réel sur Internet.
- **Joystick**. Le joystick est une manette utilisée pour les programmes de jeux.

- **Kit de connexion**. CD-Rom fourni par le FAI lors de la prise d'abonnement et qui permet de configurer la connexion à Internet.
- **Lecteur de CD-Rom RW** (graveur). Lecteur de CD-Rom qui permet de lire et d'écrire sur un CD-Rom.
- **Lecture seule**. Option de fichier qui en interdit la modification.
- **Lien hypertexte**. Sur le Web, lien proposé dans un texte, une image, etc. et sur lequel on clique pour afficher une autre page ou un autre site. Lorsque vous pointez un lien hypertexte, le curseur se transforme en main et la barre d'état indique l'adresse web de ce lien.
- **Logiciel**. Autre mot pour programme.
- **Marges**. Espace situé autour d'un document, d'un tableau... qui est non imprimable.
- **Mégaoctet** (Mo). Correspond à 1 million d'octets.
- **Mémoire de masse** (disque dur). Mémoire permanente de l'ordinateur.
- **Mémoire morte** (ROM). Mémoire qui n'est accessible qu'en lecture.
- **Mémoire vive** (RAM). Mémoire dans laquelle on peut lire et écrire. Il en existe de multiples variétés, dont la DRam et la SDRam, pour la mémoire vive, la SRam, pour la mémoire cache, la SGRam, WRam ou VRam pour les cartes vidéo, etc.
- **Menu**. Proposé dans la barre des menus, il permet, par un simple clic sur son nom, d'afficher la liste des commandes qu'il contient.
- **Menu contextuel**. Menu dont le contenu dépend du contexte. On y accède par un clic droit.
- **Messagerie électronique**. Logiciel qui stocke les messages électroniques reçus et permet l'envoi de messages électroniques. Celui de Windows se nomme Outlook Express.
- **Microprocesseur**. Composante essentielle de l'ordinateur formée en partie de métal, de plastique ou de céramique. Au cœur du microprocesseur se trouve une plaquette de silicium qui contient quelques millions de petits transistors disposés en couche ; ces transistors ne mesurent que quelques micromètres.
- **Mise en veille**. Mode de fonctionnement dans lequel votre ordinateur consomme moins d'énergie lorsqu'il est inactif, tout en restant disponible pour une utilisation immédiate.

- **Mise en veille prolongée**. Mode de fonctionnement dans lequel votre ordinateur s'éteint après avoir enregistré toutes les données en mémoire sur le disque dur.
- **Modem**. Boîtier modulateur/démodulateur que l'on branche entre un ordinateur et une prise téléphonique et qui permet l'échange d'informations numériques.
- **Moteur de recherche**. Robot qui fouille le Web et classe les informations recueillies par genres, par mots, etc. Les informations sont ensuite mises à disposition de l'internaute sur tel ou tel sujet demandé.
- **MP3**. Standard de compression et de stockage de musique dans des fichiers.
- **MS-DOS**. Acronyme de *Microsoft Disk Operating System.* Premier système d'exploitation créé par Microsoft et placé sur les premiers PC.
- **Navigateur**. Programme qui décode le HTML. Utilisé pour visualiser les sites du Web.
- **Netiquette**. Code moral observé sur Internet. Né de la fusion entre *Internet* et *éthique.*
- **Orientation**. Définit la position d'impression d'une page (portrait ou paysage, qui correspondent au format à l'italienne ou à la française).
- **Page d'accueil**. Première page que voit un internaute lorsqu'il se connecte à un site Web.
- **Page web**. Page que l'on trouve sur le Web.
- **Partagiciel**. Logiciel créé par un auteur qui a choisi de le proposer en essai durant un temps déterminé. Ce laps de temps écoulé, si l'utilisateur choisit de continuer à utiliser le logiciel, il devra s'acquitter d'un droit de licence d'un montant très faible.
- **PC**. Acronyme de *Personnal Computer.* Il s'agit d'un ordinateur personnel, c'est-à-dire utilisable par une personne isolée. Concept ayant vu le jour au début des années 1980 — au siècle dernier — et qui implique que chaque particulier peut s'équiper de son propre appareil.
- **Périphérique**. Matériel informatique relié à l'ordinateur, comparable aux membres de l'ordinateur : écran, souris, imprimante, modem, scanner...
- **Pilote de périphérique**. Code qui permet de faire fonctionner le périphérique en fonction du système d'exploitation utilisé.

- **Pixel**. Acronyme de *picture element*. Désigne un point d'une grille rectilinéaire composée de milliers de points semblables qui forment une image affichée ou imprimée. Un pixel est le plus petit élément susceptible d'être manipulé par le logiciel ou le matériel d'affichage ou d'impression en vue de créer des lettres, des chiffres ou des graphismes.
- **Plug and play**. Traduisible par "branchez, cela marche". Ensemble de spécifications développé par la société Intel et qui permet à un ordinateur de détecter et de configurer automatiquement un périphérique, ainsi que d'installer les pilotes appropriés.
- **Plug-in**. Composant logiciel additif du navigateur qui permet de lire un format de fichier particulier. Par exemple, le plug-in Flash, qui permet de visualiser les animations Flash.
- **Point de restauration**. Représentation d'un état stocké de votre ordinateur. Il est créé par l'utilitaire de restauration système à intervalles réguliers.
- **Point d'insertion**. Emplacement où le texte sera inséré dès que vous taperez. Symbolisé par une barre verticale clignotante.
- **Pointeur**. Symbolise l'emplacement de la souris à l'écran.
- **Points de découpage**. Points délimitant le début et la fin de la lecture d'un clip.
- **Police de caractères**. Jeu de caractères présentant des caractéristiques communes (largeur du trait, type d'empattement, etc.).
- **Port IEEE 1394**. Port qui prend en charge une fiche à 6 broches ou à 4 broches.
- **Port USB**. Interface de l'ordinateur qui permet de connecter un périphérique USB (*Universal Serial Bus*).
- **Profil d'utilisateur**. Fichier qui contient les informations de configuration pour un utilisateur spécifique.
- **Profondeur de champ**. Mesure de l'espace situé devant et derrière le sujet sur lequel la mise au point est effectuée (au moment où l'on filme).
- **Programme**. Programme utilisable pour travailler sur l'ordinateur (par exemple Word pour le traitement de texte, Excel pour les calculs, etc.).

- **Programme MS-DOS**. Programme conçu pour être exécuté sous MS-DOS, ce qui implique qu'il ne peut pas prendre en charge toutes les fonctionnalités Windows.
- **Protocole**. Terme qui permet de définir les méthodes d'échange d'informations indépendantes des matériels. Une fois le protocole défini, chaque ordinateur implémente ce protocole sans avoir à se soucier des autres ordinateurs.
- **Provider**. Voir **FAI**.
- **Puce électronique**. Appellation générique d'une unité électronique.
- **Raccourci clavier**. Au lieu de passer par la barre des menus ou par une barre d'outils pour choisir une commande, vous pouvez obtenir le même résultat en utilisant des combinaisons de touches.
- **Redémarrer**. Opération qui consiste à relancer un ordinateur en rechargeant le système d'exploitation.
- **Réduire**. Consiste à réduire une fenêtre à l'état de bouton dans la barre des tâches en cliquant sur le bouton du même nom (symbolisé par un trait d'union).
- **Réseau**. Groupe d'ordinateurs et autres périphériques, tels que des imprimantes et des scanneurs, connectés entre eux par une liaison de communication qui permet à tous les périphériques d'interagir entre eux.
- **Résolution de l'écran**. Correspond au nombre de points nécessaires à la création des graphiques (qui sont constitués de séries de points). La résolution détermine le nombre de points par ligne et de lignes par image. Plus elle est élevée, plus le rendu est esthétique et respectueux de l'original.
- **RNIS**. Acronyme de *réseau numérique à intégration de services*. Technologie qui présente, par rapport à la téléphonie analogique, l'avantage de fournir trois numéros de téléphone sur un câble téléphonique classique. Par ailleurs, le débit de données est, pour l'instant, de 64 Ko par seconde. Vous pouvez donc échanger des données avec Internet beaucoup plus rapidement qu'avec un modem analogique.
- **Scanner**. Périphérique qui permet de numériser tous types de documents (photographies, images, écrits) afin de les stocker sur le disque dur.

- **Sélectionner**. Consiste à définir un bloc de données ou de texte à l'écran afin d'agir dessus.
- **Session**. La notion de session correspond à l'ensemble des travaux que vous réalisez lors d'une utilisation de Windows.
- **Shareware**. Voir **Partagiciel**.
- **Site**. Sur le Web, un sujet est souvent traité en plusieurs pages. Il s'agit d'un site. Pour naviguer entre les différentes pages, des liens hypertexte sont proposés. Il suffit de cliquer sur l'un d'eux pour afficher la page qui lui correspond.
- **Smileys**. Voir **Emoticons**.
- **Système d'exploitation**. Programme qui crée une relation entre l'ordinateur et l'utilisateur et permet donc à ce dernier "d'indiquer", à l'aide de commandes, le travail qu'il veut réaliser.
- **Table d'allocation des fichiers**. Système de fichiers utilisé par MS-DOS et les autres systèmes d'exploitation Windows afin d'organiser et de gérer les fichiers. C'est en fait une structure de données créée par Windows lors du formatage d'un volume en utilisant les systèmes de fichiers FAT ou FAT32. Windows stocke les informations relatives à chaque fichier dans la FAT afin de pouvoir retrouver ensuite le fichier.
- **Téléchargement**. Récupération au travers d'une connexion à Internet, et ce depuis votre ordinateur, d'un fichier situé sur un autre ordinateur afin de réaliser par exemple la mise à jour d'un logiciel déjà installé sur votre ordinateur ou de télécharger un jeu, un programme, etc. sur votre ordinateur.
- **Touches bascules**. Fonctionnalité qui permet à votre clavier d'émettre un signal sonore lorsque l'une des touches de verrouillage est activée ou désactivée.
- **Touches filtres**. Fonction du clavier qui prescrit à votre clavier d'ignorer les frappes de touche brèves ou répétées.
- **Touches rémanentes**. Fonctionnalité du clavier qui permet d'appuyer sur une touche modificatrice ou sur la touche du logo Windows puis de la maintenir active jusqu'à ce que vous appuyiez sur une autre touche. Utile pour les personnes ne pouvant appuyer sur deux touches à la fois afin d'activer un raccourci clavier.

- **UMTS**. Acronyme de *Universal Mobile Telecommunications System*. Réseau de troisième génération qui va succéder à WAP. Ce réseau mondial de télécommunications va permettre le transfert de données à haut débit et des services multimédias comme la visiophonie.
- **USB**. Acronyme de *Universal Serial Bus*. Bus d'extension destiné à la connexion en série de nombreux périphériques de faible et de moyen débit (souris, scanner, moniteur, joysticks).
- **Virus**. Parasite logiciel qui perturbe plus ou moins gravement le fonctionnement d'un ordinateur.
- **Viseur**. Dispositif au travers duquel on regarde pour cadrer le sujet de la vidéo.
- **Web**. Acronyme de World Wide Web. Traduisible par toile d'araignée mondiale. Ressource la plus utilisée d'Internet, gigantesque encyclopédie qui contient des millions de sites reliés entre eux par des liens hypertexte. Un site contient une ou plusieurs pages. Tous les sujets imaginables y sont traités : art, sociologie, cinéma, peinture, automobile, magazine, sport, histoire, etc.
- **Zoom numérique**. Agrandit une partie de l'image formée sur le capteur CCD.
- **Zoom optique**. Constitué de deux groupes de lentilles. Permet de régler la focale et donc le grossissement apparent d'une image.

10.2 Raccourcis clavier

Voici maintenant une liste des principaux raccourcis clavier.

Raccourcis clavier de Windows

Commençons par les raccourcis clavier de Windows.

Tab. 10.1 : Raccourcis clavier de Windows

Vous voulez...	Appuyez sur
Annuler la tâche en cours	Echap
Annuler une action	Ctrl+Z
Boîte de dialogue **Exécuter**, afficher	Win+R

Tab. 10.1 : Raccourcis clavier de Windows

Vous voulez...	Appuyez sur
Bureau, afficher	Win+D
CD, désactiver l'autorun	Shift
Clavier, verrouiller	Win+L
Document, fermer	Ctrl+F4
Fenêtre, actualiser	F5
Fenêtre, dérouler le menu contextuel	Alt+Barre d'espace
Fenêtre, réduire toutes	Win+M
Fenêtres, restaurer	Win+Shift+Attn
Fichier, renommer	F2
Gestionnaire de tâches, afficher	Ctrl+Alt+Suppr
Gestionnaire d'utilitaires, afficher	Win+U
Menu **démarrer**, dérouler	Alt+Echap ou Win
Naviguer entre les fichiers/programmes ouverts	Alt+Tab
Objet, coller	Ctrl+V
Objet, copier	Ctrl+C
Objet, couper	Ctrl+X
Objet, supprimer (le placer dans la corbeille)	Suppr
Objet, supprimer définitivement (sans passer par la corbeille)	Shift+Suppr
Poste de travail, ouvrir	Win+E
Propriétés de l'objet sélectionné, afficher	Alt+Entrée
Propriétés système, afficher	Win+Attn
Rechercher des ordinateurs	Ctrl+Win+F ou Win+F1
Rechercher un fichier ou un dossier	F3 ou Win+F
Répéter une action	Ctrl+Y
Sélectionner tout	Ctrl+A
Touches bascules, activer	Verr Num 5 secondes
Touches filtres, activer	Shift+Droit
Touches rémanentes, activer	Shift cinq fois

Raccourcis clavier de WordPad

Voici les raccourcis clavier de WordPad, qui est, est-il besoin de le rappeler, le logiciel de traitement de texte fourni avec Windows.

Tab. 10.2 : Raccourcis clavier de WordPad

Vous voulez...	Vous devez appuyer sur les touches
Action, annuler	Ctrl+Z
Action, répéter	Ctrl+Y
Fichier, créer nouveau	Ctrl+N
Fichier, enregistrer	Ctrl+S
Fichier, imprimer	Ctrl+P
Fichier, ouvrir	Ctrl+O
Objet, coller	Ctrl+V
Objet, copier	Ctrl+C
Objet, couper	Ctrl+X
Objet, effacer	Suppr
Objet, propriétés	Alt+E
Rechercher un mot	Ctrl+F
Remplacer un mot	Ctrl+H
Sélectionner tout	Ctrl+A

Raccourcis clavier de Paint

Voici les raccourcis clavier de Paint, qui est le logiciel de dessin fourni avec Windows.

Tab. 10.3 : Raccourcis clavier de Paint

Vous voulez...	Vous devez appuyer sur les touches
Action, répéter	Ctrl+Y
Action, annuler	Ctrl+Z
Attributs, afficher	Ctrl+E

Tab. 10.3 : Raccourcis clavier de Paint	
Vous voulez...	Vous devez appuyer sur les touches
Boîte à outils, afficher	Ctrl+T
Effacer un élément	Suppr
Fichier, créer nouveau	Ctrl+N
Fichier, enregistrer	Ctrl+S
Fichier, imprimer	Ctrl+P
Fichier, ouvrir	Ctrl+O
Image, afficher	Ctrl+F
Image, effacer	Ctrl+Shift+N
Objet, propriétés	Alt+E
Palette de couleurs, afficher	Ctrl+L
Quitter Paint	Alt+F4
Sélection, coller	Ctrl+V
Sélection, copier	Ctrl+C
Sélection, couper	Ctrl+X
Sélection, étirer et incliner	Ctrl+W
Sélection, inverser les couleurs	Ctrl+I
Sélection, retourner et faire pivoter	Ctrl+R
Sélectionner tout	Ctrl+A

Raccourcis clavier d'Outlook Express

Voici les raccourcis clavier d'Outlook Express, qui est le logiciel de messagerie électronique fourni avec Windows.

Tab. 10.4 : Raccourcis clavier d'Outlook Express	
Vous voulez...	Vous devez appuyer sur les touches
Actualiser	F5
Aide	F1

Tab. 10.4 : Raccourcis clavier d'Outlook Express

Vous voulez...	Vous devez appuyer sur les touches
Atteindre un dossier	Ctrl+Y
Carnet d'adresses, afficher	Ctrl+Shift+B
Coller l'élément sélectionné	Ctrl+V
Contact, créer dans le Carnet d'adresses	Ctrl+N
Copier l'élément sélectionné	Ctrl+C
Couper l'élément sélectionné	Ctrl+X
Dossier non lu suivant	Ctrl+J
Dossier, créer	Ctrl+Shift+E
Dossier, créer dans le Carnet d'adresses	Ctrl+R
Dossier, déplacer vers	Ctrl+Shift+V
Groupe de discussion, répondre à	Ctrl+G
Message non lu suivant	Ctrl+U
Message, créer	Ctrl+N
Message, envoyer et recevoir tout	Ctrl+M
Message, imprimer	Ctrl+P
Message, marquer comme lu	Ctrl+Q
Message, marquer comme non lu	Ctrl+T
Message, naviguer entre	Ctrl+,
Message, ouvrir	Ctrl+O
Message, rechercher	Ctrl+Shift+F
Message, répondre	Ctrl+R
Message, répondre à tous les expéditeurs	Ctrl+Shift+R
Message, transférer	Ctrl+F
Message, vérifier les noms des destinataires	Ctrl+K
Message, vérifier l'orthographe	F7
Propriétés de l'élément sélectionné	Alt+E
Rechercher des personnes	Ctrl+E

Tab. 10.4 : Raccourcis clavier d'Outlook Express	
Vous voulez...	Vous devez appuyer sur les touches
Rechercher des personnes dans le Carnet d'adresses	Ctrl+F
Sélectionner tout	Ctrl+A
Supprimer un élément sélectionné	Ctrl+D
Thème non lu suivant	Ctrl+Shift+U

Raccourcis clavier d'Internet Explorer

Voici la liste des raccourcis clavier d'Internet Explorer, qui est le navigateur fourni avec Windows.

Tab. 10.5 : Raccourcis clavier d'Internet Explorer	
Vous voulez...	Vous devez appuyer sur les touches
Accéder à la page de démarrage	Alt+↖ (Home)
Afficher l'aide	F1
Afficher le menu contextuel d'un lien	Maj+F10
Ajouter la page en tant que favori	Ctrl+D
Basculer entre mode Plein écran et mode Normal	F11
Enregistrer la page en cours	Ctrl+S
Fermer la fenêtre active	Ctrl+W
Imprimer la page en cours	Ctrl+P
Lancer une recherche	Ctrl+F
Naviguer entre les liens	Tab
Organiser les favoris	Ctrl+B
Ouvrir la barre de recherche	Ctrl+E
Ouvrir la barre des Favoris	Ctrl+I
Ouvrir la barre Historique	Ctrl+H
Ouvrir une nouvelle fenêtre	Ctrl+N

Tab. 10.5 : Raccourcis clavier d'Internet Explorer

Vous voulez...	Vous devez appuyer sur les touches
Rafraîchir la page en cours	Ctrl+R
Se rendre à la fin d'un site	↘
Se rendre à la fin d'une page	Bas
Se rendre à la page précédente	Alt+Gauche
Se rendre à la page suivante	Alt+Droite
Se rendre au début d'un site	↖
Se rendre au début d'une page	Haut

Raccourcis clavier de Movie Maker

Voici, pour finir, la liste des raccourcis clavier de Movie Maker, qui est le logiciel de montage vidéo fourni avec Windows.

Tab. 10.6 : Raccourcis clavier d'Internet Explorer

Vous voulez...	Vous devez appuyer sur les touches
Aide, afficher les rubriques	F1
Ajouter des clips sélectionnés dans la table de montage séquentiel	Ctrl+D
Annuler la dernière action	Ctrl+Z
Chronologie, atteindre le dernier élément	Bas
Chronologie, atteindre le premier élément	Haut
Chronologie, rembobiner	Ctrl+Q
Chronologie, sélectionner élément précédent	Gauche
Chronologie, sélectionner élément suivant	Droite
Chronologie, stopper la lecture	Ctrl+K
Chronologie, zoom arrière	⇟
Chronologie, zoom avant	⇞
Clip précédent	Ctrl+Alt+Gauche
Clip suivant	Ctrl+Alt+Droite

Tab. 10.6 : Raccourcis clavier d'Internet Explorer	
Vous voulez...	Vous devez appuyer sur les touches
Clip, déplacer vers la droite	Ctrl+Maj+N
Clip, déplacer vers la gauche	Ctrl+Maj+B
Clip, fractionner	Ctrl+L
Clip, interrompre	Barre d'espace
Clip, lire	Barre d'espace
Clip, renommer	F2
Clip, sélectionner tout	Ctrl+A
Clips contigus, combiner	Ctrl+M
Collection, renommer	F2
Coller un élément	Ctrl+V
Copier un élément	Ctrl+C
Couper un élément	Ctrl+X
Créer un projet	Ctrl+N
Enregistrer un projet	Ctrl+S
Image précédente	Alt+Gauche
Image suivante	Alt+Droite
Importer un fichier	Ctrl+I
Ouvrir un projet	Ctrl+O
Point de découpage, supprimer	Ctrl+Maj+Suppr
Point final de découpage, définir	Ctrl+Maj+O
Point initial de découpage, définir	Ctrl+Maj+I
Projet, créer	Ctrl+N
Projet, enregistrer	Ctrl+S
Projet, enregistrer sous un nouveau nom	F12
Projet, ouvrir	Ctrl+O
Rétablir une action annulée	Ctrl+Y
Supprimer un élément sélectionné	Suppr
Table de montage séquentiel, afficher	Ctrl+T

Tab. 10.6 : Raccourcis clavier d'Internet Explorer

Vous voulez...	Vous devez appuyer sur les touches
Table de montage séquentiel, ajouter clips sélectionnés dans	Ctrl+D
Table de montage séquentiel, atteindre le dernier élément	Bas
Table de montage séquentiel, atteindre le premier élément	Haut
Table de montage séquentiel, Effacer le contenu	Ctrl+Suppr
Table de montage séquentiel, masquer	Ctrl+T
Table de montage séquentiel, rembobiner	Ctrl+Q
Table de montage séquentiel, sélectionner élément précédent	Gauche
Table de montage séquentiel, sélectionner élément suivant	Droite
Table de montage séquentiel, stopper la lecture	Ctrl+K
Vidéo, capturer	Ctrl+R
Vidéo, enregistrer	Ctrl+P
Vidéo, lire en plein écran	Alt+Entrée

10.3 Liste des extensions de fichier

Vous avez découvert, au cours du chapitre *Les dossiers et les fichiers*, que chaque application génère automatiquement une extension de fichier dès lors que vous enregistrez un document, une feuille de calcul, un dessin, etc. Ainsi, si vous rédigez un document dans Word, il aura pour extension *.doc* et dans Excel, l'extension *.xls*, etc. Afin que vous sachiez rapidement dans quel programme a été créé un fichier, voici une liste des extensions de fichier couramment utilisées dans Windows.

Tab. 10.7 : Extension de fichier Windows	
Extension	Application d'origine
.386	Pilotes virtuels
.3gr	Pilotes graphiques MS-DOS
.adm	Profil utilisateur
.ani	Curseur animé
.auf	Fichier de configuration d'administration
.avi	Vidéoclip
.awd	Fax Viewer
.bak	Copie de sauvegarde
.bat	Fichier batch
.bin	Fichier binaire
.bmp	Bitmap
.cab	Fichier compressé pour l'installation de Windows
.cal	Fichier calendrier
.cda	Poste audio
.cfg	Fichier de configuration
.cnt	Contenu de l'aide
.com	Programme MS-DOS
.cpi	Page de code international
.cpl	Pilote de périphériques pour Panneau de configuration
.crd	Fichier répertoire Windows
.csv	Fichier de base de données avec virgules de séparation
.cur	Curseur
.da0	Sauvegarde du registre
.dat	Base de données du registre
.dcx	Afficheur fax
.dll	Dynamic Link Library
.doc	Document WordPad ou Word
.dos	Fichier MS-DOS

Tab. 10.7 : Extension de fichier Windows

Extension	Application d'origine
.drv	Pilote de périphérique
.exe	Application
.fnd	Recherche enregistrée
.fon	Fichier de police
.fot	Raccourci vers un fichier de police
.grp	Groupe de programmes
.hlp	Fichier d'aide
.ht	Fichier Hyperterminal
.icm	Profil CIM
.inf	Informations d'installation
.ini	Fichier de configuration
.kbd	Fichier de clavier
.lib	Bibliothèque de liens
.lnk	Lien vers un objet Windows
.log	Fichier journal
.mci	Fichier de commande MCI
.mdb	Afficheur de fichier
.mid	Séquence MIDI
.mmm	Animation
.mpd	Pilote Mini-port et pilote de périphérique
.msn	Microsoft Network
.pad	Carnet d'adresses
.pcx	Bitmap
.pdr	Pilote d'interface
.ppd	Fichier PostScript
.pst	Microsoft Exchange
.pwl	Fichiers de mots de passe
.qic	Jeu de sauvegarde

Tab. 10.7 : Extension de fichier Windows

Extension	Application d'origine
.rec	Fichier pour le magnétophone
.reg	Exportation d'entrées du registre
.rmi	Séquence MIDI
.rtf	Document Rich Text Format
.scr	Écran de veille
.shb	Raccourci vers un document
.swp	Fichier d'échange
.sys	Fichier système
.tif	Fichier graphique
.tmp	Fichier temporaire
.ttf	Police TrueType
.txt	Fichier texte
.wav	Fichier son
.wpc	Convertisseur de WordPad
.wri	Document Write

10.4 Les bonnes adresses du Web

Pour clore cet ouvrage, voici une liste de bonnes adresses (moteurs de recherche, annuaires de recherche, trucs et astuces sur Windows, utilitaires...).

Moteur de recherche

- www.advalvas.be
- www.altavista.fr
- www.debriefing.com/france
- www.dogpile.com
- www.excite.fr
- www.hotbot.com

- www.infoseek.com
- www.itools.com
- www.francite.com
- www.locate.com
- www.lycos.fr
- www.nomade.tiscali.fr
- www.search.com
- www.voila.fr
- www.yahoo.fr

Site de trucs et astuces

- www.pcastuces.com/pratique/windows/xp/default.htm
- www.aidenet.com/windows-xp
- www.pcastuces.com/nec/winxp
- www.memoclic.com/divers/animes/animes33.php
- www.topastuces.com/wxp.htm
- www.coupdepoucepc.com
- www.aidewindows.net/windowsxp.php

Site de tutorial et de groupes de discussion

- www.microsoft.com/france/windows/xp/pro/default.asp
- www.faqxp.com
- http://fxpatrice.free.fr/forum-windows
- www.aidewindows.net

Site de téléchargement d'utilitaires

- www.telecharger.com
- www.nvidia.fr/page/old_driver_xp.html
- www.epson.fr/support/pilotes/winxp/index.shtml
- www.touslesdrivers.com/index.php

- www.ordi-netfr.com/bootvis.html
- www.antp.be/software/renamer/fr
- www.macecraft.com
- http://regvac.com/frescuex.htm

Site d'objet pour la personnalisation du bureau

- www.luds.net/themes.php
- www.brub.cc/totalindex.htm
- www.ecrandeveille.net
- www.icone-gif.com

10.5 Le montage vidéo avec Movie Maker

Movie Maker, logiciel de montage vidéo, est un programme hôte de Windows. Il est parfait pour réaliser des montages vidéo simples et créer quelques effets spéciaux. Étant donné que le montage vidéo est relativement spécifique, nous vous conseillons, pour de plus amples informations, de lire l'ouvrage *Guide Windows Movie Maker 2 de Micro Application* Reste que, pour être complet dans cet ouvrage, nous vous proposons de découvrir les grandes lignes du montage vidéo ainsi que les principales manipulations de Movie Maker.

Conseils pour réaliser des films parfaits

Pour commencer, voici quelques conseils à suivre pour réaliser des vidéos parfaites :

- Commencez la vidéo un peu avant le début de l'action que vous souhaitez filmer. Ainsi, vous pourrez introduire le sujet et avoir du "mou" au moment du montage. Dans la même logique, terminez de filmer un peu après la fin de l'action.
- Filmez le sujet principal sous différents angles. Ensuite, vous aurez le choix au montage et pourrez opter pour la meilleure prise.
- Racontez une histoire. Une vidéo sans queue ni tête est rapidement lassante, imaginez un petit scénario. Par exemple, si vous souhaitez réaliser la vidéo d'un voyage, commencez par le départ à l'aéroport,

voire par votre arrivée chez vous avec les billets d'avion en poche. Puis, introduisez petit à petit le sujet principal.

- Ne traumatisez pas vos acteurs ! Je garde un affreux souvenir d'un voyage en Espagne avec mon père. Caméra au poing, il avait décidé de me filmer à tout bout de champ. Je devais donc poser de longues minutes tandis qu'il procédait à ses réglages. Résultat : je suis grimaçante et ai l'œil hagard dans la totalité du film ! Moralité : laissez les gens évoluer naturellement; au pire, vous ferez des coupes si, au moment du montage, certaines scènes sont superflues ou inesthétiques.

Bons réglages du Caméscope

Il est important que vous soyez à même de régler correctement votre Caméscope avant de commencer à filmer. Ainsi, vous pourrez parfaitement contrôler la réalisation de votre vidéo. Vous trouverez dans cette rubrique les différents paramètres et réglages à effectuer.

Les différents réglages :

- Bonne utilisation du zoom. Le zoom automatique a pour avantage indéniable de régler automatiquement la focale de l'objectif, de modifier la perception de la perspective, de régler le diaphragme, la profondeur de champ et la mise au point. C'est donc un outil parfait pour les débutants. Une fois que vous maîtriserez le Caméscope, il est préférable de recourir au mode d'utilisation manuelle du zoom.
- Le diaphragme. C'est la bague réglable qui est sur l'objectif. Le diaphragme permet de régler l'exposition car il régit la quantité de lumière qui pénètre l'objectif et est projetée sur le capteur CCD. Le réglage consiste à faire tourner la bague du diaphragme. Pour diminuer la quantité de lumière (surexposition), réduisez l'ouverture du diaphragme ; à contrario, si la scène est sous exposée, augmentez son ouverture. Vous devez donc prendre comme point de référence le sujet que vous filmez puis réaliser votre réglage en fonction de celui-ci.
- La bonne profondeur pour le champ. Pour ce faire, vous pouvez utiliser le diaphragme ou modifier légèrement la distance focale. Celle-ci correspond à la distance entre le centre optique de l'objectif et le point focal. De ce fait, modifier l'ouverture de l'objectif influe sur la profondeur de champ. Une focale courte produit un effet de grand angle : la zone filmée est très large. A contrario, une focale longue produit un effet de téléobjectif : la zone filmée est étroite.

- Gaffe au flou. C'est l'obturateur qui permet ce réglage. Si le film est flou, c'est parce que les scènes que vous avez filmées défilent trop vite. La solution est alors d'augmenter la vitesse de l'obturateur.

Ayez la lumière et la couleur à l'oeil

La lumière et les couleurs ont une importance primordiale lors de la réalisation d'une vidéo.

Pour exploiter au mieux la lumière, vous devez toujours avoir en tête les impératifs suivants :

- Évitez de passer d'une scène de plein jour à une scène très sombre car l'intensité de la lumière doit créer une continuité entre les différentes scènes.
- Évitez de filmer en intérieur sans utiliser un minimum d'éclairage artificiel.
- Exploitez au mieux les ombres et les lumières car ces éléments décident de l'impact d'une vidéo, tant esthétique qu'émotionnel.
- Pour mettre un sujet en évidence, la solution est soit de le filmer en extérieur par temps ensoleillé, soit d'utiliser un éclairage direct en intérieur. Dans le dernier cas, utilisez un projecteur. Notez que ce type d'éclairage est "dur", il faut donc faire attention de ne pas "blesser" le sujet.
- Pour créer une lumière tamisée, la solution est de filmer dehors par temps couvert ou bien d'utiliser des éclairages indirects en intérieur. Si vous avez seulement un projecteur, dirigez-le dans une direction opposée dont le réfléchissement éclairera le sujet. Pour flatter un visage, ayez recours à un éclairage d'appoint, qui constituera une source de lumière dite secondaire car les éclairages directs ont tendance à durcir, voire à déformer un visage.

Pour ce qui est de la couleur, n'oubliez jamais que c'est à partir de la couleur qu'un Caméscope interprète la lumière. C'est la restitution des teintes par une grande variété de sources lumineuses qui engendre la lumière. Et son effet peut parfois être catastrophique. Que vous filmiez au soleil, dans la neige ou dans une maison, la façon dont il perçoit les couleurs est tout à fait différente. Un rouge profond et chaud en intérieur devient agressif dans la neige et presque moiré au soleil. Il est donc primordial de régler le Caméscope en fonction de la température de couleur ambiante. Sachez que c'est la balance de blanc qui précise au Caméscope la couleur qu'il doit considérer comme du blanc. Pour procéder à ce réglage, activez le sélecteur de la balance de blanc (ou white balance) sur Manuel afin de désactiver le mode automatique. Ensuite, posez une feuille blanche sur le sujet. Actionnez ensuite le bouton Balance de blanc de votre Caméscope. Le réglage s'effectue en fonction de la feuille. Une fois la feuille retirée, le sujet deviendra le "blanc" de la vidéo et toutes les couleurs seront gérées en fonction de celui-ci.

Les principes du montage vidéo

Le montage vidéo consiste, à partir d'une ou plusieurs vidéos, à supprimer les scènes inutiles et à en améliorer d'autres. Vous pouvez aussi insérer des effets vidéos, créer des effets de transition, ajouter un accompagnement sonore ou un commentaire parlé, placer des images fixes, etc.

Avant de commencer le montage en tant que tel, il est primordial que vous ayez déjà imaginé le montage final et que vous ayez déterminé : les images d'introduction et de conclusion ; l'ordre des séquences vidéo ; les parties que vous souhaitez supprimer dans la(es) vidéo(s) ; le type de transitions à insérer entre les différentes séquences ; les effets vidéo à appliquer (pour la correction éventuelle de la vidéo ou pour la création d'un effet visuel d'apparition) ; la trame sonore (cette notion est très importante) ; le générique de la vidéo et le format final de la vidéo (format d'enregistrement).

D'autre part, il est bon de respecter certaines règles que voici :

- Tout d'abord, restez simple. Ce n'est pas parce que votre logiciel de montage offre une centaine d'effets de transition et de vidéo qu'il vous faut tous les utiliser. Pour ce qui est des titres, choisissez des polices aisées à lire et évitez d'en mettre trop, vous risqueriez d'y passer plus de temps que sur le montage proprement dit.
- Il est préférable que les effets de transition et les titres aient la bonne longueur. Pour une transition, on se contente généralement de jouer entre 2 et 5 secondes. Quant aux titres, faites en sorte que le spectateur ait le temps de les lire !
- Utilisez des clips et des objets supplémentaires au moment du montage. Toujours dans le droit fil de ce que nous venons d'énoncer,

visitez les bibliothèques d'images afin de trouver des images ou des vidéos introduisant votre sujet.

- Soignez le son de votre vidéo en lui ajoutant des effets sonores, des narrations, etc. La plupart du temps, le bruit d'ambiance (celui que vous avez enregistré au moment où vous avez réalisé le film) n'est pas extraordinaire : tonton qui glousse et mamie qui se racle la gorge ... pas terrible comme fond sonore.

Si votre ordinateur est du « dernier cri » ce qui sous-entend qu'il a été récemment acquis ou bien que son processeur soit de type Pentium IV, il est fort probable que vous bénéficiez déjà d'une carte d'acquisition FireWire et d'une carte son qui sont les éléments indispensables pour le montage vidéo. Si ce n'est pas le cas...

Pour ce qui est de la carte d'acquisition FireWire, indispensable car c'est elle qui permet de brancher la caméra vidéo à l'ordinateur et de transférer le film sur votre disque dur, sachez que leur prix oscille autour de 100-150 euros. Ensuite, pour l'installer, réalisez les procédures suivantes :

1. Commencez par lire attentivement les instructions du manuel qui a été livré avec la carte d'acquisition puis éteignez votre ordinateur.
2. Débranchez tous les périphériques externes (clavier, souris, etc.).
3. À l'aide d'un tournevis, ouvrez l'unité centrale de votre ordinateur. Ensuite, installez la carte d'acquisition sur l'un des ports PCI libres de la carte mère du PC.
4. Refermez l'unité centrale.
5. Démarrez le PC. Au moment du lancement, Windows détecte que vous avez un nouveau matériel et lance son assistant d'ajout de nouveau matériel.
6. Activez la case à cocher de l'option *Rechercher le meilleur pilote pour votre périphérique*. Lorsque Windows vous demande de préciser où se trouve le pilote de la carte d'acquisition, insérez le CD-ROM fourni avec la carte d'acquisition puis activez la case à cocher de l'option *Lecteur de CD-ROM* et cliquez sur le bouton **Suivant**. Laissez l'ordinateur travailler. Au bout de quelques secondes, l'installation est terminée.

Une fois installée la carte d'acquisition, il sera possible de capturer de la vidéo à partir du Caméscope afin de l'enregistrer sur votre disque dur. Or, s'il est exact que la carte d'acquisition est indispensable pour réaliser cette procédure, il est tout aussi nécessaire de relier le Caméscope au PC.

Pour brancher le Caméscope à l'ordinateur :

1. Insérez l'extrémité du câble FireWire dans le port FireWire de la caméra.
2. Connectez l'autre extrémité sur le port FireWire de la carte d'acquisition.

Pour ce qui est de la carte son, vous n'avez pas à vous en soucier, elle est déjà présente dans votre ordinateur !

Découverte de Movie Maker

Avant de voir comment capturer de la vidéo et de réaliser le montage, il est indispensable que vous fassiez connaissance avec Movie Maker, sa philosophie et son interface.

Sachez, tout d'abord, que pour l'ouvrir, vous devez cliquer sur le bouton **démarrer** puis sélectionnez **Tous les programmes/Windows Movie Maker**.

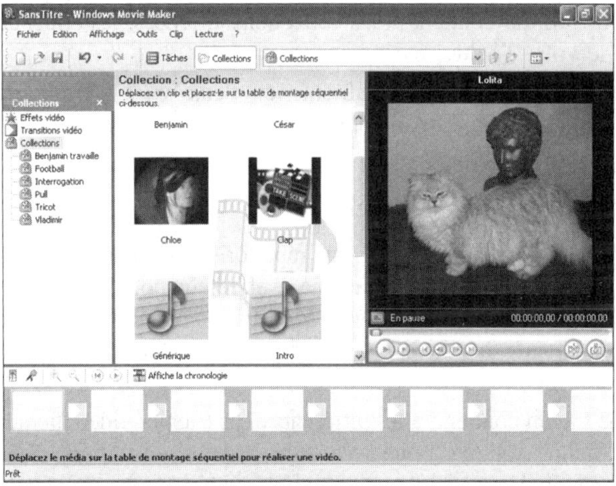

▲ Fig. 10.1 : *Interface de Movie Maker*

Dans Movie Maker, pour réaliser un montage de séquences vidéo, vous devez créer un projet. Dans celui-ci, vous placerez, dans l'ordre voulu, les clips, les effets de transition, le son, etc. Une fois le projet terminé, vous devez l'enregistrer en tant que fichier vidéo.

De plus, vous devez savoir que, dans Movie Maker, vous utilisez trois types de fichiers distincts que voici :

- **Fichier de collection**. Contient tous les clips que vous avez importés ou enregistrés, il possède l'extension *.col*.
- **Fichier de projet**. Contient tous les clips et toutes les informations du projet en cours. Vous pouvez l'enregistrer, l'ouvrir, le fermer, le modifier, etc. Il possède l'extension *.mswmm*.
- **Fichier vidéo**. Version finale du montage, une fois que vous avez enregistré le montage en tant que vidéo. Notez que, une fois que vous l'aurez converti dans ce format, vous ne pourrez plus le modifier à partir de Movie Maker. Il possède l'extension *.wma*.

Environnement de travail de Movie Maker

Comme tous les autres logiciels, Movie Maker met à votre disposition une barre d'outils, une barre de menus, etc. Des éléments spécifiques à Movie Maker sont aussi disponibles, les voici :

- espace de travail qui contiendra les collections affichées, les effets de transition, le volet **Tâches**, etc.
- espace de montage qui peut s'afficher en deux vues : **Table de montage séquentiel** ou **Chronologie**.
- moniteur appelé écran de contrôle.

Voici maintenant un peu plus de détails :

- Le volet **Tâches** est un assistant qui répertorie les tâches les plus courantes que vous pouvez être amené à effectuer pour réaliser un montage vidéo : **Capturer la vidéo** ; **Modifier la vidéo** (afficher un fichier vidéo, ajouter des titres, des génériques, des effets vidéo, etc.) ; **Terminer la vidéo**.
- L'espace de travail contiendra les différents clips (fichier vidéo, fichier graphique, fichier son, etc.) que vous aurez capturé ou importé pour une collection précise ainsi que les effets vidéo ou les effets de transition si vous les avez activés.

- Le volet **Collections** contient les différentes collections sachant qu'une collection est le contenant d'un projet puisqu'elle sert de réceptacle des différents clips d'un montage précis.
- Dans la vue **Table de montage séquentiel** de l'espace de montage, vous pouvez réaliser le montage en tant que tel ce qui consiste à placer dans celle-ci les uns après les autres les différents clips vidéo, audio ou graphiques que vous souhaitez intégrer dans le montage et ce dans l'ordre chronologique. À partir de cette vue, vous pouvez uniquement visualiser les différents clips, c'est donc la vue idéale pour organiser la hiérarchie des différents clips. Pour activer cette vue, sélectionnez **Table de montage séquentiel** dans le menu **Affichage**.
- Dans la vue **Chronologie** de l'espace de montage, vous pouvez visualiser en plus des différents clips les effets de transition, de vidéo, la durée de chacun des clips ainsi que le fichier audio ou la narration qui lui est adjointe. Dans cette vue, vous allez réaliser la synchronisation du projet à savoir, par exemple, effectuer un zoom avant ou arrière, ajuster le temps de déroulement ainsi que le niveau sonore, déplacer les effets de transition ou vidéo, etc. Pour activer cette vue, sélectionnez **Chronologie** dans le menu **Affichage**.
- L'écran de contrôle est un petit moniteur qui permet de visualiser aussi bien un clip que la totalité d'un projet. Il permet aussi de découper une vidéo en clips. Les boutons de navigation permettent de lire une vidéo, de la stopper, d'effectuer une pause, de créer des images fixes, etc. C'est l'outil idéal pour évaluer la qualité d'un projet avant de l'enregistrer ou de l'exporter.

Capture de la vidéo

La première étape du montage vidéo consiste à capturer la vidéo afin de l'enregistrer sur votre disque dur. Pour ce faire :

1. Avant tout, il vous faut brancher relier le Caméscope ou le magnétoscope à l'ordinateur.
2. Lancez Movie Maker puis, dans le menu **Fichier**, sélectionnez **Capturer la vidéo**.

3. L'Assistant **Capture vidéo : Nom de la carte d'acquisition** s'affiche. Dans la rubrique *Périphériques disponibles*, cliquez sur le périphérique que vous souhaitez utiliser (si vous en avez plusieurs).

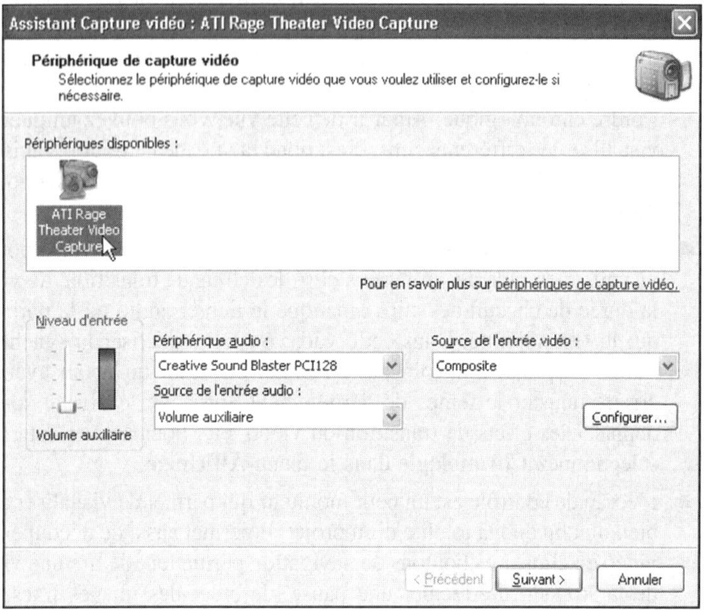

▲ Fig. 10.2 : *Capture de la vidéo*

4. Cliquez sur le bouton fléché de l'option *Périphérique audio* et sélectionnez le périphérique que vous souhaitez utiliser. Pour régler le volume sonore de votre clip audio capturé, utilisez le curseur de l'option *Niveau d'entrée.*

5. Si vous souhaitez configurer les paramètres du périphérique de capture, cliquez sur le bouton **Configurer** puis procédez aux réglages. Cliquez sur le bouton **Suivant**.

6. Une nouvelle fenêtre de l'Assistant s'affiche. Dans la zone de texte de l'option *Entrer un nom de fichier pour la vidéo capturée*, saisissez le nom voulu. En regard de l'option *Choisir un emplacement pour enregistrer la vidéo capturée*, cliquez sur le bouton **Parcourir** puis

sélectionnez l'emplacement sur le disque dur où vous souhaitez enregistrer la vidéo.

7. Cliquez sur le bouton **Suivant**. Sélectionnez l'option de paramètre vidéo que vous souhaitez utiliser pour capturer le contenu vidéo et audio. Nous vous conseillons de laisser le paramètre qui est actif par défaut (*Qualité optimale...*).

8. Cliquez sur le bouton **Suivant**. Dans la nouvelle fenêtre, si vous souhaitez, par la suite, fractionner la vidéo, activez la case à cocher *Créer les clips lorsque l'Assistant a terminé*.

9. Pour lancer la capture, cliquez sur le bouton **Démarrer la capture**. Si vous souhaitez l'arrêter manuellement, cliquez sur le bouton **Arrêter la capture**. Lorsque la capture est terminée, cliquez sur le bouton **Terminer**.

Si votre périphérique est connecté à une carte d'acquisition FireWire, la procédure diffère quelque peu. Voici comment procéder :

1. Lancez Movie Maker 2 puis, dans le menu **Fichier**, sélectionnez **Capturer la vidéo**. L'Assistant s'affiche. Dans la rubrique *Périphériques disponibles*, cliquez sur le périphérique que vous souhaitez utiliser (si vous en avez plusieurs).

2. Cliquez sur le bouton **Suivant**.

3. Une nouvelle fenêtre de l'Assistant s'affiche. Dans la zone de texte de l'option *Entrer un nom de fichier pour la vidéo capturée*, saisissez le nom voulu. En regard de l'option *Choisir un emplacement pour enregistrer la vidéo capturée*, cliquez sur le bouton **Parcourir** puis sélectionnez l'emplacement sur le disque dur où vous souhaitez enregistrer la vidéo. Cliquez sur le bouton **Suivant**.

4. Sélectionnez l'option de paramètre vidéo que vous souhaitez utiliser pour capturer le contenu vidéo et audio. Nous vous conseillons de laisser le paramètre qui est actif par défaut (*Qualité optimale...*). Cliquez sur le bouton **Suivant**.

5. Dans la nouvelle fenêtre, si vous souhaitez, par la suite, fractionner la vidéo, activez la case à cocher *Créer les clips lorsque l'Assistant a terminé*.

6. Pour lancer la capture, cliquez sur le bouton **Démarrer la capture**. Si vous souhaitez l'arrêter manuellement, cliquez sur le bouton **Arrêter la capture**. Lorsque la capture est terminée, cliquez sur le bouton **Terminer**.

Importation diverses et variées de fichiers multimédias

Vous allez maintenant étudier les procédures d'importation de fichiers multimédias que vous pourrez utiliser pour agrémenter voire enrichir vos montages vidéo (fichier image, fichier son, fichier vidéo…). Ainsi que vous allez le voir, vous pouvez importer dans Movie Maker toutes sortes de fichiers multimédias.

Dans Movie Maker, vous pouvez importer les formats multimédias suivants : *.aif*, *.aifc*, *.aiff*, *.asf*, *.au*, *.avi*, *.bmp*, *.dib*, *.emf*, *.gif*, *.jfif*, *.jpe*, *.jpeg*, *.jpg*, *.m1v*, *.mp2*, *.mp2v*, *.mp3*, *.mpa*, *.mpe*, *.mpeg*, *.png*,*.snd*, *.tif*, *.wav*, *.wma*. ; *.wmf et .wmv*.

Voyez comment procéder à l'importation de fichier :

1. Dans le menu **Fichier**, sélectionnez **Importer dans les collections**.

2. La boîte de dialogue **Importer un fichier** s'affiche. Naviguez sur le disque dur jusqu'à afficher le dossier contenant le fichier vidéo. Ensuite, cliquez sur le fichier afin de le sélectionner et cliquez sur le bouton **Importer**.

3. Movie Maker réalise l'importation et vous pouvez en visualiser l'évolution dans la boîte de dialogue **Importer** qui s'affiche. Le fichier est placé dans les collections. Le clip vidéo est symbolisé par une miniature bordée de trous (comme un négatif de film). Le clip audio est symbolisé par une note de musique. Le clip image fixe est symbolisé par une miniature.

▲ Fig. 10.3 : *Importation de fichier vidéo*

Organisation et gestion des collections

Une collection permet d'organiser les fichiers sources (vidéo, graphique et audio) du montage. Une collection est donc une "boîte" qui permet de stocker et de classer les fichiers source (nommés aussi « clips ») devant être utilisés pour le projet.

Pour créer une collection :

1. Dans la barre d'outils, cliquez si nécessaire sur l'icône **Collections**. Le volet **Collections** s'affiche. Tous les fichiers que vous avez importés y sont listés. Dans le volet **Collections**, cliquez sur **Collections**.

3. Dans le menu **Outils**, sélectionnez **Dossier Nouvelle collection**.

4. Une nouvelle collection apparaît dans la liste. Le nom par défaut étant sélectionné, saisissez `le nom souhaité` pour la collection. Validez en

appuyant sur la touche [Entrée]. La nouvelle collection s'affiche dans la liste, classée par ordre alphabétique.

Pour renommer une collection, cliquez avec le bouton droit sur la collection à renommer dans le volet **Collections** puis sélectionnez **Renommer**. Le nom étant sélectionné, saisissez le nouveau nom pour la sous collection. Validez en appuyant sur la touche [Entrée].

Pour supprimer une collection, cliquez sur la collection que vous souhaitez supprimer puis, dans le menu **Edition**, sélectionnez **Supprimer**.

Organisation et gestion des clips

Maintenant que vous êtes à même de créer une collection, de l'organiser, de la sélectionner, etc., il est impératif que vous sachiez comment gérer les clips qu'elle contient.

Pour insérer un clip dans une collection, il suffit de déplacer le fichier dans la collection en le faisant glisser dessus.

L'importation consiste en l'importation de fichier (voir plus avant).

Pour dupliquer un clip :

1. Dans le volet **Collections**, cliquez sur la collection contenant le clip que vous souhaitez dupliquer.
2. Ensuite, dans l'espace de travail, cliquez avec le bouton droit sur le clip à copier puis sélectionnez **Copier** dans le menu contextuel qui se déroule. Le clip est copié.
3. Vous devez maintenant coller la copie. Pour ce faire, placez-vous dans la collection voulue puis sélectionnez **Coller** dans le menu **Edition**.

Pour déplacer un clip, dans le volet **Collections**, cliquez sur la collection contenant le clip que vous souhaitez déplacer. Ensuite, dans l'espace de travail, cliquez avec le bouton droit sur le clip à déplacer puis sélectionnez **Couper** dans le menu contextuel qui se déroule. Placez-vous dans la collection voulue puis sélectionnez **Coller** dans le menu **Edition**.

Pour supprimer un clip, dans le volet **Collections**, cliquez avec le bouton droit sur le clip à supprimer puis sélectionnez **Supprimer** dans le menu contextuel qui se déroule.

Pour renommer un clip, dans le volet **Collections**, cliquez avec le bouton droit sur le clip concerné puis, dans le menu contextuel, sélectionnez **Renommer**. Le nom étant sélectionné, saisissez `le nouveau nom` pour le clip. Validez en appuyant sur la touche [Entrée].

Réalisation d'un projet

C'est le projet qui contient les clips et toutes les informations du montage vidéo en cours. En tant que fichier, le projet se gère exactement comme tel : enregistrement, ouverture, fermeture, modification, etc.

Voici, dans les grandes lignes, ces différentes procédures :

- Pour créer un projet, sélectionnez **Nouveau/Projet** dans le menu **Fichier**.
- Pour définir les propriétés d'un projet, sélectionnez **Propriétés** dans le menu **Fichier**. Dans la boîte de dialogue qui s'affiche, vous pouvez nommer le projet, définir le nom de l'auteur du montage, décrire le montage, de définir des options de protection, de définir des options de contrôle d'accès…
- Pour enregistrer un projet, sélectionnez **Enregistrer le projet sous** dans le menu **Fichier** puis, dans la boîte de dialogue qui s'affiche, nommez le projet et cliquez sur le bouton **Enregistrer**. Par la suite, il suffira de sélectionner **Enregistrer le projet** dans le menu **Fichier**.
- Pour ouvrir un projet, sélectionnez **Ouvrir un projet** dans le menu **Fichier** puis, dans la boîte de dialogue qui s'affiche, sélectionnez le projet et cliquez sur le bouton **Ouvrir**.

Réalisation d'un montage

Maintenant que vous avez créé le projet, vous allez pouvoir réaliser le montage. Ces procédures sont décrites succinctement dans les lignes qui suivent :

- Pour insérer un clip dans un montage, commencez par vous assurer que c'est la vue **Table de montage séquentiel** qui est active dans l'espace de montage. Ensuite, cliquez sur le clip à insérer dans l'espace de travail puis, tout en maintenant le bouton de la souris enfoncé, faites-le glisser sur la première séquence de montage. Relâchez le bouton de la souris.

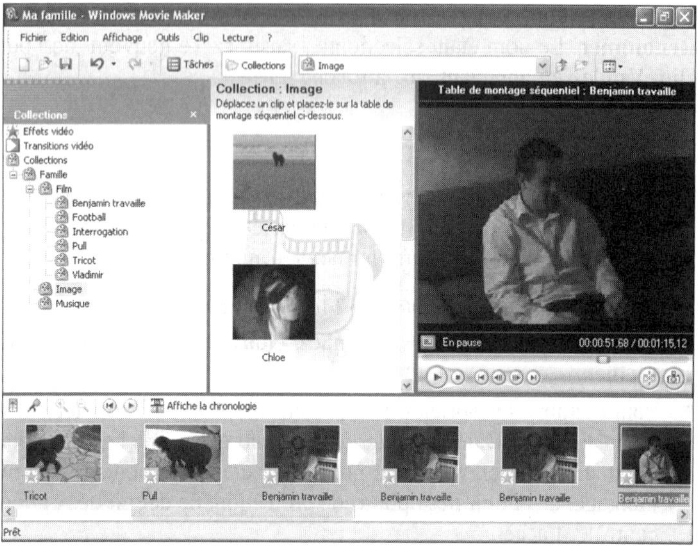

▲ Fig. 10.4 : *Placement d'un clip dans le montage*

- Pour supprimer un clip, il suffit de cliquer avec le bouton droit sur le clip à supprimer dans l'espace de montage puis sélectionnez **Supprimer** dans le menu contextuel.
- Pour déplacer un clip dans le montage, il suffit de cliquer sur le clip à déplacer puis, tout en maintenant le bouton de la souris enfoncé, faites-le glisser à l'emplacement voulu. Lorsque la barre verticale est située au bon endroit dans le montage, relâchez le bouton de la souris.
- Pour définir la durée d'un clip d'image fixe, passez en vue **Chronologie** dans l'espace de montage. Ensuite, pointez la partie droite du clip concerné puis, lorsque le pointeur se transforme en trait fléché rouge, cliquez puis, tout en maintenant le bouton de la souris enfoncé, faites glisser jusqu'à obtenir la durée voulue. Relâchez le bouton de la souris.

- Pour fractionner un clip vidéo déjà inséré dans l'espace de montage, passez en vue **Table de montage séquentiel** dans l'espace de montage. Ensuite, cliquez sur le clip vidéo à fractionner puis cliquez sur le bouton **Lecture** dans l'écran de contrôle. Dès qu'apparaît l'endroit où vous souhaitez effectuer le fractionnement, cliquez sur le bouton **Pause**. Dans l'écran de contrôle, cliquez sur le bouton **Fractionner le clip en deux**.
- Pour associer des clips, dans l'espace de montage, cliquez sur le premier clip à associer puis appuyez sur la touche [Ctrl]. Tout en la maintenant enfoncée, cliquez sur chacun des autres clips à associer. Relâchez la touche [Ctrl]. Dans le menu **Clip**, sélectionnez **Associer**.

Utilisation des effets vidéo

Les effets vidéo proposés par Movie Maker sont au nombre de 28. Voici ce qu'ils permettent :

- *Accélérer, double*. Pour diminuer de moitié la durée du clip.
- *Âge du film, ancien*, *Âge du film, le plus ancien* et *Âge du film, plus ancien*. Pour vieillir l'aspect du clip en en dégradant plus ou moins l'aspect.
- *Apparition en fondu, à partir du blanc* et *Apparition en fondu, à partir du noir*. Pour démarrer la lecture du clip par un fond noir, ou un fond blanc, avec apparition graduelle du clip.
- *Aquarelle*. Pour donner au clip un aspect de tableau peint à l'aquarelle.
- *Atténuer -* et *Atténuer +*. Pour effectuer un effet de zoom sur le clip. Le - (moins) permettant de diminuer le zoom et le + (plus) permettant d'augmenter le zoom.
- *Disparition en fondu, vers le blanc* et *Disparition en fondu, vers le noir*. Pour terminer la lecture du clip par un fond noir ou un fond blanc avec disparition graduelle du clip.
- *Flou*. Pour diminuer la netteté du clip.
- *Grain de film*. Pour faire apparaître un effet de grain de photographie.
- *Luminosité, augmenter* et *Luminosité, réduire*. Pour réduire, ou augmenter, la luminosité du clip.
- *Miroir, horizontal*. Pour basculer horizontalement le clip (la gauche devient la droite).

- *Miroir, vertical* et *Pivoter 180°*. Pour basculer verticalement le clip (le haut devient le bas).
- *Nuances de gris*. Pour convertir une image couleur en image noir, blanc et gris.
- *Pivoter 270°* et *Pivoter 90°*. Pour faire effectuer une rotation du clip du nombre de degrés indiqué.
- *Pixéliser*. Pour faire petit à petit disparaître le clip par augmentation de la taille des pixels et fusion de ceux-ci.
- *Postériser*. Pour réduire le nombre des couleurs et atténuer les contrastes entre les pixels de différentes couleurs.
- *Ralentir, moitié*. Pour doubler la durée du clip.
- *Seuil*. Pour supprimer bon nombre des couleurs afin de simplifier l'aspect du clip en le réduisant à l'aspect d'un dessin peu coloré.
- *Teinte, spectre de couleurs entier des cycles*. Pour teinter l'ensemble du clip vidéo par progression des couleurs bleu, jaune, vert et magenta.
- *Ton sépia*. Pour donner au clip un aspect vieilli par jaunissement de celui-ci.
- *Traînée*. Pour créer un effet de glisser de la couleur vers l'extérieur.

Si vous souhaitez visualiser plus aisément l'effet de chacun des effets vidéo, sélectionnez **Effets vidéo** dans le menu **Outils**. Dès lors, le volet **Effets vidéo** s'affiche et les différents effets vidéo sont listés avec des miniatures symbolisant chacun des effets ainsi que... leur effet.

Voyez maintenant comment appliquer un, ou plusieurs effets vidéo, à un clip. Pour ce faire :

1. Dans le menu **Outils**, sélectionnez **Effets vidéo**. Notez que vous pouvez appliquer un effet vidéo à un clip aussi bien à partir de la vue *Chronologie* que de la vue *Table de montage séquentiel.*

2. Le volet **Effets vidéo** s'affiche. Cliquez sur l'effet vidéo souhaité puis, tout en maintenant le bouton de la souris enfoncé, faites glisser l'effet sur le clip concerné dans l'espace de montage. Relâchez le bouton de la souris. Notez qu'une fois que vous avez insérer un effet vidéo, le clip contient deux étoiles bleues.

3. Pour tester l'application de l'effet, dans l'espace de montage, cliquez sur le clip puis sur le bouton **Lecture** dans l'écran de contrôle. Cliquez sur le bouton **Arrêter le clip** une fois que vous avez visualisé l'effet créé.

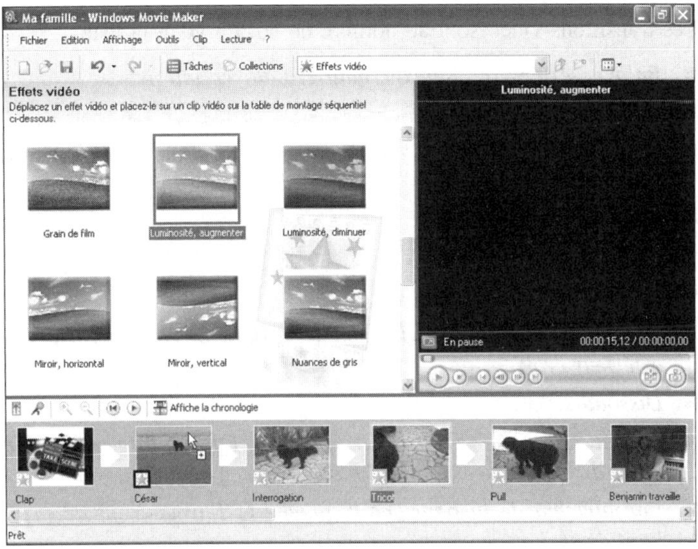

▲ Fig. 10.5 : *Les effets vidéo*

Pour supprimer un effet vidéo :

1. Dans l'espace de montage, cliquez avec le bouton droit sur le clip contenant l'effet vidéo à supprimer puis sélectionnez **Effets vidéo** dans le menu contextuel.

2. Dans la boîte de dialogue **Ajouter ou supprimer des effets vidéo** qui s'affiche, cliquez, dans la liste *Effets affichés* sur l'effet que vous souhaitez supprimer.

3. Cliquez sur le bouton **Supprimer**. L'effet disparaît de la liste *Effets affichés*. Cliquez sur le bouton OK pour valider.

Insertion d'une transition entre deux clips

L'application d'une transition entre deux clips du montage consiste à définir précisément ce qui se passe lorsque le montage vidéo passe d'un clip à un autre.

Les transitions vidéo sont au nombre de 60. En voici la liste :

- *Balayer, extérieur* ; *Balayer, haut* et *Balayer, intérieur.*
- *Barres.*
- *Briser, droit ; Briser, haut droit ; Briser, haut gauche* et *Briser, intérieur.*
- *Cercle* et *Cercles.*
- *Coeur.*
- *Damier horizontal.*
- *Diagonale, bas droite, Diagonale, extérieur cadre* et *Diagonale, extérieur croix.*
- *Dissoudre.*
- *Effacer, étroit bas* ; *Effacer, étroit droite* ; *Effacer, large bas* ; *Effacer, large droite* ; *Effacer, normal bas* et *Effacer, normal droite.*
- *Enroulement de la page, haut gauche* et *Enroulement de la page, haut droit.*
- *Étoile, 5 points* et *Étoiles, 5 points.*
- *Fondu.*
- *Fractionner, horizontal* et *Fractionner, vertical.*
- *Glisser* et *Glisser, haut centre.*
- *Incruster, bas droite* ; *Incruster, bas gauche* ; *Incruster, haut droite* et *Incruster haut gauche.*
- *Iris.*
- *Losange.*
- *Noeud papillon, horizontal* et *Noeud papillon, vertical.*
- *Oeil.*
- *Pixéliser.*
- *Rectangle.*
- *Réduire, intérieur.*

- *Retourner.*
- *Révéler, bas* et *Révéler, droite.*
- *Roue, 4 branches.*
- *Rouler.*
- *Tornade.*
- *Tourner.*
- *Trou de serrure.*
- *V plein, bas* ; *V plein, droite* ; *V plein, gauche* et *V plein, haut.*
- *Ventilateur, extérieur* ; *Ventilateur, haut* et *Ventilateur, intérieur.*
- *Zigzag, horizontal* et *Zigzag, vertical.*

Si vous souhaitez visualiser l'effet de chacun des effets de transition, sélectionnez **Transitions vidéo** dans le menu **Outils**. Dès lors, le volet **Transitions vidéo** s'affiche et les différentes transitions sont listées avec des miniatures symbolisant chacune des transitions ainsi que leur effet.

Pour insérer un effet de transition :

1. Au besoin, cliquez sur le bouton **Affiche la table de montage séquentiel**. Ensuite, toujours si c'est nécessaire, sélectionnez **Transitions vidéo** dans le menu **Outils**.

2. Dans le volet **Transitions vidéo**, sélectionnez la transition voulue.

3. Tout en maintenant le bouton de la souris enfoncé, faites glisser la transition dans le rectangle placé entre les clips concernés. Lorsque le cadre du rectangle s'affiche en noir, relâchez le bouton de la souris.

Pour supprimer une transition et ce, à partir de n'importe quelle vue, vous devez cliquer dessus avec le bouton droit puis sélectionner **Supprimer** dans le menu contextuel.

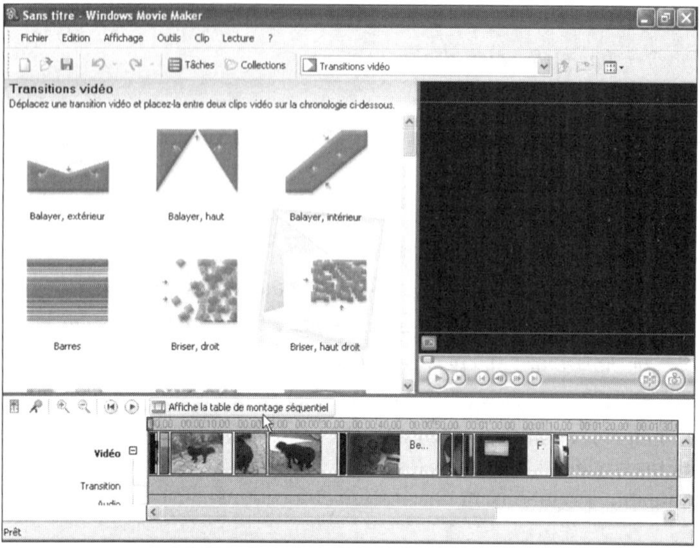

▲ Fig. 10.6 : *Les effets de transition*

Par défaut, les transitions durent 1,25 secondes. Voici comment procéder pour modifier ce paramètre :

1. Dans le menu **Outils**, sélectionnez **Options**.
2. Dans la boîte de dialogue **Options** qui s'affiche, cliquez sur l'onglet **Paramètres avancés**.
3. Ensuite, utilisez les boutons d'incrémentation de l'option *Durée de la transition* pour définir la durée souhaitée. Cliquez sur le bouton OK pour valider.

Exportation de vidéo

Vous voici arrivé à la fin du montage vidéo puisque vous allez découvrir comment procéder pour, une fois le montage terminé, l'exporter vers un support quelconque. En effet, avoir réalisé dans Movie Maker un superbe montage vidéo est parfait mais n'est pas une finalité en soit car il ne sera, dans les faits, visible que par vous. Sans aucun doute, vous souhaitez qu'il soit vu par d'autres personnes afin d'être applaudi chaleureusement et que votre travail soit chaudement récompensé. Dans cette rubrique, vous allez voir comment procéder pour exporter une vidéo.

En effet, jusqu'à présent, vous avez visualisé votre montage dans l'écran de contrôle de Movie Maker afin de juger de son aspect. Mais il y a fort à parier que vous aurez envie, très vite, de montrer votre réalisation à d'autres personnes. Pour ce faire, vous devez l'exporter. Dans le cas contraire, vous n'auriez plus qu'à vous rendre chez vos amis et autres spectateurs, votre ordinateur sous le bras, pour leur faire admirer votre petite merveille à partir de Movie Maker. Ce ne serait guère pratique !

Sachez que, en ce qui concerne Movie Maker, les utilitaires de Windows Media constituent la technologie sous-jacente qui permet de créer, de transférer et de lire une séquence vidéo. Au moment de l'exportation, Movie Maker compresse les fichiers multimédias volumineux et les convertit dans un format lisible par le lecteur Windows Media.

Nous vous rappelons que les séquences vidéo que vous créez sont exportées en tant que fichiers Windows Media avec l'extension de nom de fichier *.wmv* ou avec l'extension de nom de fichier *.wma* (pour les fichiers uniquement audio). Vos séquences vidéo peuvent donc dès lors être visionnées à partir du Lecteur Windows Media, ce dernier jouant en quelque sorte le rôle d'un téléviseur. Ainsi, quiconque souhaite visualiser la vidéo pourra le faire à partir de son ordinateur.

Exportation sur le poste de travail

Pour commencer, voyez comment exporter un fichier vidéo de Movie Maker afin qu'il soit mémoriser sur votre disque dur puis visualisable dans le lecteur Windows Media.

Pour compresser une vidéo et la stocker sur votre ordinateur :

1. Après avoir éventuellement lancé Movie Maker, ouvrez le fichier du montage que vous souhaitez exporter. Pour ce faire, sélectionnez **Ouvrir** dans le menu **Fichier** puis double-cliquez sur le fichier concerné.

2. Le montage est chargé dans Movie Maker. Dans le menu **Fichier**, sélectionnez **Enregistrer le fichier vidéo**. Vous pouvez aussi appuyer sur les touches [Ctrl]+[P].

3. La première fenêtre de l'Assistant **Enregistrement de la vidéo** s'affiche. Cliquez sur l'option *Poste de travail*.

4. Cliquez sur le bouton **Suivant**.

5. La seconde fenêtre de l'Assistant **Enregistrement de la vidéo** s'affiche. Dans la zone de texte de l'option *Entrer un nom...*, le texte étant sélectionné, saisissez le nom voulu pour le montage.

6. À partir de l'option *Choisir un emplacement...*, vous devez définir l'endroit où vous souhaitez stocker votre vidéo sur le disque dur. Par défaut, les vidéos exportées sont stockées dans le dossier *Profil utilisateur/Mes Documents/Mes vidéos*. Pour ce faire, cliquez sur le bouton **Parcourir**.

7. Dans la boîte de dialogue **Rechercher un dossier** qui s'affiche, sélectionnez l'emplacement voulu (dossier ou sous dossier). Validez en cliquant sur le bouton OK.

8. Cliquez sur le bouton **Suivant**.

9. La troisième fenêtre de l'Assistant **Enregistrement de la vidéo** s'affiche. Par défaut, l'option *Qualité optimale pour la lecture...* est activée. Nous vous conseillons de la laisser active. Si vous souhaitez paramétrer vous-même les paramètres d'exportation, cliquez sur le lien hypertexte `Afficher plus de choix`. Vous pouvez alors ajuster la taille du fichier à vos souhaits ou bien choisir un format d'exportation différent.

10. Quelles que soient les options choisies, le bas de la fenêtre récapitule les informations concernant le fichier résultant de la future exportation : vitesse de transmission, taille de l'affichage, poids final après compression ainsi que l'espace disponible sur l'ordinateur. Cliquez sur le bouton **Suivant**.

11. L'exportation commence. La durée de celle-ci sera fonction du poids initial du fichier. Lorsque l'exportation est terminée, une nouvelle fenêtre s'affiche. Si vous souhaitez visualiser immédiatement la vidéo compressée, laissez l'option *Lire la vidéo...* active puis cliquez sur le bouton **Terminer**. La vidéo sera alors lancée dans le Lecteur Windows Media. Dans le cas contraire, désactivez l'option *Lire la vidéo...* et cliquez sur le bouton **Terminer**.

Exportation et gravage sur un CD-Rom

Voyez maintenant comment procéder pour compresser un fichier vidéo puis le graver directement sur CD-Rom. Bien évidemment, vous devez, pour ce faire, posséder un graveur !

Pour compresser une vidéo et la graver sur un CD-Rom :

1. Ouvrez le graveur puis insérez un CD-Rom vierge.
2. Après avoir éventuellement lancé Movie Maker, ouvrez le fichier du montage que vous souhaitez exporter. Pour ce faire, sélectionnez **Ouvrir** dans le menu **Fichier** puis double-cliquez sur le fichier concerné.
3. Le montage est chargé dans Movie Maker. Dans le menu **Fichier**, sélectionnez **Enregistrer le fichier vidéo**. Vous pouvez aussi appuyer sur les touches Ctrl+P.
4. La première fenêtre de l'Assistant **Enregistrement de la vidéo** s'affiche. Cliquez sur l'option *CD enregistrable*.
5. Cliquez sur le bouton **Suivant**.
6. La seconde fenêtre de l'Assistant **Enregistrement de la vidéo** s'affiche. Dans la zone de texte de l'option *Entrer un nom...*, le texte étant sélectionné, saisissez le nom voulu pour le montage.
7. À partir de l'option *Entrez un nom pour le CD*, nommez le CD. Cliquez sur le bouton **Suivant**.

8. La troisième fenêtre de l'Assistant **Enregistrement de la vidéo** s'affiche. Par défaut, l'option *Ajuster la taille pour un CD enregistrable* est activée. Nous vous conseillons de la laisser active. Si vous souhaitez paramétrer vous-même les paramètres d'exportation, cliquez sur le lien hypertexte `Afficher plus de choix`. Vous pouvez alors ajuster la taille du fichier à vos souhaits ou bien choisir un format d'exportation différent.

9. Quelles que soient les options choisies, le bas de la fenêtre récapitule les informations concernant le fichier résultant de la future exportation : vitesse de transmission, taille de l'affichage, poids final après compression ainsi que l'espace disponible sur l'ordinateur. Cliquez sur le bouton **Suivant**.

10. L'exportation commence. La durée de celle-ci sera fonction du poids initial du fichier. Lorsque l'exportation est terminée, une nouvelle fenêtre s'affiche. Si vous souhaitez placer cette vidéo sur un autre CD-Rom, activez l'option *Enregistrer ce film...* puis cliquez sur le bouton **Terminer**. Dans le cas contraire, cliquez immédiatement sur le bouton **Terminer**.

Exportation et envoi par messagerie électronique

Dans cette rubrique, vous allez découvrir les procédures qui permettent de compresser une vidéo puis de l'envoyer par l'intermédiaire de votre messagerie électronique. Très bonne solution si votre oncle d'Amérique rêve de voir les premiers pas de votre petit dernier : vous éviterez les frais d'envoi ainsi que les risques de perdition du CD-Rom.

Pour compresser une vidéo et l'envoyer par message électronique :

1. Après avoir éventuellement lancé Movie Maker, ouvrez le fichier du montage que vous souhaitez exporter. Pour ce faire, sélectionnez **Ouvrir** dans le menu **Fichier** puis double-cliquez sur le fichier concerné.

2. Le montage est chargé dans Movie Maker. Dans le menu **Fichier**, sélectionnez **Enregistrer le fichier vidéo**. Vous pouvez aussi appuyer sur les touches [Ctrl]+[P].

3. La première fenêtre de l'Assistant **Enregistrement de la vidéo** s'affiche. Cliquez sur l'option *Courrier électronique*.

4. Cliquez sur le bouton **Suivant**.

5. L'exportation est lancée. Lorsqu'elle est terminée, deux options s'offrent à vous : Lire la vidéo (visualiser la vidéo dans le Lecteur Windows Media) ou Enregistrer une copie de la vidéo sur mon ordinateur. Réalisez ces options ou bien cliquez sur le bouton **Suivant** pour passer à la fenêtre suivante.

6. Une boîte de rédaction de message s'affiche alors. La vidéo est déjà insérée en tant que pièce jointe. Indiquez le(s) destinataire(s), la(es) personne(s) en copie, l'objet ; saisissez éventuellement un texte d'accompagnement puis cliquez sur le bouton **Envoyer**.

7. Une boite de dialogue s'affiche alors indiquant que le message va être placé dans le dossier *Boîte d'envoi* d'Outlook Express ou du logiciel de messagerie électronique que vous utilisez et avez défini en tant que logiciel de messagerie par défaut. Cliquez sur le bouton OK.

Pour envoyer le message :

1. Connectez-vous à Internet en utilisant les procédures habituelles.

2. Lancez Outlook Express (ou le logiciel de messagerie électronique que vous utilisez).

3. Le message est en attente d'envoi. Procédez à l'envoi en utilisant les procédures habituelles.

REMARQUE

Définir le poids des vidéos envoyées par la messagerie électronique.

Vous pouvez fort bien préciser à Movie Maker le poids maximal que devront « peser » les fichiers vidéo que vous enverrez par message électronique. Pour ce faire, dans le menu **Outils**, sélectionnez **Options**. Dans la boîte de dialogue **Options**, cliquez sur l'onglet **Paramètres avancés**. Ensuite, dans l'option *Mo* de la rubrique *Courrier électronique*, utilisez les boutons d'incrémentation pour augmenter, ou diminuer, le poids du fichier vidéo. Cliquez sur le bouton OK pour valider.

Chapitre 11

Index

A

B

C

D

E

F

G

H

I

J

L

M

N

O

P

Q

R

S

T

U

V

W